老子返復

柳正直 著

中國書店

图书在版编目（CIP）数据

老子返复 / 柳正直著. -- 北京 ：中国书店，
2024.11

ISBN 978-7-5149-3484-7

Ⅰ．①老… Ⅱ．①柳… Ⅲ．①《道德经》 Ⅳ.
①B223.1

中国国家版本馆 CIP 数据核字(2024)第 052030 号

老子返复

柳正直 著

责任编辑：李宏书

出版发行：中国书店

地址：北京市西城区琉璃厂东街115号

邮编：100050

印刷：北京鑫益晖印刷有限公司

开本：880 mm×1230 mm 　1/32

版次：2024年11月第1版第1次印刷

印张：11.375

字数：285千

书号：ISBN 978-7-5149-3484-7

定价：81.00元

前　言

漫想

《老子》有两种身份。一种是博物馆化的对象，从外部看《老子》。《老子》以一个概念被保存下来，我们大多数人对它的理解仅限于课本教材的文学常识。另一种是文化传承，是真正品读内容，尝试理解，进而流传，融入当代文化。

读《老子》之前我们应该先认识一些事情。

首先，《老子》在字义和断句上存在变迁的可能。《老子》成书较早，文字含义和语言使用习惯与今世大相径庭。再者，古书通常竖写，没有标点符号。在文言文中有"句读"一说，古人读书往往会有一套自己的断句习惯和规则。断句不同，含义不同。另外，《老子》本身文字精练，许多地方指代不明，又给后人解读增添了许多可能性。纵观历史，经学家们给古书作注作疏，往往有不同的见解，是常态。

其次，《老子》的抄印和流传，使得我们今天所见的文本可能并非原貌。人类的社会并非一开始就有现代汉字和纸张，也没有现在的打印机和电脑，因此技术和人工导致的差错在所难免。如果站在考古学家的视角去观察，会发现：一段内容可能会被刻在青铜器上，会被刻在石碑、竹简上，被抄到绢、布、纸上。可能在抄的时候就会有破损无法辨识的字，可能有些生僻字后人不用了、换了，可能有马虎的人背错了书、抄错了字、抄岔了行列，可能有哪个学者写得潦草让后人猜错了字，可能有哪个人为了避开祖宗或者皇帝的名讳而换字，可能有人在旁边做笔记反而被后人当成了正文，可能有后人有意或无意地改了经文的顺序……当这本《老子》历经波折呈现到我们面前，我们又有多大的底气去相信它是原汁原味的呢？

第三点，要说明的是，《老子》到底表达了什么。设想一下，如果我是老子，我写了本书，在千年之后，后辈得知了，但是语言习惯已经不同了，后辈对我的时代背景难以把握、对我的生平经历难以了解、对我的种种情绪也难以体验，而我的这本书又被一群人拿去参考发展出了个道教，又延伸出了不少内涵，加上中间还有好多学者的各抒己见，能猜准真实含义的可能性恐怕也相当渺茫了。或许每个解读的大师都觉得自己的是正解，但是作者——这个唯一能证明是否是正解的证人——不可能活过来说一句"你说得对啊！这就是我的意思！"

其实，是否完全符合作者原意往往并不重要，重要的是经注传承能够给我们后世带来什么样的启迪，说不准读者的思想甚至比作者更高明呢，不是吗？

溯流

简单讲一下关于《老子》的知识。本书知识部分，尽可能简化，旨在分享个人感悟，并不打算用大量的学术研究内容占据篇幅，如有感兴趣的读者可以自行拓展查阅。

首先，《老子》的作者是老子，一开始没书名，也没分章节，是老子写的就叫《老子》了，也有学者认为是一批人共同的杰作，并虚构了老子这个作者，后来又起了个《道德经》的名字。《道德经》分为《道经》和《德经》两个部分，这或许也是《道德经》名字的缘由。大部分版本《道经》在前，《德经》在后，但也有版本是《德经》在前，《道经》在后，比如帛书本。学者普遍认为先《德》后《道》的排序体用颠倒，不是正确的顺序。不过，终究是多一种选择，读起来另辟新的风采。

其二，研究古人的东西，势必牵扯考古。可以参考的版本多样，有郭店楚简本①，有马王堆帛书甲乙本②，有唐代到元代各地道观的石刻本，有敦煌本、吐鲁番本、俄藏本等中古时期的古抄本，有河上公《道德经章句》（简称"河本"）、严遵《道德真经指归》（简称"严本"）、张道陵《老子想尔注》（简称"想本"）、王弼《老子道德经注》（简称"王本"）、傅奕《道德经古本》（简称"傅本"）等传世本（以上简称"今本"）。

其中，简本不全，不能作为底本。以帛书本作为底本，更重视的是对源头的追溯，追求的是返璞归真的"原矿"；以传世本作为底本，更重视的是内容上的传承和各家的发挥，追求的是时代淬炼的"真金"。

本书更重视经学的传承与开放，选用传世本作为底本，传世本中以王弼本影响最广，因此以王本作为参考。另外，在词源解读上大多参考甲骨文字形、汉代许慎的《说文解字》和清代段玉裁的《说文解字注》。

其三，"道德"一词，古今异义。现在指的是社会意识形态之一，是人们共同生活及其行为的准则和规范。而古文中，道德是两个词，"道"是哲学的最高范畴，为实体、动力、规律和准则的统一体，

---

① 出土发现已知最早的本子，约在公元前 300 年左右。简本分为甲、乙、丙三组，甲组分为上下两部分，乙、丙组部分。每组都分章，排序与今本不同。校读《老子》，此本是重要参考，但是篇幅只有今本的三分之一。
② 分为甲、乙二本。每篇之内，文字相连，不分章，顺序和传世本相同。甲本约抄于前 206—前 195 年之间、乙本约抄于前 179—前 169 年之间。

"德"是在某一时间、位置上应当具备的素质和社会分工下应当发挥的功能。

其四，道家和道教是不一样的。道家是春秋战国时诸子百家之一，以老子和庄子为代表，是一个哲学家学派；道教是后期发展出来的中国本土宗教。道教将《老子》《庄子》《列子》命名为《道德经》《南华经》《冲虚经》，作为道教经典。而《老子》作为一部哲学经典，本身就有哲学的属性，在各个领域都容易得到应用，产生新的内涵。因此，《老子》内许多内容在后世道家和道教的解读中有了新的内涵。我认为可以借鉴参考，但不赞同用经典以后的新内涵作为根据，反过来解读经典。

其五，道家思想不光影响了中国人，还吸引了全世界的关注。英国的李约瑟评价："中国人性格中有许多最吸引人的因素都来源于道家思想。中国如果没有道家思想，就像一棵深根已经烂掉的大树。""道家思想乃是中国的科学和技术的根本。"哲学家海德格尔深受《老子》的影响，且翻译过《老子》和《庄子》的部分章节。家庭系统排列心理治疗的创始人海灵格在其著作和治疗过程中，对老子和《老子》极为推崇……《老子》作为一本哲学经典，在科学技术、心理学、社会学、家庭教育、公务管理、企业经营都发挥了重要作用。

其六，西方哲学经历的是一波又一波的"颠覆、推翻与重建"，而中国哲学不同，中国各流派的哲学始终有一根线牵引着，这根线就是"经"①。在经的基础上做解释、谈感悟的方法，叫作"注"；对注进行进一步解读的，叫作"疏"。所以，中国的哲学往往具有

---

① 严格来说，按照《汉书·艺文志》的六分法（六艺、诸子、诗赋、兵书、数术、方技），《老子》属于"诸子类"；按照《隋书·经籍志》的四分法（经、史、子、集），《老子》属于"子学"，也并非"经学"。

一脉相承和与时俱进的特征。

古代经学家们将经书做注文和疏解看作一项至高至善的事业。给《老子》注疏的人很多，有河上公、王弼、陆希声、司马光、苏辙、王真、陈景元、杜光亭等，甚至包括很多皇帝，如唐玄宗李隆基、宋徽宗赵佶、明太祖朱元璋、清世祖爱新觉罗·福临。不拘一格，各有千秋。

近现代也有很多关于《老子》的研究和著作。例如林语堂《老子的智慧》，钱锺书《管锥编》中的《老子王弼注》，任继愈《老子今译》，南怀瑾《老子他说》，韩鹏杰《道德经说什么》，陈鼓应《老子今注今译》，李零《人往低处走——〈老子〉天下第一》，李存山《老子》，爱新觉罗·毓鋆《毓老师说老子》，熊逸《道可道：〈老子〉的要义与诘难》，《黄明哲正解〈道德经〉》，曾仕强《道德经的奥秘》，傅佩荣《傅佩荣译解老子》，余秋雨《中国文化课》《老子通译》，李若水译评《老子》……

另外，关于英译本，我参考了阿瑟·韦力（Arthur Waley）、理雅各（James Legge）、林语堂、许渊冲、任远的版本。由于理解不同，译者汉译不同，英译也不同。

"千帆过"不掩"万木春"，弟子虽不才，也愿为《老子》作注，望抛砖引玉，共读经典。

目　录

一、常道不名，有无玄生

恒常之道、恒常之理不独赖于语言符号表述；结构与功能，各成视野，相互转换，生成万物。

原文

> 道可道，非常道；名可名，非常名。无名天地之始，有名万物之母。故常无，欲以观其妙；常有，欲以观其徼。此两者同出而异名，同谓之玄。玄之又玄，众妙之门。

注解

道可道，非常道；名可名，非常名。

前面这十二个字就有很多分歧，对于"道"和"名"的释义众说纷纭，主流翻译是将第二个"道"字和第二个"名"字解作动词，译为"可以描述出来的道，就不是恒常的道；可以命名的名，就不是恒常的名"。

"道"在《说文解字》中解释为"所行道也"，后来的诸多解释也是从路这个意象延伸出来的。南怀瑾认为，道作为说话的意思，唐宋才较为普遍。而熊逸提出了不同意见，举例了《诗经》《荀子》《史记》反证"道"已有"说"的意思。也有学者提出不同看法，将第二个"道"释义为"践行"，第一句译为"道是可以践行的，然而行道的历程一旦展开，整个世界也随之展现出新的面貌"①，也有另一番启迪。

"常"字在马王堆帛书本中写作"恒"，学者们认为是为了避汉文帝刘恒的讳，也往往以此作为版本考古的标志。"常"字的本义是穿在下身的衣服，后引申为恒久、经常之义。老子这里的"常道""常名"是指恒久客观规律的集合。"常"意味着超越某一具体事物存亡的时空观，有别于"一事一物""一时一世"的局部性和阶段性的现象效应。

"名"是会意字，甲骨文的"名"是由"口"和一个月牙形的"夕"组成的。《说文解字》中解释"名，自命也"，东汉许慎解释为，到了晚上，天黑看不见人，相遇时自报姓名。我理解为，"自命也"是指并非自然界中本来就有的，是人类自己定义的代号。由此，对于"名"的理解，解释为"命名"和"名称"，内涵就浅了，理解为"代号""定义"更准确。

另外，也有学者将"名"译为"占有"，整句译为"占有可以占有的，并不能保持永远占有"，这种解释或许是为了能与第九章"金玉满堂，莫之能守"②照应。也有学者译为"名位"②，解读为"组织可以架构，名位可以定义，但是必须随着社会形势的发展不断地去改革调整"，也有道理。

无名天地之始，有名万物之母。

这一句有两种断句方法：一种是"无名，天地之始；有名，万物之母"，还有一种是"无，名天地之始；有，名万物之母"。两种观点都有道理，我更倾向于第二种。因为，老子在整本经中

---

① 黄明哲《黄明哲正解〈道德经〉》，中华书局，2020 年，18 页。
② 黄明哲《黄明哲正解〈道德经〉》，中华书局，2020 年，18 页。

对"有"和"无"的阐释更多，"有名""无名"出现的频率很少。第二种断句赋予《老子》各个章节更强的关联性和整体性，更加连续、系统。

很多学者认为此句是在描述"什么是世界本源""何为第一性"的问题。其实，倒也未必。古人有取象比类的思想，这里的"母"并非单指母亲，也可以泛指带有孕育属性的事物。同样，天地并非仅指自然界的天空和土地，也可以泛指某个系统。与其说是描述世界源头，反不如说是在描述一个一般性的规律。

大多数学者将"无"和"有"解读为"虚无"和"存在"。我认为，这样反而变得难以理解，也容易脱离现实。在我的整本书中，我将它们解释为"功能"与"结构"[①]。"功能"是指事物所能发挥的效能，包括潜力、可以释放的能量、未来的各种可能性；"结构"是指组成事物的外部形式和当下属性，包括物质基础、社会地位等。

故常无，欲以观其妙；常有，欲以观其徼。

这句话也有两个断句方法：一是"故常无欲，以观其妙；常有欲，以观其徼"，二是"故常无，欲以观其妙；常有，欲以观其徼"。

马王堆帛书本在两个"欲"字后各多了一个"也"，许多学者据此认为应当为第一种断句。根据王弼、唐玄宗、明太祖等人的注得知，古时有很多学者采用第一种断句。其大意为：怀抱"无欲空虚"和怀抱"欲求目的"的两种视角，所见不同[②]。而我认为，这样注译，结合上下文，突然出现了"欲"这个概念，有些唐突，且前后都是讲

---

① "功能"与"结构"的命名灵感来自邓中甲"方剂学"授课。

② 倘若当作"有欲""无欲"解读，或许可以联想量子力学中的"双缝实验"。在有无观察者的不同条件下，会产生不同的结果。

"有""无"的，此处采用第二种断句解读为更合理。[①]

《说文解字》："观，谛视也。"段玉裁注："常事曰视，非常曰观。凡以我谛视物曰观，使人得以谛视我亦曰观。"用现代的语言来说，"观"就是带着某种思维、观念、印象、成见、想法去观察，是哲学上说的"认识论"[②]范畴。所以，可知"常有""常无"应当是两种思维和观念。

关于"妙"和"徼"，解释繁多：许多现代文本将"妙"译为奥妙、美妙，将"徼"译为细微或者边界；王弼注为"妙者，微之极也。徼，归终也"；毓鋆老师引申为行事的方法……学者各有高论，唐玄宗注得极好，他将"妙""徼"注为"妙本"与"边徼"，其中既有体用关系，又有权实内涵。"妙本"可以理解为由功能引起的内在本质；"边徼"可以理解为由结构引起的表象载体。

此两者同出而异名，同谓之玄。玄之又玄，众妙之门。

玄，古写为上下两个圆圈，像是吊起来的一捆丝线，也有研究文字的学者将之解读为"无限反复的因果"，在古文中有"黑色""深远""虚无"等许多解释。大多数学者解释为"幽远"，《说文解字注》里段玉裁也是这样解释的。而我觉得此处不必翻译，老子已经给出了定义，玄就是"有"和"无"同时存在的状态。

此处还有一个关于玄的知识，在经书中往往出现了"玄元同用"，比如，在《老子》第五十一章也出现了"是谓玄德"和"是谓元德"的不同版本。多数认为是为了避皇帝的名讳，有人诠释是为了避唐玄

---

① 虽然纵观全书，"常无欲"这一表述还出现了一次，即第三十四章"常无欲，可名于小；万物归焉而不为主，可名为大"，但并不能说明此处的合理性。

② 认识论（epistemology）即个体的知识观，也即个体对知识和知识获得所持有的信念，主要包括有关知识结构和知识本质的信念和有关知识来源和知识判断的信念，以及这些信念在个体知识建构和知识获得过程的调节和影响作用，长久以来一直是哲学研究的核心问题之一。

宗的名讳，也有人说是避康熙帝讳，改为"元"字。

玄之又玄，就打破了静止和绝对的观念，在动态的变化和运动中认识"有""无"。

"门"在甲骨文中是由两扇门构成，或者两扇门上加一横木。门是出入房屋的必经之处，因其意象又引申为途径、法门。门通常建于房屋中，由此引申为门第、家族，又引申为不同的派别、类别。此处当作"途径"理解。

今译

可以被人们描述的"道"，就不是包罗万象、恒久适用的"道"了；可以被人们抽象定义的理论，就不是包罗万象、恒久适用的理论了。功能，是系统诞生的初始状态；结构，是万物孕育的本源前提。从功能的角度观察，能够发现天地万物的妙本；从结构的角度观察，能够发现天地万物的边徼。功能和结构同时存在，但是以不同的形态被人认知。这种功能与结构同时存在的状态，叫作"玄"。这种"玄"的状态在不同的时空里不断转换更替，从中就衍生出了万象妙本。

解读

1. 道为何物

对中国人来说，"道"这个字，有说不出的意境和内涵。不仅限于道家道教，儒家也有"朝闻道，夕死可矣"的境界，从事任何行业领悟的最高学问也都可以称为道，武有武道，茶有茶道，在衣食住行、各行各业都有对道的追求。道与民间各行各业接轨的演变中，庄子功不可没。读诸子百家，道都有着"形而上"的味道，而《庄子·养生主》中一个"庖丁解牛"的故事，让杀牛的都有了道，立刻在人间接了地气。

关于老子的"道"，陈鼓应先生《老子今注今译》中一开篇就花了长篇幅逐句找出《老子》中关于道的文字，归纳道的特性，认为道是指一切存在的根源，是自然界中最初的发动者。包含四种意义：一是构成世界的实体，二是创造宇宙的动力，三是促使万物运动的规律，四是人类行为的准则。

"道"是老子的核心概念。"道"代表的是宏观层面上的"究竟真实"。在哲学界，也有学者将老子的"道"与西方的逻各斯（logos）这一概念做比较。个人认为，"道"和"逻各斯"这两个名词在诞生之后各有脉络。"逻各斯"这一概念在演进中更倾向于解释为"理性""世界运行规律的集合"，像是中国后期兴起的"理学"中的"理"。而"道"这个概念，从字源上是从"行走的路"这个意象演变过来的，更具有实践的属性，是感性与理性的结合，不但有"知"的成分，还有"悟"的成分，并延伸出"践行"的应用内涵。

2．权与实

中国哲学中有一组常常被提到的概念是"权"与"实"。权，据许慎记载，一开始是指"黄华木"，后来的意思是古代用来知轻重的秤砣，再后来引申出"衡量""比较""权宜""权变""权力"等意思。权，是用来理解认知的工具或方法，为一时需要所设之方便；实，乃真实不虚之义，指究竟不变之真实本质。

"道可道，非常道；名可名，非常名"，也是在说两组权与实的关系。符号、语言、文字、定义，是帮助我们理解和认知的工具和方法，是"权"，并非全部真实，也不可等同于全部真实。"权"给"实"赋予了意义，同时也消灭了"实"的意义。老子以此开篇，道虽然是形而上的范畴，却化解了虚无主义，超越了相对价值，获得了真正的安顿。由此，道成了生命的联结，而不是生命的抽象。

研究中国哲学，总是能追溯到春秋战国的诸子百家。其中有一个流派被称为"名家"①，以善辩为其主要特点。其代表人物是与庄子交好的惠施和提出"白马非马"的公孙龙。这一"辩者"学派常常执着于探讨事物的共相、外延、内涵、定义、归类等。名家聪明善辩，但是并没有成为主流思想，作品也大多佚失。

西方哲学的脉络仿佛是沿着"名家"这支脉络沿革下来，从苏格拉底、柏拉图、亚里士多德开始，到伊壁鸠鲁学派和斯多葛主义，又经历了十个世纪的中世纪，人们在经院哲学中仿佛找不到了自己的立足点。笛卡尔一句"我思故我在"为后来的哲学家找到了栖息地，但哲学家们依旧在理性主义的"假"与"权"中迷茫、徘徊。接下来，近代哲学的经验主义等学说，再到康德和黑格尔将形而上学推向了顶点。但随着西方人们对感性的追求和东西方文化的交流②，高度的理性体系很快就崩溃了，非理性的思潮迸发而出，众多流派纷纷涌现，西方哲学流淌出更多的生命意识。叔本华、尼采、弗洛伊德、荣格登上历史舞台。直到分析时代的天才哲学家维特根斯坦一语道破天机，"语言活动是一场游戏"，由此揭示了符号、语言的局限，也自此西方哲学对于现象、存在、自由、虚无有了更深入的理解。

在我看来，更妙的地方在于文章的用意，老子将此句放在了全书的开端。在西方，对于持"不可知论"和"反对符号论理"的学

① 胡适认为，古时有"名学"，没有"名家"。"老子要无名，孔子要正名，墨子说'言有三表'，扬子说'实无名，名无实'，公孙龙有《名实论》，荀子有《正名篇》，庄子有《齐物论》，尹文子有'形名'之论：这都是各家的'名学'。因为家家都有'名学'，所以没有什么'名家'。不过墨家的后进如公孙龙之流，在这 方面，研究的比别家稍微高深一些罢了。"（胡适《中国哲学史大纲》，民主与建设出版社，2015 年，154 页。）本书沿用冯友兰等学者的理念，依旧将此类辩者学说作为"名家"。

② 西方哲学接下来的时期，各个新思想流派的涌现与东西方文化交流是分不开的。叔本华的悲观主义深受佛家思想影响，尼采曾感叹《老子》的精妙，荣格的无意识理论和同时性原理也颇受东方思想和《周易》启发。

者而言，"道可道，非常道"可能是句结论；而在遥远的东方，拥有最高智慧的思想家却将这句话作为开篇，接下来打开了一个开放性和包容性极强的思想系统。

3．有、无：结构与功能

道家讲"有、无"，佛家讲"色、空"，东方哲学家讲"阴、阳"和"体、用"，康德讲"现象、自在物"，叔本华讲"表象、意志"……涉及智慧的内容总有相似相通的论断，虽门户有别，但终究大同小异。

大多学者用"存在与虚无"来解读"有无"，也借"有序与无序""系统与混沌"的理解。我解译《老子》时，借鉴"体阴用阳"的理论，用"结构与功能"来诠释。我认为，这样解读能更好地贯穿全书，解读诸如"有之以为利，无之以为用""无为而无不为"等内容更适宜，相较"存在与虚无"，更容易被读者理解，同时能够有更广泛的结合和应用。

如前文所言，"功能"是"妙本"，是指事物所能发挥的内在效能，包括潜力、可以释放的能量、未来的各种可能性、如"薛定谔的猫"中未被确定的当下状态①，等等；"结构"是"边徼"，是指组成事物的表象载体，包括物质基础、社会地位等。两个概念虽来自生活，却都略微有别于平时生活应用。结构是既有的状态，能够被感知的现象内容；而功能既包含能够被个体理解的确定的那些可能性，也包括了未知的不确定性。

4．世界在动态与转化中反复、连续

"同谓之玄，玄之又玄"八个字为我们打开了一个共存、连续

---

① 未观测之前，盒子里的猫出于一个既生又死的叠加态，便是妙本，是功能，是无；观测之后，事物的叠加态坍缩成一个既定的点，便是边徼，是结构，是有。

和动态的世界。以此为基调，没有以静止孤立的视角看待世界，没有坠入否定连续性的"芝诺悖论"，也没有走向彼此割裂的"平行"理论。老子之言，寥寥几字，略过了一段漫长坎坷的哲学史，简约高明，意味深长。

二、美恶相泯，精神独立

审美标准与价值尺度，仅为心存，并非自然，多元并存，
圣人以独立精神与之往来，无为亦有功。

原文

天下皆知美之为美，斯恶已；皆知善之为善，斯不善已。
故有无相生，难易相成，长短相较，高下相倾，音声相和，
前后相随。是以圣人处无为之事，行不言之教，万物作焉
而不辞，生而不有，为而不恃，功成而弗居。夫唯弗居，
是以不去。

注解

对于这一章前半段的解读，各个版本大有不同，即使直译也有
很多不同的倾向性。文中第二部分有一个"故"，第三部分有一个"是
以"，显然前后应当是有因果联系的。但很多译文不考虑因果联系，
所以直译的现代汉语总觉得前后逻辑莫名其妙，令人生疑。

天下皆知美之为美，斯恶已；皆知善之为善，斯不善已。

"美"的翻译大多为"以……为美""认为美"，也有学者翻
译为"满足"。而"恶"也大多被看作"美"的对立面。《说文解字》：
"恶，过也。"段玉裁注："人有过曰恶，有过人憎之亦曰恶。"

不论如何翻译，可以看出"美"和"恶"，都是人们对于事物好与坏的情感判断。

"善"古代字形是"羊"下有两个"言"字，意为有人称道（争说）"羊"的驯良美好品性。所以"善"本义是"良""好""驯善"，后引申为"友好""擅长""赞许""容易""熟悉"等。对于"善"的翻译，多与现在的善相同，认为也是恶的对立面。有学者提出异议，认为此处的善，不与现代的含义相同，应该是"善于，擅长"的意思。我比较认同"善于，擅长"的意思，将善解释为"优秀""适合""妥当"。

关于整句的意思，大多数学者认为，此句传达了一种物极必反的意思。

河上公章句中解读为"自扬己美，使显彰也，有危亡也。有功名也，人所争也。"大意为不要让天下都知道自己的美和善，会惹来危险和争端。

林语堂先生解读为，知道了一端，就知道了另一端。

我的理解偏向于黄明哲的解读，他站在领导学的角度，解读为，天下人明白了什么是美和善，这种风气是不好的。为何认同这种解读，我们先放一下，结合上下文，到后面讲。

故有无相生，难易相成，长短相较，高下相倾，音声相和，前后相随。

就词义而言，除了"音声"，大部分都比较好懂。《说文解字》做了区别：宫商角徵羽，声也；丝竹金石匏土革木，音也。声是指不同的音高，也就是物理上的不同频率；音是不同乐器发出的声音，也就是物理上的不同音色。

虽然翻译大致相同，但是解读多样。有人认为，是在表达对立统一、矛盾普遍性的辩证法思想；有人根据前一句理解为，不同特性可以相互转化；有人认为，是在说相反相成，物极必反；有学者根据郭店简本和帛书甲乙本①断句为"有，无相生；难，易相成……"，积累产生变化，量变引起质变。

我的理解为，前一部分是想说，美、恶、善都是人类社会自己的主观感受和价值标准，在价值多元的世界中不要建立一个所有人都接受和认同的普世价值。中间这一部分主要是想表达，有无、难易、长短、高下、音声、前后都仅仅是事物的不同特点和属性，没有是非好坏之分。后面则是讲圣人应"无为""不言"，不以自己的价值标准和感受取舍附加到其他事物上。

这样解读，前后逻辑就通了，不再生硬。

是以圣人处无为之事，行不言之教，万物作焉而不辞，生而不有，为而不恃，功成而弗居。

"圣人"，在儒家和道家思想里是不同的。儒家的圣人是在伦理道德体系中高尚的人；道家的圣人是拥有强大内心，能够清晰认知事物本质的人②。往往儒家的圣人让人想到奉献，而道家的圣人让人想到智慧。严灵峰《老子达解》语译"圣人"为"有道的人"，本书不做引申，译文仍作"圣人"。

"无为"在很多版本中都倾向理解为"不作为"。在读过的各

---

① 郭店简本写作："又（有）亡之相生也，难惕（易）之相成也，长耑（短）之相型（形）也，高下之相涅（盈）也，音圣（声）之相和也，先后之相堕（随）也。"
帛书甲乙本写作："有、无之相生也，难、易之相成也，长、短之相刑（形）也，高、下之相盈也，意（音）、声之相和也，先、后之相隋（随），恒也。"（陈鼓应《老子今注今译》，商务印书馆，2019年，433页。）
② 李零提到"圣人是古代的共同理想，除了《庄子》，没人反对。"（李零《人往低处走——〈老子〉天下第一》，生活·读书·新知三联书店，2008年，29页。）
虽然老子有"绝圣弃智，民利百倍"的主张，庄子有"圣人不死，大盗不止"的论断，但是我认为，老庄反对的是那些在社会治理中被推举出来的伦理上标准化的圣人，并非反对个体对智慧和大道的追求。

种版本中，我比较赞同李存山的解释，他将"为"解读为"伪"，是带有人的主观意志、欲望的作为，强调了"人造"和"非真"的特征。

"为"的原始字形可以看作手与大象，是驯服大象的意思。由此我们可知，"为"是指"人类后天的设计"，有别于"自然生长的状态"。简单来说，"为"就是人为改造。"有为"是人设计的路线，"无为"是依自然形成的路线。"处无为之事"终究是处事，况且后文中老子也倡导抱持着整体观去看待和解决问题，接下来的第三章也有"虚其心，实其腹；弱其志，强其骨"的主张，所以"无为"并不是"不作为地等待"。对"无为"一厢情愿的解读，作为老子消极待世的依据，始终是武断了些。我认为，"无为"还可以理解为在"无"的地方作为，即谋事于未成，防患于未然。站在整体观上，看似没有在"有"的方面下文章，但却在整体和互动中留意了事物发展的可能性，为事物的运转、发展和演化创造了空间。这样，"无为"的概念是扩大了的，其中既包含"不为"和"以静制动"，也包含"为无"和"动于未成"。

《说文解字》："辞，讼也。""辞"的原始字形是由表示整理的"乱"和表示刑罚的"辛"组成，本义是诉讼、打官司。后引申为借口、推辞、辞却等意思。许多学者解读为"离开"，我认为"不辞"是"不指点是非曲直"的意思。

王弼本作"不辞"，傅奕本、敦煌本作"不为始"，马王堆帛书本和郭店本作"弗始"[①]。许多学者认为王弼误读，于是将此处改为"不始"，能够与老子"不为天下先"的精神契合，亦通。

---

① 古书中弗、勿、不、毋、无等否定词，早期古文字的用法，仍有区别，后来往往被混淆。有学者认为，今本往往以"不"代"弗"，是避汉昭帝刘弗陵讳改字。

夫唯弗居，是以不去。

"居"为前句的"功成弗居"的居，"去"译为"离开"。这一句字面上没什么太多难理解的地方，但是分歧在最后四个字上，是圣人的功劳不离圣人，还是理解为圣人也同万物一样不离开自己的道？

两种解读都解释得通。第一种解释为：圣人这种不居功的行为，本身也是有价值的。第二种解释为：圣人自己也是万物之一，作而不辞，不执着，不落偏，不自私，不占有。鉴于第三章内容为"圣人之治"，我采用了第一种解释。

今译

这个世界上的人都知道什么是美，有了统一的美的标准了，就已经走向败坏了；都知道什么是优秀的，有了优秀的统一标准，这个风气就不再良好了。所以，结构和功能只是相生的不同状态，难和易只是相比较而言的不同程度，长和短只是相比较而言的不同长度，高和矮只是比较而言的不同高度，音和声只是合奏的不同组成部分，前和后只是相比较而言的到达先后次序。圣人因为明白这个道理，做事不带着自己的价值评判标准，不附加指令干预事物自然发展，不依靠语言去诱导心理情感或者依赖一套价值标准而施行教育。圣人观察万物运作而不评判，不因为见证了事物的出生就占有它，不因为身边的事物有了价值就将自我价值感建立在它上面，不因为事物有了功绩就借机标榜自己的功劳。正是因为这种"不居功"的认知和行为，也使得圣人能始终保持自己的价值。

解读

人类的角度，却不是道的角度

在诸多思想流派和哲学体系中，善与恶是饱受争议的话题。东方诸子百家在"性善论""性恶论"的问题上各抒己见，西方哲学家如柏拉图、斯宾诺莎等也都对"善""恶"有自己的理解。老庄道家一定是其中非常特别的一派。

　　张岱年在《中国哲学大纲》做出精辟概括："道家的性论，在一意谓上，可以说是无善无恶论；在另一意谓上，也可以谈是性至善论。然道家是唾弃所谓善的，是不赞成作善恶的分别的，所以如将道家之说名为性善论，实不切当。"

　　老子理解的"美""善"并不是一种客观存在，它们是认识论的内容。人类的审美标准和价值判断，是人类认知系统里的审美标准和价值判断，是相对价值，并不绝对。美和丑、优和劣是人类视角的美丑优劣，只是观念。观点在人心，也仅仅在人心里而已。人类个体教养环境不同，心理需求不同，对于同一事物的心理印象和连锁记忆不同，也会有不同的审美标准和价值判断。站在道的角度，人类观念里那些美丑好坏的事物都被同等看待，仅仅是某一特质的不同表达。用庄子的话说，"举莛与楹，厉与西施，恢诡谲怪，道通为一"。草茎与房柱、丑女与西施、世界上奇奇怪怪的事情，在道看来，也都是事情原原本本的真实状态罢了，从来没有过什么美丑古怪的概念。美恶、善不善的定义是约定俗成的价值观，是个体被社会传授的内容。道家思想的圣人克服社会既有的价值评判标准和立场，保持独立精神，客观地处事行教。

三、返还本真，无为固元

圣人之治，并非利用价值导向而驱使民众，以无为之治还原真性，固本培元，智者无法轻移作乱。

原文

不尚贤，使民不争；不贵难得之货，使民不为盗；不见可欲，使民心不乱。是以圣人之治，虚其心，实其腹；弱其志，强其骨。常使人无知无欲，使夫智者不敢为也。为无为，则无不治。

注解

第二章由情感与价值的认识引出了"圣人处事"，本章由价值导向引出了"圣人之治"。

不尚贤，使民不争；不贵难得之货，使民不为盗；不见可欲，使民心不乱。

徐仁甫在《广释词》中并举了屈原的词，认为老子、屈原皆楚人，"可欲"引作"多欲"之意。

《说文解字》："贤，多才也。"贤（賢）的原本字形，左上方"臣"是竖立的眼睛（可能是指奴隶的眼睛），右上方的"又"是一只手，下方"贝"象征着钱币、财富，本义是指能用手段掌握住屈服者或擅长理财、统筹资源的人。后引申为有道德、有才能的人。由此可知"贤"是指有决策能力的精英，并非后世那些"无事袖手谈心性，临危一死报君王"的大臣。

这句话中，对"民"字做一下探讨。秦汉以前的"民""百姓"与后来的意思有变化。《老子》中也不止出现了"民"，还有"百姓"，含义是不同的。"百姓"在战国以前的文本中，是指有一定社会地位的人，中国早期社会只有贵族有姓，因此称百官之族为百姓。且从《老子》第十七章和第四十九章中看，百姓是有自主想法和利益追求的，读经的过程应该区别于"民"。

《说文解字》："民，众萌也。"段玉裁的记录中写道："萌犹懵懵无知貌也。"民指当时没有教育背景的绝大多数人。我认为，这"众萌"的民，并不是仅指没有接受教育的大多数民众，而是更类似于勒庞《乌合之众：大众心理研究》中的"群体"的概念，是在集体情绪和共识下失去独立性而盲从的人群集合[①]。

人类是一种善于给事物赋予意义的动物。"尚贤""贵货""见欲"，都是在共同想象力里的连锁反应。尚贤，实质是赋予"有能力的人"意义，在能力之外，利用名声来调动民众；贵货，实质是赋予"货物"新的意义，在货物实用性之外，利用供求关系和舆论去提高物价；见欲，实质是在内心形成对未来收获的期待：三者都是在想象力层面的炒作。这种炒作虚涨了实际价值，污染了市场份额，破坏了社会心理状态。

---

① ［法］古斯塔夫·勒庞《乌合之众·大众心理研究》："群体中的个人不但在行动上和他本人有着本质的差别，甚至在完全失去独立性之前，他的思想和感情就已经发生了变化，这种变化是如此深刻，它可以让一个守财奴变得挥霍无度，把怀疑论者改造成信徒，把老实人变成罪犯，把懦夫变成豪杰。"（［法］古斯塔夫·勒庞著，冯克利译《乌合之众·大众心理研究》，广西师范大学出版社，2019年，72页。）

是以圣人之治，虚其心，实其腹；弱其志，强其骨。

许多秉持"老子愚民"思想的人，将这句解释为让人民思维简单，吃饱饭，消磨斗志，身体强壮。

老子书中的"实其腹"并不是"填饱肚子"。由《道德经》第十二章"为腹不为目"一句得知，"腹"为代指内在自我，"目"指外在现象和感觉世界。可见，"腹"是相对于沉迷感官世界的，代指重视内在自我和追求务实品格。因此，我认为"实其腹"应当翻译为"让他们踏实地谋生"。

比较来看，重点在于对于"弱其志"的解读上。陈鼓应解释"弱其志"为使人意志柔韧，也有道理，但我秉持另一种观点。在古文中，精、神、魂、魄、心、意、志、思、虑、智，并不是统一含义，指的是不一样的心理内容。将古文中的这些词统统译为"想"或"想法"，是欠妥的。高觉敷主编的《中国心理学史》中将"意志"解读为"动机与目的"[①]。我认为，"志"当解释为"自我期待"比较恰当。

心，相当于"意识"；志，相当于"期待"。心、志常常狭隘地集中和关注于某种目的，是想要控制问题、解决问题或达成什么目标的念头。老子主张放弃这些心志，抛开"占有"的观念，秉持"无为"的态度，从一个拥有者转而选择做一个见证人。

常使人无知无欲，使夫智者不敢为也。为无为，则无不治。

这句话中引出了"智者"这个词，纵观全经，"智"字出现了八次。凡是"智"字出现，都不是什么好事。唯一一处没有明显贬义的是"知人者智，自知者明"。学者们也都没有只局限于"聪明的人"这个含义，延伸为"自作聪明的人""耍小聪明的人""凭

---

① 高觉敷《中国心理学史》，人民教育出版社，2009 年，15 页。

借智巧，玩弄是非，从中牟利的人"……

很多翻译将"使夫智者不敢为也"作为"常使人无知无欲"的结果，认为这两句有因果关系。我认为，也可以理解为并列关系。纵观全经，圣人求的是政治生态的完整和谐，而智者求的是个人成就和私人利益。所以两句都是圣人之治的职责：一方面，保持政治生态淳朴，"使人无知无欲"；另一方面，要遏制智者利用人们的欲求而胡作非为。

今译

不推崇贤能的人，没有教育背景的普通民众就不会争相以贤能的标准去竞争；不去炒作那些难得货物的价值，民众也不会想要去偷抢这些难得的货物；不去利用这些民众的欲望调动他们，他们的内心就不会焦虑慌乱。圣人因为明白这个道理，所以他治理天下时，主张消除民众的虚荣心，让他们踏实地谋生；减少他们对自己过分的期待，强大他们的本领和人格。常常抱持着使人们不投机取巧、不沉迷欲望的宗旨，使那些想要利用民众欲求耍小聪明的"智者"不敢乱来。圣人如果能学会不利用价值杠杆去管理教育背景弱的人，就没有治理不好的群体了。

解读

《老子》中的"民"

《老子》中出现了32个"民"字，分别在第三、十、十九、三十二、五十三、五十七、五十八、六十四、六十五、六十六、七十二、七十四、七十五、八十章14个章节中出现。而"百姓"出现了4次，分别在第五、十七、四十九章中出现。民，有一系列的特点，如"好径"，走捷径；"民之从事，常于几成而败之"，做事往往不够自信，不够坚定，不能够坚持到最后。在《老子》中把"民"字的章节全部抽出来，也可以看作老子对大众心理学的研究和探讨。且老子的书中更多的是在互动关系中去认识"民"的。老子认为，在互动关系中，拥有权力的统治者占有主要的责任，掌握更多主动的力量。

《老子》在与民互动的过程中，并非谣传的"愚民"思想。《老子》一共出现了三个愚，第一个是第二十章说"我愚人之心也哉"，实际上是一种赞许圣人不功利、不钻营的质朴气质；第二个是第三十八章说"道之华愚之始"；第三处是第六十五章"古之善为道者，非以明民，将以愚之"。误解也大多从六十五章中诞生。通过前两处"愚"的解释，可见，老子的"愚"并非现代语言使用中的"愚"，古代的"愚"是指性格孤僻，不谙熟人情世事，不擅长使用社交技巧，是"巧"的反面。而且从第十九章"绝圣弃智，民利百倍"来看，老子还是倾向于保护民的利益的。所以"愚民"思想的理解确实存在断章取义和片面解读。

另外，民，并不是一个含有贬义的概念。民，众萌也，像是一张白纸，更多的内涵是新，而不意味着低级。道家不将社会结构中地位高的群体视作高级，而是秉持自然无为的态度。有个最适宜的状态，却没有一个高低的标准。

四、盅用不盈，渊宗湛存

道以中空之用，成为万物容纳之器，挫锐解纷，和光同尘，浸载万物，自始至今，不知其源。

原文

> 道冲而用之或不盈。渊兮似万物之宗。挫其锐，解其纷，和其光，同其尘。湛兮似或存，吾不知谁之子，象帝之先。

注解

就结构而言，应当是分为三部分，第一部分为道的用途，第二部分和第三部分分别为"渊兮"和"湛兮"，描述道的结构和功能特性。道在结构上始终保持足够的容纳空间，以实现兼容和共存的功能。

道冲而用之或不盈。

冲，据《说文解字》为"道盅而用之"，后来演变为"沖"，又变为"冲"。"盅，器虚也。"指器皿内部空虚的空间。此句为道的"器之用"，与第十一章呼应。韩鹏杰在《道德经说什么》书中，将"冲"字拆分解读为"阴阳"和"中"，见仁见智，不无道理。

渊兮似万物之宗。挫其锐，解其纷，和其光，同其尘。

《说文解字》："渊，回水也。"从金文字形上看是岸中有水，为储藏水的深渊。各大学者借深渊描述"渊"指道深远的特性。

读《道德经》的译文，通常会发现一个现象，许多古文的字表达了同一个意味，例如，"玄""渊""远""谷"都为深远。在此我试着提出一个观点，假如我是见素抱朴的老子，写一本书，在不卖弄文采的情况下，同一个特性通常会用同一个字。因此我认为有必要将这些相同意思的词区别开。"玄"为"有、无同生的状态"；"渊"强调容纳，如本章的"万物之宗"、第三十六章"鱼不可脱于渊"；"谷"强调内涵生机和动能，如"谷神不死""谷得一以盈"。

本章"挫其锐，解其纷，和其光，同其尘"，各类传本与帛书本皆有此四句，但在五十六章重复了，多数学者认为是错简，建议删去。陈鼓应认为，唯帛书甲乙本均有此四句，其错简重出早在战国时已形成。而我的观点是，经中出现观念重复，未尝不可，不必因为重复而疑误。"渊兮似万物之宗"为道之体，而"挫其锐，解其纷，和其光，同其尘"为道之用，先说结构后言功能，不冲突，也不赘余。

湛兮似或存，吾不知谁之子，象帝之先。

湛，学者们多译为"深、沉""澄澈"或"隐而无形"。而《说文解字》云"湛，没也"，"没者，全入于水"。我认为应当按《说文解字》的解释，此处是指万物全入于道，浸于道中。

楼宇烈在校释王弼注本时提到，赵秉文此段注文作"存而不有，没而不无，有无莫测，故曰似存"，与各本迥异，不知何据。我猜，赵秉文也是将"湛"作"没"解，用注文解释了"似存"一词。"道确实存在，却又无形，仿佛不存在。浸没万物，无一例外，又仿佛存在。到底是有是无，无法揣测，所以说似存。"

"谁之子"与前半段的"万物之宗"相对应，道容纳包含万物，谁又容纳和包含道呢？

关于"象帝"，有的解释为"上帝"；有的解释为某一辈分很高的神仙，这是后世带着道教的理论去解读。既然老子提出了"其鬼不神"（第六十章）的说法，此处不太可能是指神仙。王安石认为此处"象帝"应当分别理解，"象者，有形之始；帝者，生物之祖也"。我也认为，此处应当将"象""帝"断开，象是"取象比类"的象，是人类理解事物的意象思维；帝是"三皇五帝"的帝，人类社会的领袖，分别代指为"人类的认知系统"和"人类的社会系统"。

今译

"道"像器皿一样，以中部空虚作为它的作用，总是不盈满。如同深渊一般收纳万物，成为万物的宗主。万物在其中消磨锋芒，化解纷争，光辉相照，尘垢共存。如同水一样浸没万物，仿佛真实存在。我不知道"道"是谁派生的，但"道"是在人类认知形成和社会建设之前就已经存在了。

解读

1. 器量大于，方可承载

大家总说"器量"，何为器量？

器量刚好盛一个家，是做不了家长的；器量刚好盛一个国，也是无法做国君的。因为不但要负重，还要前行；不但要承载，还要给乘客充分的活动和发展空间。不论是家庭，还是一个团体，多余的器量，给了成员失败和做新选择的空间，给了与外界交流的缓冲带。从另一个角度，多余的器量，也给了决策者失误和应对突发事件的空间，给了决策者能力之外的可能性，给了成员成长的自主空间，也实现了接班人的培养。

2. 中华文化博大精深，源远流长，具有非常强的包容性

对于中华文化特点的概况，"博大精深""源远流长""包容性"这三个词是公认的。这三个词也恰恰就是老子讲的"渊兮似万物之宗"。很难说中华文化是什么，但是说中华文化有什么，就能说出一大堆。

最能反映中国文化包容性的就是唐代。唐代长安呈现了一种世界性的精神格局，长安城过着一种没有国界的商业、文化、宗教的生活，在精神上非常开放，恰恰形成了如老子所说"渊兮似万物之宗"的景象。① 余秋雨在《中国文化课》第二十七讲中，借唐太宗给流亡教派下的诏书中的十六个字"道常无名，圣常无体，随方设教，密济群生"，来阐述这种"精神主体"和"国家哲学"。

3. 底色，似或存

图在画中，对画来说，纸的颜色若有若无；歌在背景音乐中，对歌来说，背景音乐若有若无；鱼在水中，对鱼来说，水的存在若有若无；人在道中，对人来说，道的存在若有若无。

智慧总是在很多地方有相通之处。老子的"渊兮""湛兮"，与佛家所言的"阿耨多罗三藐三菩提"表达非常相似。佛家著作在翻译过程中有五不翻②的原则，"阿耨多罗三藐三菩提"属于顺古不翻，乃指佛陀所觉悟之智慧，是真正平等觉知一切真理的无上智慧。"阿耨多罗三藐三菩提"可译为"无上正等正觉"。其中，"阿耨多罗"

---

① 唐朝皇帝姓李，借称老子李耳后裔，深受道家思想影响。
② 五种不翻是：多含不翻（如佛之尊号）、秘密不翻（如神咒）、尊重不翻（如波若等）、顺古不翻（如阿耨多罗三藐三菩提等）、此方无不翻（如庵摩罗果等）。

意译为"无上"，指所悟之道为至高无上，恰与"渊兮似万物之宗"的说法类似；"三藐三菩提"意译为"正遍知"，表示所悟之道周遍而无所不包，恰与"湛兮似或存"的特性对应。"阿耨多罗三藐三菩提"的佛与"渊兮湛兮"的道，常常在许多描述性的言辞上相通相似，在或必然或偶然的境界中彼此印证，辉映出东方的智慧，带给众生"自在"和"自然"的底色。

五、不仁无私，中虚动穷

系统的维护者，不应有所偏私而轻易做出倾向性的决策。系统结构之间有未用的空间，具备不确定的功能，任何倾向性的决策都会压缩此空间，与其频繁操作，不如保守系统中不确定性的功能。

原文

天地不仁，以万物为刍狗；圣人不仁，以百姓为刍狗。天地之间，其犹橐龠乎？虚而不屈，动而愈出。多言数穷，不如守中。

注解

熊逸《道可道：〈老子〉的要义诘难》中认为，本篇分为三个部分，前后无联系。其实不然。第一部分讲，天地和圣人不施加情感取向；第二部分举了一个风箱的例子，说明了内部空间与主动干预的关系；第三部分则提出观点，主动干预会减少空间，不如无为而守住内部空间。

天地不仁，以万物为刍狗；圣人不仁，以百姓为刍狗。

这句大多数的讨论集中在对"不仁"的解释上。许多初读《道德经》的读者，容易理解为天地和圣人残忍与冷漠。钱锺书在《管锥编》中评论，"不仁"有两，不可不辩。一，凉薄或凶残；二，麻木或痴顽。前者忍心，后者无知。"天地不仁"盖属后义，刍狗万物乃天地无心而"不相关""不省记"，非天地忍心"异心"而不悯惜。

几乎所有的注者都将"仁"译为"偏爱"。不偏爱，并不只有残忍，还有无感情。从第二章我们可以得知，老子跳出人类的视角，天地与圣人不戴美丑价值色彩的眼镜看待万物和百姓。因此，不仁并不带有悲情色彩，刍狗也没有贬义，此处大有"天行有常，不为尧存，不为桀亡"之味道。

王弼将刍狗解释为食狗，不过，更多学者认为"刍狗"指祭祀用的草狗。苏辙、吴澄、林希逸等学者借《庄子·天道》中对刍狗的阐释认为，祭祀的时候刍狗被人们供奉，祭祀完毕无用弃之，遭人践踏。站在刍狗的角度，刍狗时贵时贱；站在天地和圣人的角度，刍狗不贵不贱。天地无心于爱物，任其自生自成；圣人无执于爱民，任其自作自息。

天地之间，其犹橐籥乎？虚而不屈，动而愈出。

《说文解字》："屈，无尾也。"许注，屈为短，奇为长。不屈，引申为不竭尽。

陈鼓应先生将"动而愈出"译为"发动起来而生生不息"，的确为道的作用，体现了道体之用。但这样翻译，与"风箱"关系就不大了，而且与下文失去了联系。熊逸的疑惑与诘难大概也是源于此。我认为，此处的"动"应当是对应下句"多言数穷"的"言"，描述拉动风箱，压缩"虚而不屈"的空间。

多言数穷，不如守中。

言，为发号施令。《老子》中的"言"，含义倾向于有目的性的言语，带有要求、命令的色彩。"行不言之教""知者不言"，并不是教人做哑巴，不表达，而是不做预设和不提要求。白居易《读老子》①调侃的话，确实有点冤枉老子了。

"中"在儒家大多是不走极端的意思，要合乎中庸之道，而在此处不当解释为保守中庸。《说文解字》："中，内也。"此处的"守中"为守住大风箱内部"虚而不屈"的空间。

此处我认为，"风箱"只是举例子。例子是固定的，但读者的思维不应该被固定住。风箱并不是绝对不能动的。面对"风箱"，我们需要思考用的是风箱内部的空间，还是风箱鼓风的功能。如果"冲而用之"，用的是虚而不屈的空间，就守中，留着空间；如果不用道体，用的是动而愈出的方向，要的是定向鼓风的效果，那就应该动，反复地动。

今译

天地不偏爱，将万物同等对待；圣人不偏爱，将百姓同等对待。天地之间，就像是一个大风箱。保持中部空虚而不竭尽的空间，施加压力就排出空间。发号施令也如给风箱加压一般，几次发号施令之后空间就匮乏了，反而不如保持中部空虚的空间。

解读

1.天地、自然法则对特定的人群没有爱护或者厌恶。如果有，可能只是人类自己感情的投射

"我见青山多妩媚，料青山见我应如是。"辛弃疾的词描绘了一种与青山相互欣赏的美妙境界，不可否认。可现实情况或许是青山对人类并没有任何感觉，一切只是诗人自己的感情投射。恰如《阴符经》所言"天生天杀，道之理也"。天地、自然法则，无情感，

---

① 白居易《读老子》："言者不如知者默，此语吾闻于老君。若道老君是知者，缘何自著五千文。"（顾学颉《白居易集》，中华书局，1999年，716页。）

无意识，对万物无所谓仁义与偏爱，纯任万物自运自化、自生自灭。万物生长不是因为天地的爱，万物消亡也并非因为天地的恨，只是自然运动变化的规律使然。

此处，不陷于"子非鱼，安知鱼之乐"的争端，也不做价值观上的争辩，但依旧希望逆境中的人们能够打破人类的自恋与自卑视角，去看待天地，客观认识事物，摆脱依赖与期待，不把命运交给运气，自强自救。

2. 仁即不公，"不仁"反而大仁

在老子的理论体系中，"仁"是不同于其他作品的，读《老子》需要区分"仁"与"慈"的关系，不可断章取义。老子的"仁"是指在结构上力求"仁"的形象，注重行为；"慈"是功能上怀抱"慈"的动机，注重态度。

许多读者将"仁"理解为共情导致的利他主义。

还有一种管理者的"仁"，是刻意打造"仁"的人设，表演出"仁"的形象，实质是在利用恩情债。统治者无底线地求"仁"施惠，是有违常道的，是对公权力的滥用，破坏了社会规则，没有原则的让利也致使社会管理层步步后退而后继无人，不可长久。在老子的观念中，社会管理者的重点不是帮助百姓做具体的事，也不是尽可能地满足百姓的期待，而是应当允许和鼓励他们本自具足而自由的人性存在。

此处的"不仁"，并非残忍暴虐，而是了解了因果之后的更高的理性，更像是当今倡导的"法律面前人人平等"的法理精神。结合第四十九章"善者，吾善之；不善者，吾亦善之，德善。信者，吾信之；不信者，我亦信之，德信"，便可理解老子"不仁"的用心。作为维护自然生态的天地，"不仁"便使万物不依赖也不期待，体任自然，自由自主。维护社会系统的圣人，需要效法天地，用更高的理性去平衡自己的感性。

六、谷神不死，玄牝为根

有形的结构和无形的功能相互组合，持续运作，形成综合的静态力量；静态力量相互转化契合，成为系统的活力和动力来源。加以运用，不劳心力。

原文

谷神不死，是谓玄牝，玄牝之门，是谓天地根。绵绵若存，用之不勤。

注解

本章承接了第四章和第五章，结构上可以分为两部分。第一部分介绍"玄牝""天地根"的概念，呼应第四章中的"渊兮万物之宗"。"谷""神""不死"的特性呼应了第五章中的"虚而不屈"；第二部分"绵绵若存，用之不勤"，再次呼应第四章中的"湛兮似或存"和第五章"虚而不屈"。

谷神不死，是谓玄牝，玄牝之门，是谓天地根。

很多版本将"谷神"放在一起解释，解释为"山谷之神"或者"五谷之神"，略带神祇崇拜和玄幻迷信的色彩。除了本章后续章节再没有提到"谷神"一词，且第三十九章有内容为"神得一以灵，谷得一以盈"，所以"谷"与"神"应当拆开来解，将"谷""神""不死"

理解为"玄牝"的特性。

《说文解字》："泉出通川为谷。"我认为，与"渊"不同，渊为回水，强调藏水，而"谷"为泉出，饱含生机与动能。也有人认为，"谷"为"五谷"的谷，讲的是粮食和农作物。老子时代表示谷物的字应为"穀"，并非"谷"。

"神"在《道德经》的各家解读中有多种解释，大致分为四种：一是"鬼神"的神，二是"精神"的神，三是"阴阳不测谓之神"的神，四是"神妙"的神。第一种解释，带有迷信色彩，料想"知不知，上"的老子不太可能在鬼神上做文章。大多数学者也不赞同此类说法。第二种解释，"精神"的神，理解为"精的外放"。在第三章的解读中，谈到了精神内容的多词不同义，此处的"神"可以参考《黄帝内经·灵枢·本神》来理解，"故生之来谓之精，两精相搏谓之神"。天生具有的心理能量叫作"精"，与事物建立联结产生的心理能量叫作"神"。"精"与"神"，就像是心理学精神分析流派弗洛伊德动力学理论中的"力比多"[①]和"对象力比多"[②]这两个概念。《说文解字》中对"神"的解释为，"天神引出万物者"，是天的"神"引出万物的"神"。侯外庐认为，孔、墨的道附有宗教性，而《老子》的道是义理性的，有自然规律性。"谷神不死"的"神"在《老子》书中是泛神一类的概念，完全义理化了。第三种解释，出自《周易·系辞上》中"通变之谓事，阴阳不测之谓神"。能够理解的变化称作"事"，未知的变化称作"神"。个

① 力比多（libido）表示 种性力、性原欲，即性本能的 种内在的、原发的动能、力量。弗洛伊德认为，它是一种推动力，本能借助这个力量以完成其目的。弗洛伊德所谓的性，有别于生理学和解剖学意义上的性，也不是指以生殖为目的的狭义的性生活，而是一种广泛意义上的性，是一种更广泛的肉体能力。

② 对象力比多（object libido），是指投注于性的外部对象的力比多能量，是力比多的释放态。

人认为，第三种解释也包含了第一种解释。第四种解释，是形容词，表示称赞，感叹"玄牝"能够"应无穷"的力量。在《老子》中，"神"共出现了四次，许多学者甚至在不同地方给出了不同的解释，本人认为四次理当同义。考虑到译文的整体性，我倾向于第二种解释。

"玄"字再次出现，此处我们不译为"深远"，以《老子》解《老子》，根据第一章译为"有无同生的状态"。如此翻译，就能够更好地理解接下来的"玄牝""玄德""微妙玄通"和"玄同"了。

牝，解释为母，形容牛马中的雌性，与"牡"相对应。同样的用法可见《周易·坤》中的"元亨，利牝马之贞"。

综上，"玄牝"应当理解为"结构与功能并存，事物蕴含的被动性质的能量"。"玄牝之门"解读为"功能与结构相互交流、价值互换的稳定组合"。

"谷"，是中央空虚的有形结构，代指载体，能够孕育生机、动力与众多可能性；"神"，是在想象力层面抽象出来的精神实质，是无形的体，无法在现象界被认识，借以促成无形的功能，包含已知和未知的可能性，酝酿变化，充满潜能；"不死"，既有"用之不勤"的动力支撑，也有"你方唱罢我登场"的势与时。成玄英在《庄子》的注疏中有一句虽未直言"玄牝"，却恰恰能够描述"玄牝"："运载万物，器量群生，潜被无穷而不匮乏。"

绵绵若存，用之不勤。

绵绵，是描述柔缓且持久的特性；若存，是因为杂糅了有形结构与无形的功能，所以在现象上是"若存"的。

马王堆帛书甲、乙本都写作"用之不堇"，大多数学者都做"用之不勤"解，也有解为"仅""谨""馑""廑"的说法。"不勤"大致有两种解释，一说"不劳"，一说"不尽"。我认为应当解为"不劳"。玄牝的结合如同相互成就的"契约"，双方自然而为，不需借助外来动力来强制运行。基于"玄牝"形成的结构，稳定而合理。利用好结构的稳定性和合理性，因用自然，就能做到不费、不伤、不劳，所以"用之不勤"。

今译

如山谷般有形的空虚结构、如精神般无形的内在功能，活力长存而始终不竭，这就是功能与结构同生共存的潜能。结构与功能共存、潜能交互搭配的组合，是系统维持的动力根源。柔和连绵，仿佛能感受到它的存在，它发挥着作用，不需施加外界劳力。

老子返复

34

七、天长地久，无私成私

　　系统能够长久维持的原因，并不是结构上的直接维护，而是功能的长久保持；圣人自损结构以促成功能，反而在社会互动中，间接地保存了自身结构。

原文

　　天长地久。天地所以能长且久者，以其不自生，故能长生。是以圣人后其身而身先，外其身而身存。非以其无私邪？故能成其私。

注解

　　秉承前一章的基于"玄牝"形成的结构"天地根"的概念，本章继续探讨系统能够长久稳定的原理。

　　天长地久。天地所以能长且久者，以其不自生，故能长生。是以圣人后其身而身先，外其身而身存。非以其无私邪？故能成其私。

　　"身"是一个象形字，原始字形像人的整个身躯，写法上突出了肚子。本义为怀孕，后引指颈部以下大腿以上的躯干，后又引申为自己的生命、一生、一辈子，引申泛指人或动物的整个躯体。《说文解字》："身，躬也。象人之身。"《老子》有九章中出现了"身"这个字。我认为，这个"身"，并不仅仅指身体的健康和安全，还扩大泛指"个人利益、立场",译为"身家"更合适一些①。

"外其身而身存",这句话被大多数译者解释为"将自身利益置之度外"。此处我提出另一种解释,"外其身"应当解读为"将功能放在保护民众利益上"。如此解读原因有二:一是承上,第四章中的"道冲而用之",圣人不与民争内部的空间,做好维护内部生存空间的"器之用";二是启下,第八章提到水"不争"和"处众人之所恶",正好与"外其身"对应。

长久存在,是因为找到了长久存在的合理性。不自生,于是不依赖他人和外物,对其他人没有了期待,所以能够独立长久存在。这种"不自生"本身带来的功能,超越了具体结构的含义,以另一种"搭建结构"的结构形式存在于这个世界中,达到了与造化的共有共存。

许多版本因为一句"故能成其私"而断言老子是阴谋论,讲老子表面无私,内心为私。恰恰相反,圣人是因为内部无私,所以外部能够成其私。老子所说的圣人是以智慧觉悟最深刻的因果关系,而不是依靠"表演"提供处世手段或谋略。

今译

天长地久。天地能够长久存在的原因,是因为它们不为自己而运作,所以能够长久存在。通过这个道理,圣人把自己的利益放在后面考虑,反而受到爱戴被推举置前;把自己的功能放在保护民众利益上,反而能够保存了自己的利益。这不是凭借他不刻意保全自己个人利益的行为,带来的好处吗?所以反而能够成全他

① 王弼在第七十七章中注:"与天地合德,乃能包之如天之道。如人之量,则各有其身,不得相均。如惟无身无私乎?自然,然后乃能与天地合德。"(〔魏〕王弼注,楼宇烈校释《老子道德经注》,2019 年,194 页。)可见,在"身"的使用上,魏晋前不单单指身体,更包含了"利益""立场"等内涵。

的个人利益。

解读

价值交换，则有了存在的合理性

本章圣人的政治主张特别像毛泽东思想中的群众路线[①]。人类社会的形成，总需要有人对公共资源进行分配，利用公共资源进行决策。处于这个位置的人，离公共资源最近，很容易将公共资源据为己有。而圣人总是以百姓的利益为重，时时刻刻优先考虑百姓的利益，于是百姓也愿意推举圣人。

一方面，百姓明白，需要有人从事公共事务，维护系统稳定和长久。如果换掉圣人，换一个"先其身"的人，自己的利益反而受到损失。于是，百姓拥护圣人，也乐于让圣人存在。

另一方面，智者是很精明的，不愿意吃亏的，取代了圣人，也做不到"后其身"和"外其身"。

圣人自损不是盲目的，自损是给他人提供了空间，这是功能，是"玄牝"。而在多方的博弈与选择中，百姓乐意在一个自身利益更大化的体系内生活，也愿意因圣人的功能而给予结构上的支持。双方互动，相互成就，形成玄牝之门，成为整个系统运转的活力和动力的根，形成了稳定的组合，于是系统得以长久。此乃"天长地久"之理。

功能长存，是"玄牝"之用；自我运维减损的道理，实际也是三十六章"微明"的反用。理解了此处，也为此后的内容做了铺垫，如第二十七章"善闭无关楗而不可开，善结无绳约而不可解"。

[①] 一切为了群众，一切依靠群众，从群众中来，到群众中去。

八、水善利物，处恶不争

治世若水，功能上以善利物，结构上处恶不争。如此"七善"：善于择地居安、善于宽心容纳、善于施惠共情、善于行诺守信、善于持正纠偏、善于估能从业、善于循时断机。怀抱恪守，不入龙虎局，亦可常清静。

原文

> 上善若水。水善利万物而不争，处众人之所恶，故几于道。居善地，心善渊，与善仁，言善信，正善治，事善能，动善时。夫唯不争，故无尤。

注解

这一章的"上善若水"已成为名句，被许多中国人作为座右铭，当作最高的品性去践行。这一章在大众的印象中极为深刻，但喜欢探究的读者，显然不满足将本章内容作为道德标杆，总会心生三个问题：善和水有什么关系？水和道有什么关系？这中间的"七善"跟水又有什么关系？

上善若水。

对于"上善若水"的解释，不少人容易带着儒家的思维解读，认为应当解释为"最上等的善仿佛水一样"，很有道理，也为大众所接受。但是如此解释，岂不是与老子第二章中说的"天下皆知善之为善，斯不善矣"相互冲突了吗？

对于"上"这个字的解释，我想提一下个人的看法。我认为，在《老子》中的"上下"不是来表示某种品质或者某一标准的好坏高低。"上下"是位置的高低，应指在社会架构中的不同位置，如七十五章"民之饥，以其上食税之多"。由此，"上善若水"应当理解为"处于社会上层的管理者应当擅长像水一样治理社会"。

水善利万物而不争，处众人之所恶，故几于道。

此处的"恶"，应当作喜恶的恶，解释为讨厌。中国有俗语"人往高处走，水往低处流"，也算是诠释了这句话。人们大多喜欢建功立业，争胜求强，而水走向了反面，流向了底层，孕育了生命，并给底层的生命带来了生存的必要条件。人希望求强，希望被看到、被重视、被表扬；水只是补缺，发挥作用，对水来说只是"高下相倾"而已，没有贵贱之说。

几，近。水的作用如同道，接近道，但不是道。

唐玄宗、杜光庭、陈景元等将本章中水的善概括为"三能七善"。其中"三能"就是从这一句中总结出来的，分别为"善利万物""柔弱不争""处众所恶"。我认为，这三个特点与《老子》第六十七章提到的"三宝"相互对应。三宝为"慈""俭""不敢为天下先"。由于"慈"，所以能够"利万物"；由于"俭"，所以能够"不争"；由于"不敢为天下先"，所以能够"处众人之所恶"。

居善地，心善渊，与善仁，言善信，正善治，事善能，动善时。

这是水的七种善，此处的"善"，我认为同样译为"擅长，善于"。

居善地，即善于选择所处的环境。如前一句的"处众人之所恶"，选择众人不愿意的位置，"利万物"，发挥作用，而"不争"，避免争斗。所以说，善于居地。

心善渊，即善于放空内心接纳事物。如第二章"虚其心"和第四章"渊兮似万物之宗"，给万物提供生养的场所，成为生命的源泉。

与善仁，即善于表达喜爱与好感。《老子》对于上层建筑关于"仁"这种情感的表达，非常慎重，非常克制。如第五章"天地不仁"，第十九章"绝仁弃义，民复孝慈"，看似有些超理智的无情，实则着眼大局，用理性消除情感取向带来的不良影响，维护社会生态的整体稳定与和谐。"与"可译为"给予"，此处进一步也证明了老子关于"仁"论述，不是指内部情感的产生，而是情感的外部表达。喜爱可以发自内心，而情感需要慎重表达。

言善信，即善于信守承诺。儒家倡导"仁义礼智信"，而在老子的理论中，上层建筑的"仁义礼智"的各种表现都或多或少地遭到了批判，而独独"信"是老子和儒家共同追求的。老子清楚人类自己的智慧有限，不可能事事预见，提出了"多言数穷""轻诺必寡信"等见解。可见，在老子的眼中，上层建筑信用体系维护的意义远大于其刻意的印象管理。

正善治，即善于疏导治理。有的古本作"政善治"，学者们大多认为"正""政"通用。许多外国朋友学习中文的时候，会诧异"治理"的"治"部首为何是三点水，不明白其与水有什么关系。中国古人在国家管理层面有一种独特于西方的哲学思路，往往将国家治理与河水治理相比较，认为国家管理并不是简单的殖民统治和霸权压制，不应该专注于"堵"的强硬管制，而应该更多考虑到百姓的需求，做好"疏"的工作，积极进行社会主流的导向和大众心理的疏通，解决百姓的诉求。也正是因此，中国仕仕不走"大国必霸"的道路。

事善能，即善于发挥事物的特性做事。可能是老子观察水的运动时，看到了万物都围绕着水在活动，仿佛水能够调动万物的特长而吸引万物。

动善时，即善于利用时间的机遇行动。不同的时间，水有不同的形态，湍急的河水、飞流的瀑布、平静的湖面、浩瀚的大海，为水、为雨、为冰、为气，不违时令，因时而动。

夫唯不争，故无尤。

尤，怨咎。水很清楚自己的目的是利万物，而不是大有作为。于是不与人争，到人们不愿去的地方，实现自己的价值。"不争"，不陷入权力斗争，不争夺有限的资源，不在贡献之外沉迷虚名。不求花环，何来怨尤。

任继愈先生认为，前章和本章都是反映老子以退为进、以柔克刚的思想，以无私达到自私的目的，以不争达到争的目的。我认为，"故能成其私"和"故无尤"是价值交换的必然结果，不是目的。如果因果颠倒，很容易将老子的话理解为虚与委蛇的阴谋论，平添误会。

实际上，《老子》一开始是不分章的，后来注解的人将整本经书分为八十一章。如此断章，在学界也有争议（如许多学者认为应当将二十章开头"绝学无忧"置于十九章末）。此处"夫唯不争，故无尤"，我认为，既可以作为第八章的结尾，说明水不争无尤；也可以置于第九章开头，解释"天之道"不争，故无"盈、锐、守、骄"之尤；还可以消除章结构的束缚，视作承上启下的过渡句。三种变化，本无对错，各有意味。

今译

社会结构中的管理者应当像水一样处事，滋养万物而不与万物相争，处于大家都厌恶的位置，所以基本上接近于道。善于选择合适的地方居处，善于敞开心胸包容其他，善于恰当地表达自己的仁爱，善于遵守表达出来的承诺，善于发挥自己孕育治理的职能，善于发挥事物的特性，善于把握行动的时机。正是因为它不参与争斗，所以没有责难。

解读

在此，回答本章开头注解提出的三个问题。

1. 善和水的关系

除了"三能七善"，各个学者还将水的善进行了引申，如生养、谦下、柔弱、渗透、应时、映世、随和、补缺、清洁，等等。但此处我想换一个角度，不用拟人的手法来思考善和水的关系。

我们站在目前的认知水平来看，水一直保持着自己的运动，万物诞生离不开水，水并没有主动行善。人类在演化的道路上，从水中诞生，逐渐强大，为了人类所谓的"更加强大"或者证明自己的"更加强大"，才选择了一条远离水的路，越走越远，越爬越高，获得了一厢情愿的"强大"，自鸣得意。而水未曾改变，始终保持自己利物的特性，变化的是人心。"上善若水"，并非水的特性，而是依于人性。

老子以水的意象喻理：善于做事的圣人不被社会期待和普世价值影响，会选择竞争压力小的行当参与社会分工，实现自我价值，不将精力过分地消耗在形式和斗争上。

2. 水和道的关系

王弼注："道无水有，故曰'几'也。"王弼看来，道与水相比，道无形，而水有形，所以近似于道。

道与水，都依循自然，发挥作用，不区分高低贵贱，不依人类的情感取向和价值标准而改变。而人之道，迷惑于现象，发展出一套以"远离自然"为"美"为"善"的情感取向和价值标准。与第二十五章相较，水也有"独立不改，周行不殆"的特点，而众人有所恶、有所争，于是看起来仿佛"水利万物而不争，处众人之所恶"。

此特点又与道"反者，道之动；弱者，道之用"的特性契合，但水有形有限地存在于现象界，没有"先天地生""为天下母""大逝远""恍惚"等特点，所以近似于道。

3. "七善"与水的关系

现代翻译的过程中大多直译，作为读者，总是搞不清楚到底这七个"善"跟水有什么关系。对于这个问题解读最好的是宋龙渊，此处摘抄以供赏鉴。

"善地"者，安静无事之地也。若是险峻之地，则非善地矣。所以水性之善，去上就下，险峻不居。以贞静自守，以柔顺自安，行止如然，妙用无方，终无倾丧之患，岂不是善地乎？人之贪高望贵，不知持盈之失，岂善地乎？本经以功成、名遂、身退戒之者，正是此意。

深妙不可测度谓之渊。水虽无心，光明涵之于内，沉静表之于外。能和万物之性，能鉴万物之形；生物之机不可知，化物之妙不可见，皆是水性中无心之心德也。渊乎深哉，其理至微，其道至深。故曰"心善渊"一句，圣人之心，静以涵万物之理，而幽深莫测。动以妙万物之用，而时措无穷，渊渊乎亦如水之善渊也。

水之德，施万物而不伐其功，利万物而不求其报。散之为雨露，万物佩其德泽；流之为江河，舟航获其济渡。天下饮之而御渴，用之而成物，百姓日用而不可须臾离也，其仁至矣。故曰"与善仁"一句。

水本无言，观之江海，有扬波鼓浪之声；闻之溪涧，有瀑布滴沥之听，此即是水之言也。晦前三日，不期而潮于沧海；朔后三日，不约而退其水势。潮不失时，声不私听。

水信如此，以观圣人，时然后发，有物有则。故言可遍天下而不疑，信可传万物而不惑。所以水之善信，与圣人同。故曰水"善信"一句。

水以生万物为政，升之则化为雨露，降之则流为江河。派分遍及，有生生不息之机；德润万物，有化化无穷之妙。故曰"政善治"一句。以水之政，观圣人之参天地，赞化育，安百姓，和万物，使天下各尽其道，各遂其生，皆是圣人之"政善治"也。

水之善能不一矣，泽润乾坤，滋生万物，行舟渡筏，去垢煮爨，随宜妙用，应事适当，此皆是水德善事之能也。故曰"事善能"一句。人能德性完全，心神活泼，应事接物之间，随方就圆；处己待人之际，不泥不执，此便是"事善能"之义。

水之为物，因圆器成圆，因方器成方，盈科而后进，氤氲而后雨。不逆人事，不违天时，皆是善时之妙动。人能不违天时，不逆人事，可行则行，可止则止。事不妄为，言不妄发。亦如水"动善时"之妙也。[1]

---

[1]［清］宋龙渊注，谭植元、林静整理《宋龙渊道德经讲义》，三晋出版社，2020年，25页。

九、持盈保泰，莫若身退

结构的维持，本身就是一种功能，需要持续消耗自身结构；完成功能，在结构上解绑身家，是符合自然法则的。

原文

> 持而盈之，不如其已。揣而锐之，不可长保。金玉满堂，莫之能守。富贵而骄，自遗其咎。功遂身退，天之道。

注解

前一章讲上善若水，不争无尤。本章从反面论证，客观审视对于物质和功名的执念，得出"功遂身退"的主张。

持而盈之，不如其已。揣而锐之，不可长保。金玉满堂，莫之能守。富贵而骄，自遗其咎。

"揣"多数译文作"捶"，意思是捶打使尖锐；有些译文译为"收藏，保护"。此处采用第一种解释，做"捶打使尖锐"之义。

功遂身退，天之道。

我理解的"功"，就是前文的"盈"和"锐"；"身"，就是前文的"金玉"与"富贵"。"功成身退"，既照应了第二章的"功成而弗居"，也照应了第七章的"后其身而身先"。

李存山讲中国古代所谓"天"，主要有三义：一为"意志之天"，即有意识、主宰世界的最高神；二为"义理之天"，即道德的义理、原则；三为"自然之天"，即以天为自然的存在。《老子》中的"天"是指自然。

任继愈评价本章表达了老子对待事物、生活的消极态度，总的精神是多一事不如少一事，出头露面容易受到挫折，容易犯错误。我觉得，功遂身退，是有功无身，并非不作为，而是作为之后不居功、不守成。实际讲的不是消极与保守，而是描绘了一种自然现象。"自然状态下，有序结构终将消磨回归，单纯对结构的刻意维持难以实现长久"。本章不是主张放弃结构的消极避世，而是主张结构层面自我松绑，转而在功能层面上继续通过投身于功能实现来收获结构上的优势。与其在孤立系统中抵抗熵[①]增，不如变成开放系统而实现熵减。

今译

抱持盈满，不如适时停止。锤炼锋芒，不能长久保留。金玉满堂，是不能永久守护的。富贵骄纵，是给自己遗留了祸患。功劳完成，解除捆绑，效法天道。

解读

持盈保泰，锋芒毕露，不如内心减负而面向未来

当人们拥有结构时，很容易在"常有"的视角，紧盯结构，忽略功能，陷入结构焦虑，患得患失。

人为了生存需要和安全需要而追求财富，为了社交需要和尊重需要而追求功名。财富与功名，都是中间产物，是"权"而非"实"，

---

① 熵是物理中衡量系统混乱程度的度量。借此概念以论理。

并非所有人都能完成"自我实现"需要层次的跳跃。

结合《老子》第三章和第十二章，持而盈之，是求欲；揣而锐之，是图争；金玉满堂，是难得之货；富贵而骄，是驰骋畋猎之属。

不累于物，并非否认物质与结构，而是重视价值与功能。老子倡导的是一种对待物质和富贵的态度，不必让物质和富贵盘踞在自己的心里，换一种"莫守"和"不骄"态度如何？结合整本《老子》，老子也并非要求人们做一个"道德模范"式的精神符号。成了精神符号，圣人难有活路。老子指出了另一条思路，存活的依据不是坚守过去的成绩，也不是刻意占有曾经的财富，而是向前看，利用玄牝，找到稳定的价值交换结构，于是"谷""神""不死"。

盈锐无妨，有而不争，安而不恃，不住不碍。

金玉不守，富贵不骄，功成身退，玄牝不殆。

十、一退一进，独立往来

实事求是，摒除成见，多维认知，不恋功绩，培养生机，不拘前识。奉此生养，以天地独立之精神而往来，可得玄德。

原文

> 载营魄抱一，能无离乎？专气致柔，能婴儿乎？涤除玄览，能无疵乎？爱国治民，能无知乎？天门开阖，能无雌乎？明白四达，能无为乎？生之畜之，生而不有，为而不恃，长而不宰，是谓玄德。

注解

由于本章提到了"营魄""专气""婴儿"，许多学者认为这是在讲养生之术，也有学者认为此章讲的是统治者的修养。而我认为，本章承接前一章对物欲的看法，进而探讨如何以出世之心，行入世之道，成就玄德。

载营魄抱一，能无离乎？

载，有两种解释。一种是以土弼为代表，将其解释为动词，"载，犹处也"；一种是以陆希声为代表，认为是助语词，用于开头，和"夫"的用法差不多。

营魄，河上公解释为"魂魄"，王弼注为"人之常居处也"，学者们大致上也都解释为"魂魄""神魂"。其中，南怀瑾以《黄帝内经》的视角解读，认为营为"营卫"之营，指人体生命中血液和养分等作用；魄为"魂魄"之魄，指肉体生命中的活动力。我比较赞同南怀瑾先生的看法。"营"在人体中更倾向于主动消化，引申为"关于运作配置的心理内容"；"魄"在人体中更倾向于生物本能，引申为"关于征服和占有的心理内容"。

抱一，大致上有两种解读：一种是"合一"，联系前后文为营魄合一不相互分离，林语堂、陈鼓应、林希逸、高亨都持此观念；另一种解读是将"一"解释为"纯"或"真"，比如王弼（"一，人之真也"）、苏辙（"纯而未杂则谓之一"）、杜光庭（"一者，不杂也"）。我认为第二种解读较好。

由于"抱一"有了两种解释，"无离"也就有了两种解释。作"营魄合一"来讲，"无离"指"营魄不再分离"；作"求真纯净"来讲，"无离"指"不失真"。

专气致柔，能婴儿乎？

专，一般认为是"抟"，解释为"结聚运化"。

气，中国的哲学中有"气一元论"的概念，气不单指常识概念的气，是物质存在的基本观念，泛指任何现象，包括物质现象和精神现象。中国古代哲学"气一元论"强调气的运动性，强调气既是物质存在，又有功能意义，是物质和功能的统一。气是人体生命的物质基础，其运动变化，也是人体生命的规律。

婴儿，是《老子》中经常用到的意象，除了本章，二十章、二十八章均有出现。道教也由此发展出了"元婴"等一系列学说，此方面知识本人并未涉及，保留空白，也不做此方向解读。我所理解《老子》中的"婴儿"，是指后天尚未对任何事物产生认知和成见的状态。

涤除玄览，能无疵乎？

"览"，有学者认为是指"鉴"，镜子的意思，引申为"对照"；也有学者认为，应当解为"观"，"玄览"即一种直觉，即"观道"。

此处的"玄"，我依旧不采用"深邃"之义解读。"玄"为"有无同生"的状态，"玄览"为"有无同观"：既在"常无"的角度"以观其妙"，也在"常有"的角度"以观其徼"，功能与结构兼顾，涤除成见与偏执，达到"无疵"的境地。变换角度获取信息，往往能够避免狭隘，破除成见与偏见，力求"无疵"，更全面清晰地理解事物，于是收获更加开放的心境。

爱国治民，能无知乎？

帛书本作"能毋以知乎"，河本作"能无为"，想本作"而无为"，傅本作"能无以知乎"。王弼本此处为"能无知乎"，"明白四达"后为"能无为乎"。根据陈鼓应先生的研究应当做出调整。"爱民治国"对应"无为而治"，"明白四达"对应"无知"。遵守王弼本，未做改动，仍按"无知"解。

天门开阖，能无雌乎？

关于何为"天门"，有许多不同的含义。一是天官时日类的概念；二是医家、养生家将的天门，指两眉间的天庭；三是道教将的天门，指心或鼻孔；四是指心灵通达于道的门户。我认为，"天门开阖"此处指开创事业。

王弼的版本为"无雌"，但王弼后面的注为"言天门开阖，能为雌乎，则物自宾而处自安矣"，疑为传写之误。据陈鼓应先生对照其他古本，调整为"为雌"。此处按照"为雌"解。

雌，带有孵化孕育和安静不鸣的意象。王弼注"雌应而不唱，因而不为"，引申出一种守静不言、功成不彰的"雌"之品质，也是极妙的。

明白四达，能无为乎？

司马光注解此处为"聪明睿智，守之以愚"。大抵诠释为"有智不用""不施巧智"的思想。除此之外，我认为，或许也可以带有"不为智迷，破除法相"的解读。即使"明白四达"，治国时也不拘泥于某一个既定套路，需联系实际，无知无碍，灵活应对，具体情况具体分析。

生之畜之，生而不有，为而不恃，长而不宰，是谓玄德。

此处《道德经》第一次出现了"德"。

王弼注解"德者，得也"。"德"这个字一开始是两种写法"德"与"悳"，渐渐演变至通用了。"德"是由象征行走的"彳"加上一只象征眼睛的"目"，后来演变过程中又加上了"心"；"悳"是由"目"和"心"组成。《说文解字》中，许慎把"德"和"悳"分列为两个字头。"德，升也。"（段玉裁注：升当作登）"悳，外得于人，内得于己也。"根据郭店本，大多写为"悳"。我认为《老子》中的"德"应当是由"悳"字演变而来，具备"双向交流"的内涵，是一种内外的价值交换，既由外向内有回报，又由内向外有功能。"玄德"则是建立在认识到"功能与结构并重"的基础上的相应的价值观。结合前后文，我认为玄德更像是庄子所谓的"独立往来之精神"。

由于此句在五十一章中再次出现，许多学者认为是错简重出。此"玄德"一句，不必作为错简删除，尚可承前启后。前六句从出世转为入世，以此引出生养万物而保持无为的"玄德"，为下一章"有之以为利，无之以为用"做铺垫，顺理成章。

今译

受承运化与本能，还原它们本来面目，能够不偏离吗？运转使用精气，致使柔和应对万物，能够像婴儿一样不抱持成见吗？清除杂质，有无同观，能够不保留瑕疵吗？爱护民众，治理邦国，能够摆脱成见偏见吗？开创事业，面对机遇，能够做到守静慈悲吗？知晓道理，四方通达，能够不违逆本性吗？孕育万物，畜养万物。孕育而不占有，施恩而不依恃，成长而不攫取，这是有无同生之德。

解读

1. 精、神、魂、魄、心、意、志、营

在学习古代经典时，如果将"魂""魄"笼统地理解为"鬼魂""灵魂"，而不加细分，就犹如"不辨菽麦"而全解读为"农作物"一样。

每一个概念，随着历史长河的演进，都会产生时代的沿革。以"魄"举例。

《说文解字》中提到"魂，阳气也；魄，阴神也"。《礼记·郊特牲》中提到"魂气归于天，形魄归于地"。《左传》中提到"人生始化曰魄，既生魄，阳曰魂。用物精多，则魂魄强"。"魂魄，神灵之名，本从形气而有；形气既殊，魂魄各异。附形之灵为魄，附气之神为魂也。附形之灵者，谓初生之时，耳目心识、手足运动、啼呼为声，此则魄之灵也；附所气之神者，谓精神性识渐有所知，此则附气之神也"。

由此可见，魄与先天本能、物质、形体方面有关，而魂与后天获得、功能、思想方面有关。

后来随着《抱朴子》和《云笈七签》等书著成，后世又延伸了"三魂七魄"等一系列概念。"魄"后期形成的概念更像是现在的"自主神经系统"①这一名词。

《黄帝内经·灵枢·本神》中对这几个名词下了定义。"故生

① 自主神经系统（autonomic nervous system）是外周传出神经的一部分，能调节内脏和血管平滑肌、心肌和腺体的活动。由于内脏反射通常不能随意控制，具有不受意志支配的自主活动，故名自主神经系统，又称植物性神经系统、不随意神经系统。

之来谓之精，两精相搏谓之神，随神往来者谓之魂，并精而出入者谓之魄，所以任物者谓之心，心之所忆谓之意，意之所存谓之志。"借此对几个概念尝试解读，为读者分享自己的理解，仅供参考。

"精"是生来就有，生命贮藏的基础心理能量和物质基础。在心理方面类似于弗洛伊德精神分析理论中"力比多"和"力比多库"的概念。

"神"是与其他事物建立联系的心理内容，是"精"的释放态，类似于"对象力比多"。

"魂"带有"升"的意象，是可以发掘更多领域从而吸收更多可能性的心理内容。

"魄"带有"降"的意象，源自摄取和征服的本性，是对现有的理解做判断和选择的心理内容。

"心"是对接触到的事物产生的第一感受，如情绪。

"意"是将直接感受进行加工的心理内容，相当于"意识"。

"志"是将意识内容转化为认同而产生的期待，包含"超我"[①]的部分性质。

综上，"营""魄"更像是主导输出的心理内容，对外界事物发挥着能动作用。"营魄抱一"则是在理解客观事实的基础上采取主动作为，是从心理学上表述的"无为"，其意义在于，能动改造世界的过程中，不要因主观偏见而抱持有违自然的想法。

2. 神仙抱一演道章

何为一？

任法融在解译《阴符经》时，对"一"下了定义。"一"从宏

---

① 超我（superego）在弗洛伊德人格结构理论中是指人格结构中的道德良心和自我理想部分。

观上讲，是构成天地万物的基本素材，也就是造成天地万物的元气；从微观方面讲，则为人身的一气灵根。

"一"在《老子》中有别样的含义，如本章"载营魄抱一"，第十四章"故混而为一"，第二十二章"圣人抱一为天下式"，第三十一章中的"得一"，第四十二章中的"道生一，一生二"。近现代的学者，大多理解为数量一（如"道生一"），或者解释为"道"（如"得一"）；而古代许多学者解释为"真"。我认为，在《道德经》中"一"指"事物原本的运行状态"，"二"是指"人们对事物运行状态的认知"，于是便有"道生一，一生二"之言。由此，"抱一"即"认知还原事物本来面貌，保持实事求是的态度"。

"一"具有两个内涵，一个是真实性，一个是整体性。真实性，是不以人的意志为转移，也不随人的认识而扭曲；整体性，是不落入孤立、片面的局部视野。所以"一"中有功能，有结构，还有两者的相互转化和共生。用《老子》的理论来诠释，"一"实际上包括了"无""有""玄""和"四个方面。

3.德与位

在对"德"字形、字义解释的基础上，我们重新理解一下"德"的内涵。

《周易》坤卦大象传中有"地势坤，君子以厚德载物"之言。当代人也常常引用"厚德载物"作为座右铭。

从义理上讲，《周易》中一卦有六个爻，分别代表不同的"时"与"位"。古人对的"世界观"①是有"时"与"位"这一系列概念的。在某个主题或情景下，一个系统的良好运转，需要在恰当的时间做恰当的事，在恰当的位置上做恰当的事。而时间不同、位置不同，

---

① 世界观（world views）是人们对整个世界以及人与世界关系的总的看法和基本观点。

这个恰当的"特性"也就不同。这个恰当的特性，就是"外得于人，内得于己"的"德"。如此认识，则顺理成章。举一反三，也就能理解"德不配位"的含义了。

　　"德"是某一时、位所应该具备的特性，是人对在某一"时""位"上的职责，是功用，是价值，这种价值与社会之间形成了交换。有了功能，便能够承载且赢得现象上的物质回报。"厚德载物"，虽出自《周易》，却颇具《老子》第五章"天长地久"和第六章"玄牝"的原理。

十一、有以为利，无以为用

着眼结构，固守既有价值；着眼功能，发展可能性，拥有后继用途。

原文

> 三十辐共一毂，当其无，有车之用。埏埴以为器，当其无，有器之用。凿户牖以为室，当其无，有室之用。故有之以为利，无之以为用。

注解

本章较为出名，德国心理治疗师、"家庭系统排列"的创始人海灵格甚至在《谁在我家》中将本章作为开篇序言。

文章结构是分总，以"车之用""器之用""室之用"得出"有之以为利，无之以为用"的结论。

三十辐共一毂，当其无，有车之用。

辐是指车轮的辐条，连接轴心和轮圈的木条。毂是指古代木质车轮中间的圆孔。辐条与圆孔组成了车的结构，于是有了车的作用。

埏埴以为器，当其无，有器之用。

埏是动词，调和、糅合的意思。埴是陶土。把陶土揉合成器皿的形状，于是有了器的作用。

凿户牖以为室，当其无，有室之用。

户牖，指门窗。在墙壁上开凿门窗作为居室，于是有了室的作用。

故有之以为利，无之以为用。

本章在最后的结论上争议非常多。

一部分学者认为，老子举了三个例子阐释"有""无"，认为是"无"发挥了作用，而否定了"有"的价值，如此解释是不妥的。

王安石说："'无'之所以为天下用者，以有礼乐刑政也。如其废毂辐于车，废礼乐刑政于天下，而求其'无'之为用也，则亦近于愚也。"①

任继愈说："老子把有和无的关系，完全弄颠倒了……如果没有车子的辐和毂、没有陶土、没有房子的砖瓦墙壁这些具体'有'，那些空虚的部分又从哪里来？又怎能有车、器、房子的用处？老子把'无'作为第一性的东西，把'有'作为第二性的，因而是错的。"②

熊逸认为，老子这里用了归纳法，得出了全称肯定判断，是一个很不完备的推理，举秤砣的例子就可以作为反例，秤砣是"有之以为用"。③

另有一部分学者以更为平和的态度对待这句结论，认为老子是在提醒人们关注"无之为用"，并非忽略了"有之为利"，此处没有轻重之别。我们在老子的提醒下，更应该关注"有"与"无"的关系，而非偏执一方。

我对此结论句有另外观点。大多数学者将"无"理解成"没有被

① 陈鼓应《老子今注今译》，商务印书馆，2019 年，116 页。
② 任继愈《老子新译》，上海古籍出版社，1986 年，82 页。
③ 熊逸《道可道：〈老子〉的要义与诘难》，北京联合出版公司出版，2019 年，212 页。

占用的空间"，等同于"虚"了。在《老子》中，"虚"字出现了5次，如第五章描述橐龠"虚而不屈"、第五十三章"仓甚虚"。虚为中空的状态，但"无"与"虚"并非完全相同的概念。何为"无"？"无名天地之始"，是一种未有的状态，并非简单的"中空"，其中还有"抽象"和"可能性"的内涵。车、器、室本来是没有的，是可能形成的新结构，是可能性，就是"无"的范畴。何为"有"？"有名万物之母"，木棍、陶土、墙壁，是原材料，是"有"的范畴。"有之以为利"，意思是这些本来存在的事物，拥有着固定的价值。相对于木头、陶土、墙壁这些原本就存在的原材料，车、器、室在未被制造的时候是"无"的状态，为了实现"无之用"，就需要利用已存在的"有"的原料去发展"无"的可能性，构建新的结构，于是便有了"无之以为用"。此为"有之以为利，无之以为用"的道理。[①]在理解本章内容的基础上，我们可以将"有"解读为"结构"，将"无"解读为"功能"。

此外，明太祖的解释也比较独特，他将"当其无"解为"当没有的时候"，认为本章讲的是关于"备用"的道理。

今译

将三十根辐条汇集到一个毂里，形成了新的结构，便有了车的功用。把陶土揉合成器皿，形成了新的结构，便有了器的功用。开凿门窗建设居室，形成了新的结构，便有了室的功用。所以，着眼于已存在的事物，则价值固定；着眼于事物未存在的可能性，则可获得新功用。

[①] 王弼此处注为"木、埴、壁所以成三者，而皆以无为用也"。（［魏］王弼注，楼宇烈校释《老子道德经注》，2019年，29页。）波多野太郎认为"木"为"车"之坏字。其实，也不一定是坏字，若王弼与本人想法相同，将木、埴、壁列为原材料的"有"的范畴里，也就谈不上坏字了。

解读

1. 虚室生白，以寡御众

"虚室生白"是庄子之言，"以寡御众"是王弼的重要思想之一。

有许多学者将本章中的"无"理解为"虚"，并产生了不容忽视的真知灼见。结合第五章"其犹橐龠乎"的比喻，学者们在"虚实"之间辨明真理。虽然如熊逸之言，无法得出全称肯定判断，但确实能够给予读者不小的启发。

无形的东西能产生很大的作用，只是不容易为一般人所觉察。道家讲"无"、佛家讲"空"，却并没有走向虚无主义，反而为新的生机带来了可能性。腾出空间，搭建空间，不必追求完全的确定性，为变化保留了可能。"虚心以应物"好过"役思而犯难"。许多领导人、管理者、大家长，从此中悟得管理艺术，做好外部结构的"器之用"，给予百姓、员工、孩子充分的选择机会和自主空间，获得整个系统的生机和未来，达到"虚室生白"和"以寡御众"的功效。

2. 在"无"中发现新的可能性

老子的"无"代表了创造发明之可能性——在"有"的基础上，不自限于既定的模式，发挥创意与想象力。《庄子·逍遥游》中有一个"不龟手之药"的故事，恰能诠释此理。疮伤灵药，在漂洗棉絮的手工匠手中，哪怕世世代代劳作，也不过收获数金；而到了他人手中，用于战事，胜利之后，裂地而封。"不龟手之药"就像是漂洗棉絮工作中的一个碎片。这个碎片对某些人来说，只是碎片；但对于另一部分人来说，却补全和盘活了全局，豁然开朗。漂洗匠仅看到了灵药固有价值的"有之利"，认为是漂洗工作的辅助；诸侯理解了灵药的潜在功能，探索了新的"无之用"，变成了战局中克敌制胜的关键。

另外，眼界仅锁定在"有之利"的结构上，很容易丧失自主的价值，造成焦躁；而将眼界通视"无之用"的功能上，给创造力预留空间，往往能够收获人格的独立和心灵的自由，生命自然安顿。

十二、逐物滑心，腹而不目

现象世界在感受上给人刺激的同时，埋下隐患。圣人不沉迷于外部现象，转而向内心需求探索。

原文

五色令人目盲，五音令人耳聋，五味令人口爽，驰骋畋猎令人心发狂，难得之货令人行妨。是以圣人为腹不为目，故去彼取此。

注解

结合第九章到第十一章的内容理解，本章介绍了一种对待外界感官刺激和体验的朴素价值观。

"用无是空，利有是色，故次之以五色。"陈景元认为前章讲"有之以为利，无之以为用"介绍了"无"的空之用，接下来讨论"有"的色之利，是一种承接的思路。

五色令人目盲，五音令人耳聋，五味令人口爽，驰骋畋猎令人心发狂，难得之货令人行妨。

《说文解字》："令，发号也。"细辨之下，多了控制的内涵。此五句话也分别说了五种不同的被控制的因素，使众多学者联想到庄子"物物不物于物"的观点，引发"到底应该人驾驭物，还是被物驾驭"的思辨。

爽，多引申为"伤、亡"。王弼注："爽，差失也。"我也认为应当解释为"差失"，如"屡试不爽"中"爽"的意思。"爽"是会意字，其原始字形是一个正面伸臂站立的人形，两腋下对称各有一盆火，会明亮意。《说文解字》："爽，明也。"段玉裁注："爽本训明。明之至而差生焉。故引申训差也。"此处解为五味过度而使味觉差失。①

《说文解字》："妨，害也。"人类是善于赋予意义的动物。"难得之货"使人执着于"占有""特殊"等这些人造附加概念，沉迷于"镜花水月"的"权"，而做出伤害他人的出格之举。

许多学者的注解中除了表达对"五色""五音""五味"的理解，还有对"无色""无声""无味"的察觉。另外，"无色之色"还可以解释为无分别心之于声色，不预设情感，不附加莫须有的想象力，还原本质，"抱一无离"。

是以圣人为腹不为目，故去彼取此。

很多译者将本句译为"圣人只求温饱而不追逐名利和声色之娱"，未解其意。此处继第三章"实其腹"之后再次提到了"腹"。本章前半部分写种种外在现象引起的感官刺激和情绪体验。注重这些刺激和体验是"目"，相较而言，"腹"指重视内在自我和本性需求。"去彼取此"则是指去"目"而取"腹"。与这些官能获得外界信息相比，老子更专注并信任自己内在的"知源"。

任继愈认为，此章表现了老子消极逃避的态度和对文化生活的抵触情绪。但纵观古时学者，通常将本章理解为，不过度依赖感官，而

---

① 也有不同的解释。高明认为"爽"应当读丧，以为伤、败之义。李零认为"爽字古文字写法，和桑、丧二字本来就是同一个字。爽字本身就有丧失之义，如'爽约'是失约，'爽法'是失法，'爽德'是失德。更准确地说，爽的意思是丧，还不是伤"。

不是完全拒绝感官。王弼："夫耳、目、口、心，皆顺其性也。不以顺性命，反以伤自然，故曰盲、聋、爽、狂也。"苏辙："夺于所缘而忘其本……圣人视色听音尝味，皆与人同，至于驰骋田猎，未尝不为，而难得之货未尝不用。"范应元："然去者非区区去物也，但不贪爱也。虽有五色毕陈，五音毕奏，五味毕献，难得之货毕呈，至于畋猎之事有时乎因除害而为之，皆不足以挠其心，盖中有去外取内之道也。"王真、杜光庭、陈景元等古代学者亦有此意。结合第六十七章"俭故能广""舍俭而广……死矣"，老子本身也是倡导发展的，但发展的前提是"不丧吾宝"，即非舍本逐末式的发展观。

今译

缤纷的色彩使人眼花缭乱，纷杂的声音使人听觉失灵，丰富的味觉使人味觉错乱，纵情狩猎使人心思狂荡，稀有物品使人行为不端。因此，圣人务实而不沉迷声色，杜绝感官诱惑而选择安定知足的品性。

十三、宠辱患身，贵爱寄托

宠辱若惊之人，宗物于外，丧主于内，已然位于权力关系的低位。把关系中的得失看得太重的人，是因为过于重视自己在关系中的利益。如果能把天下跟自己的得失一样珍重爱惜，那么就可以委托他管理天下。

原文

宠辱若惊，贵大患若身。何谓宠辱若惊？宠为下，得之若惊，失之若惊，是谓宠辱若惊。何谓贵大患若身？吾所以有大患者，为吾有身，及吾无身，吾有何患！故贵以身为天下，若可寄天下；爱以身为天下，若可托天下。

注解

前章讲个人面对外界刺激，安守内心，不寄托于感官享受，实质讲欲。本章将话题引申至社会化，面对宠辱与大患，将抱持何种心态，实质讲情。

宠辱若惊，贵大患若身。

《老子》中"大"出现颇多。在空间上，是立足于整体观上的宏观的表述；在时间上，并非着眼细节，也不自限于现象世界，大多是历经岁月方可显现。

何谓宠辱若惊？宠为下，得之若惊，失之若惊，是谓宠辱若惊。

有不少学者认为，此处有误删之嫌，疑作"宠为上，辱为下"，宋代的苏辙早已给出了回应，"所谓宠辱非两物也，辱生于宠而世不悟，以宠为上，而以辱为下者皆是也。若知辱生于宠，则宠顾为下矣"。受辱固然损伤了自尊，得宠何尝不是被剥离了人格的独立完整。宠的产生，实际上也已经落于权力关系的下方了。

何谓贵大患若身？吾所以有大患者，为吾有身，及吾无身，吾有何患！

此句引申的解读不少，有的受佛学影响，依此句将本章主旨解读为"无身"[①]；有的受儒家影响，将此句解读为"舍身取义"之理，显然与后文的"贵身""爱身"冲突，也不准确。苏辙此处注言"忘身"，主张不以宠辱心处理天下患，保持"涉世而无累"的心态。陈景元也提出了"外其身，不以身为身，忘其心，不以心为心"的主张，大有"以无有入无间"的意味。

我个人认为，此处并非"忘身"主张，而是在论理。此"身"为私身，"身"不凌驾于天下之上，不迷惑于个人的宠辱得失而干预天下，招致大患。王弼注曰"归之自然"，大概也是不因私身而画蛇添足之理。

在许多文化中，身、私、肉体是一种自我中心性的隐喻，隐喻着部分与整体脱离的态度。黄老、道家不把"身""私"看作邪恶而置之不顾，不否认"身"存在的合理性，不割裂关系去看待事物，而是超越关系中的立场去看待关系中的事物。

[①] 陈景元："或以无身为灭坏空寂者，失老氏之宗旨矣。"（[汉] 河上公、[唐] 杜光庭等注《道德经集释》，中国书店，2018 年，419 页。）

故贵以身为天下，若可寄天下；爱以身为天下，若可托天下。

本句中各个学者各有主张，各抒其理。有的主张社会管理者应当保持独立人格，不被他人以得失宠辱诱惑。如王弼："无物可以易其身"，"无物可以损其身"，"不以宠辱荣患损易其身，然后乃可以天下付之也"。

有的主张社会管理者应当不自贬身价，不随意使用公权。如范应元："贵以身为天下者，不轻身以徇物也；爱以身为天下者，不危身以掇患也。先不轻身以徇物，则可以付天下于自然，而各安其安；能不危身以掇患，然后可以寓天下，而无患矣。"

有的主张社会管理者应当自贵自爱，推己及人。如福永光司："本章谓真正能够珍重一己之身，爱惜一己生命的人，才能珍重他人的生命，爱重别人的人生。并且，也只有这样的人，才可以放心地将天下的政治委任他。"[①]

我更倾向于王弼的注解，社会管理者应当保持独立人格，不牺牲天下而换取个人私利与荣辱，将格局扩大，把天下纳入"身"的范畴去重视和爱惜，不留遗患。

关于"贵"与"爱"，有学者主张，贵与爱、寄与托的内涵不同，并非递进关系。对于天下，应当存爱心而非贵贱之心。如河上公："言人君贵其身而贱人，欲为天下之主者，则可寄立，不可以久也。"唐玄宗也有"贵不如爱"的论断，此外，王真、杜光庭注解时也区分了"暂寄"和"永托"的概念。

我认为，不必区分。《说文》："寄，托也。""托，寄也。"汉代以前意思基本相同。此处"等重齐爱"可联系庄子"齐物论"理解。

另外，此处用了"寄"与"托"一字，并非占有之意，可见在

---

① 陈鼓应《老子今注今译》，商务印书馆，2019 年，122 页。

老子的理论体系中，不存在"君王的天下"这一"占有"的概念，而是人民交给管理者代理。如此也算是重申了老子"生而不有，为而不恃，长而不宰"的"玄德"理念。

解读

1. 宠辱不惊：强大独立人格的魅力

本章关于"宠辱不惊"的论述，同为道家的庄子也有名句。《庄子·逍遥游》："举世而誉之而不加劝，举世而非之而不加沮，定乎内外之分，辩乎荣辱之境。"

看似简单的"宠辱不惊"四个字，却需要强大的独立人格做支撑的。第十二章"为腹不为目"是劝解人们不要"役于物"，第十三章"宠辱若惊"的论断则提醒人们切莫"役于人"。人们在给予认可时是残忍和不公平的，所以最好跳出这种游戏。西方哲学家也有"他人即地狱"[1]的说法，活在他人的看法里，辗转于他人的评价中，也就无法自由选择和笃定自在。老子与庄子，短短几句话，一个论"宠为下"之理，一个描绘"誉之不劝，非之不沮"的境界，从理性和感性上给中国文人注入了力量，就在几句经中轻松地跳过了人性的枷锁，拥抱超越性，收获哲思。

读老庄，理解了什么是"宠辱不惊"，也就理解了魏晋竹林七贤的风采，理解了王羲之"东床佳婿"的妙理，理解了李白为何痴迷阮籍风骨，理解了不为五斗米折腰的陶渊明，理解了一蓑烟雨任平生的苏东坡，理解了隐士与高僧，理解了中国文化的高山流水。

2. 从"孰轻孰重"中超越

在我看来，"宠辱若惊"代表了"视社会互动重于自身"，而"贵

---

[1] 1945 年萨特在《禁闭》中写道。

大患若身"则代表了"爱自身优先于社会互动"。反思立场，明辨"孰轻孰重"，才能摆脱"宠辱贵爱"的观念，才能超越自身的社会结构和阶级利益，免疫权力意志①的干扰，客观且自然。

第十二章中论述了表象刺激与隐患，得出"为腹不为目"的结论，帮助读者克服贪婪，获得延迟满足②感，精进于"逆商"③；第十三章中论述"宠辱若惊""贵大患若身"，推举管理者"以身为天下"基本价值观，帮助读者克服恐惧，在社会化中获得控制情绪的能力，精进于"情商"④。

在《道德经》中，老子对社会管理者的世界观、人生观和价值观有很高要求。的确，连自己都经营不好，怎么相信他能经营好天下呢？

3.达到后习俗水平，方可寄托天下

美国心理学家柯尔伯格提出了道德发展阶段论。认为道德发展有三种水平六个阶段。三个水平，即前习俗水平、习俗水平、后习俗水平。其中每个水平又有两个阶段，共六个阶段，即惩罚与服从的定向阶段、手段性的相对主义的定向阶段、人与人之间的定向阶段、维护权威或秩序的道德定向阶段、社会契约的定向阶段、普遍

---

① 本书中的"权力意志"不是尼采哲学系统中的专业术语。我所说的"权力意志"仅仅指来自权威的观念、意图和评判标准的集合，是他律的伦理思想，更像是尼采所说的"重压之魔"。

② 延迟满足是一种甘愿为更有价值的长远结果而放弃即时满足的抉择取向，以及在等待期中展示的自我控制能力。它的发展是个体完成各种任务、协调关系、成功适应社会的必要条件。

③ 逆商（Adversity Quotient，简称 AQ）全称逆境商数，也译作"挫折商"或"逆境商"，是美国职业培训师提出的概念，指人们面对逆境时的反应方式，即面对挫折、摆脱困境和超越困难的能力。

④ 情商（Emotional Quotient，简称 EQ）通常指情绪商数。戈尔曼和其他研究者认为，情商是由自我意识、控制情绪、自我激励、认知他人情绪和处理相互关系这五种特征组成。

的道德原则的定向阶段。

简单来说，前习俗水平阶段的人以物质利益和快乐为准则，趋利避害；习俗水平阶段的人考虑集体互动，希望在集体中做符合他人期望的"好孩子"或维护规则权威的"好公民"；后习俗水平的人考虑整体利益和规则的合理性，对法律、文化有更深的理解，力求制定更加合理有效的规则或不受观念约束地做出利于社会的行为。

而老子更在本章末提出了关于社会管理者必要素养的论断——"故贵以身为天下，若可寄天下；爱以身为天下，若可托天下"。仅仅是"宠辱不惊"的独立人格还不够，需有心怀天下的终极关怀作为价值观基础，进入"后习俗水平"阶段，才可将天下寄托之。

十四、不诘惚恍，知古持纪

现象之外，亦有存在，不可致诘，无法描述与争辩。可感的现象与不可感的非现象，共同构成了世界的整体性与真实性。其间没有明确的分界线，无法被明确定义，只能借非物质的意象加以理解。虽然不能知晓完整、具体的沿革，但是通过理解初始形态的功能，不必梳理清晰每一处脉络和细节，掌握住线头，便能管理好当下的结构。

原文

视之不见名曰夷，听之不闻名曰希，搏之不得名曰微。此三者不可致诘，故混而为一。其上不皦，其下不昧。绳绳不可名，复归于无物，是谓无状之状，无物之象。是谓惚恍。迎之不见其首，随之不见其后。执古之道，以御今之有，能知古始，是谓道纪。

注解

有学者认为，本章是描述"道体"的，由本章得出"道是一个超验的存在体"。我认为，本章的内容与康德在哲学史上掀起的颠覆性革命很相似，是在探讨现象背后的存在，是在描述认知过程。类似于哲学上的认识论原理，基于非现象存在，进而探讨认识论和方法论。

视之不见名曰夷，听之不闻名曰希，搏之不得名曰微。

此三者指现象之外不可感的那部分，并不是仅仅指小到看不见、听不着、抓不到。诸如"时间""虚无""随机"这些内容亦看不见、听不到、摸不着，也属于"夷、希、微"的范畴。

《说文解字》："搏，索持也。"意思是捕捉[①]。老子此处"搏之不得"，不是在强调"占有"，而是强调"获得"，获得知识、感触等。

感官之外，仍有不可感的存在。因此，不可完全依赖感官，也反过来佐证了第十二章"为腹不为目"的价值观。但老子并非持不可知论，而是不可尽知，需保持开放性态度，留足空间给不确定性，这也为第七十一章"知不知"的理念奠定了基础。

此三者不可致诘，故混而为一。

《说文解字》："诘，问也。""问，讯也。"

庄子有言："六合之外，圣人存而不论；六合之内，圣人论而不议；春秋经世先王之治，圣人议而不辩。"[②]与"名家"不同，老子、庄子对于形而上学的内容是不主张争辩的。这也使道家的哲学家守住了中道，没有进入西方哲学家争辩与破立并存的历史，也没有陷入经验论和唯理论的死胡同。

《说文解字》："混，丰流也。"多数学者认为"混而为一"，是指道中"夷、希、微"三者合而为一。我认为，"夷、希、微"这三者代表的是不可感的非现象内容，与现象界同构而形成整个世界的整体与真实，所以称为"混而为一"。

[①] 有学者不同意许慎的观点，认为"搏"的金文字形中有"干"或"戈"的意象，字义或许含有对抗性，应当理解为"搏斗"。我个人认为，即使有"干"或"戈"的意象，也不影响其解释为"索持"和"捕捉"。

[②] 出自《庄子·齐物论》。

其上不皦，其下不昧。

大多数译者的译法基本相同，但未做深入评议。我认为，此句是从空间上描述，现象与非现象之间没有明显的界线。

苏辙注解为"道虽在上而不皦，虽在下而不昧，不可以形数推也。"用现在的语言说，形而上学的内容没有严密的公式推导，不能仅依靠可见的现象加上逻辑思维来演绎。如此解释，也呼应了第一章"道可道，非常道"的精义。

绳绳不可名，复归于无物，是谓无状之状，无物之象。是谓惚恍。

《说文解字》："绳，索也。"而"绳绳不可名"意指包含非现象内容而无法描述、定义。①

"物"是指现象界的事物。"复归于无物"，说明无法显现于现象。"象"，是指意象。

"惚"是指精神不集中的状态，"恍"表示忽然醒悟。"惚恍"一词引申为"并不明确的认识状态"。

迎之不见其首，随之不见其后。

此句意指，在时间的概念上无法准确而具体地追溯源头和推演结果，探不到轨迹的究竟。

执古之道，以御今之有，能知古始，是谓道纪。

关于"道纪"，陈鼓应解读为"道的规律"，李零解释为"贯穿古今的一条线"，也有学者解读为"道的纪律"。《说文解字》："纪，丝别也。"每根丝线都有一个线头，为"纪"；一堆丝线都把线头束起来为"统"。我的理解是，"道纪"是指"道的线头"。"无名天地之始"，而"古始"是古时的"无"，即事物起初适应现实需求的

---

① 也有学者认为"绳绳"是形容"连续不断的样子"。

功能，这是"道的线头"。执古之道以御今之有，虽然"认识论"中存在不可感的非现象内容，但不必完全掌握事物发展轨迹上的全部细节，把握住那个"有生于无"的功能线头就行了。

今译

无法看见的东西，称作"夷"；无法听到的东西，称作"希"；无法获得的东西，称作"微"。这三者不能够加以争辩追究，所以（认识事物时）把它们混杂在世界的真实存在之中。被认识的事物，上不明显，下不暗绝，定义的边界无法明确，无法回归到可感的现象世界认识。这部分被称为没有形状的状态，没有可感现象的意象，这就是所说的"惚恍"。"惚恍"这部分内容，向前看不到头，向后看不到尾。把握自古存在的道，来运用驾驭现在的具体事物，能够推演出原始状态的适应性功能，这被称为"道纪"。

解读

1. 康德的认识论与老子的第十四章

18世纪，近代理性主义发展到了一个死胡同的境地。唯理论只注重逻辑推演，忽略经验内容，发展到极端便是莱布尼茨—沃尔夫体系的独断论，知识只剩下空泛的形式，没有新的内容；而经验论只注重经验的归纳，不注重逻辑形式，发展到极端便是休谟的怀疑主义，只认可经验到的内容，对经验背后的东西持不可知态度。两派哲学家各执一词，知识要么是具有普遍必然性不具有新内容，要么是具有新内容不具有普遍必然性。

哲学史上，一场颠覆传统认识方式的认识论革命应运而生。康德正是这场革命的发动者。也因其观点的颠覆性，这场革命被称为"哥白尼式的革命"。

现象，是我们可以看到的感性表象，是我们可以认识的领域。康德认为，在这个表象背后有一个本质的东西，是不可知的，这就是"自在之物"或者叫"物自体"。康德在现象界的边缘立了一块碑，知识到此为止，人的认识范围也到此为止，超过这个界限，就是"物自体"的不可知的领域。人这个主体不可掌握它，只能奢望着努力去探寻它，但永远不能完全触到它的真面目。恰如本章所言"其上不皦，其下不昧。绳绳不可名"，"迎之不见其首，随之不见其后"。

在认识论层面上，与老子所言非常相似，但依旧流入了不同的走向。老子并没有在现象界的边缘讲"到此为止"，老子将现象界的边缘称为"惚恍"，是"无物之象"，依旧是"象"，是可以用意象思维被人类认知的。"无物之象"亦可以作为现实需求、适应性特征、可能性等功能的范畴，存在于"古始"。

东西方哲学史各有轨迹，命运不同。相较而言，中国的哲学家是幸福的，老子寥寥几字，就轻轻跳过了一整个时代，不免令人感慨。

2. 象——意象思维

"象"为意象。意象思维是中国哲学系统中的特色，这种"取象比类"的思维方式常见于易经、建筑、诗歌等。意象思维方式是象征，用某种具体的形象来说明某种抽象的观念或原则，是一种由具体到抽象的飞跃。意象思维的优点是富于灵感，带有跳跃性和创造性，但缺点是不够严密、精确，传承性和传播性不佳。

实际上，这种思维方式也并非中国独有，西方的艺术、文学也常见，在心理学的精神分析中也常常运用，但并未形成广泛应用的理论体系。

目前意象思维的学科尚未建立，意象思维的特有本质、功能、运动规律及与抽象思维的关系、科学技术中意象思维和艺术创作中的意象思维的区别与联系等问题，我们都还很模糊。即使中国古时《周易》等已经有了一套意象思维的体系，但现代并没有完好地传承和吸收，还亟待后人继承与探索。总之，可以相信，随着意象思维领域的逐步探索，中国传统文化的研究将会向前迈进一大步。

十五、微妙玄通，动静守敝

　　善于思维的高人，往往能够深刻理解形而上的内容，并妥善转化应用于实际。他们谨慎决策，端庄待人，松弛相迎，真诚自然，包容宽厚，保持开放。在驳杂的多样性中冷静清晰，在安全的稳定性中创造发展。以这种状态生活的人，不追求盈满的状态，能够守拙，不执着于求新求成。

原文

　　古之善为士者，微妙玄通，深不可识。夫唯不可识，故强为之容。豫焉兮若冬涉川，犹兮若畏四邻，俨兮其若容，涣兮若冰之将释，敦兮其若朴，旷兮其若谷，混兮其若浊。孰能浊以静之徐清？孰能安以久动之徐生？保此道者不欲盈，夫唯不盈，故能敝不新成。

注解

本章是顺着"古始""道纪"展开对"古之善为士者"的描写。我认为，既是对高人姿态特征的描写，也是对高人处事原则的介绍。

古之善为士者，微妙玄通，深不可识。夫唯不可识，故强为之容。

简本、河本、想本、王本作"善为士者"，帛书本和傅本作"善为道者"，有学者认为"为士"与"为道"同义，还有学者将"士"

解释为社会管理者。"士"的称谓自古经历过许多的变化，有"治狱的刑官""未婚青年男子""古代最低一级的贵族"等。此处我以《说文解字》为依据："士，事也。数始于一，终于十，从一十。孔子曰，推十合一为士。""学者由博返约，故云推十合一。博学、审问、慎思、笃行，惟以求其至是也。若一以贯之，则圣人之极致矣。"总结以上记载"士"，当解释为擅长抽象事物和归纳总结规律并能够应用于实践的高人。

今本作"通"，帛书本作"达"。"微妙玄通"，大多学者当作表语，译为"精妙通达"。而我认为这四个字有更深的内涵，应当断句为"微、妙、玄通"，即"通晓'微''妙''玄'三方面的内容"。老子在前文中提到了"搏之不得名曰微""常无，欲以观其妙""（有无）同出而异名，同谓之玄"。由此，"微妙玄通"是指能够知悉不能直接获取的知识，擅长从"无"的角度观察事物，能够同时着眼于"有"与"无"协调思考。由于微、妙、玄的不可识，所以"古之善为士者"也深不可识。

《说文解字》："容，盛也。"此处引申为"收录，总结"之义。

豫兮若冬涉川，犹兮若畏四邻，俨兮其若容，涣兮若冰之将释，敦兮其若朴，旷兮其若谷，混兮其若浊。

陈鼓应认为，这七句写出了体道者的容态和心境：慎重、戒惕、威仪、融合、敦厚、空豁、浑朴等人格修养的精神面貌。

黄明哲总结为七容，即"事先探测、事后总结、自我约束、优雅高效、朴实厚道、旷达包容、藏污纳垢"七种表现出来的状态。

也有学者解读为"善为士者"对待不同事物的态度与策略。如杜光庭："随机应变，其德如斯。"

接下来，分别谈一下我对这七句话的理解。

"豫兮若冬涉川，犹兮若畏四邻"，《说文解字》云"豫，象之大者",指体型很大的象。"犹,玃属",是古书上的一种大猴子。段玉裁注:"犹,玃属。豫,象属。此二兽皆进退多疑。人多疑惑者似之。故谓之犹豫。"黄明哲将"豫""犹"解读为"事前探测""事后总结",我认为区别不在于事前事后,而在于内外。大象渡冰河的犹豫,是因为象重,是内因,是自身条件限制;猴子畏四邻的犹豫,是因为周围可能有危险,是外因,是对外界潜在隐患的警惕。

"俨兮其若容",《说文解字》:"俨,昂头也。"形容一种矜庄的样子。王弼本写作"其若容",陈鼓应先生认为"容""客"字形相近而误,考究了河上公本、景龙本、傅奕本、简本、帛书本,改作"客"。《说文解字》:"客,寄也。"[1]本句描绘了一种矜庄谦逊的状态,颇具老子在六十七章"三宝"中"不敢为天下先"的郑重谦和。在主客之间,流露出了独立旁观的姿态和对人类社会规则的敬畏。

"涣兮若冰之将释",《说文解字》:"涣,散流也。"前三句犹、豫、俨已经到了很紧张的程度,在考虑了种种危险之后,理解消化,冰释散流,达到一个洒脱松弛的状态。

"敦兮其若朴",敦,本义是怒斥责问,即"敦促"的敦。"敦厚"的敦实际是假敦为"惇"。参考"其若朴",译为"敦厚无知"。《说文解字》:"朴,木皮也。"引申为没有雕琢过的木头。此句讲一种回归事物本质的务实作风,其中不添加人为塑造的主观色彩和文化修饰。

"旷兮其若谷",《说文解字》:"旷,明也。"取广大之明的意象,豁达包容,囊括生机,也有"和其光"的玄德内涵。

"混兮其若浊",《说文解字》:"混,丰流也。"以冂放心

---

[1] 现代常常"宾客"连用,实际上两个字是不同的意思。"宾,诊也,所敬也。客,寄也。"可见"客"只是外来的旁人,并不一定都受到尊重。

态容纳接受各类事物，且允许万物以"浊"的状态存在，不预设，不拣择，不定性，不排序，不强行改变。既有"心善渊"水善品性，也有"同其尘"的玄德内涵。

总结上述七个特征可知，老子讲述的"善为士者"能够做到内因和外因兼顾，保证安全；端庄待人，松弛相迎，圆融无碍；主动表现时真诚自然，被动接受时包容宽厚，对待万物保持开放性态度。

孰能浊以静之徐清？孰能安以久动之徐生？

这两句看似拗口，但仔细分析便可知其中"动静"之法。在"静"的方法下，由"浊"转"清"；在"动"的方法下，由"安"转"生"。恰有静态观思，动态运用之意。

有人在评价老子文章时，认为"清"为褒义而"浊"带有贬义。我认为，"浊"是无挂碍的兼容选择，"清"是不迷惑的明辨智慧。两者既没有冲突，也不分高下。

话虽简单，但"孰能"二字，说明了动静之法并非易事。且一个"徐"字又说明了整个过程中需要有足够的耐性，发掘事物的主动力，静待自然，是根植于对"自然"的深刻理解，意味着不强行去降服、催生，尊重事物本身的节奏。

在万物"化而欲作"的"躁"中保持镇静，降低万物生理和心理背景的"噪音"水平，提高其对内在信号的敏感水平。如此"徐清"，是自清。

保此道者不欲盈，夫唯不盈，故能蔽不新成。

前面的章节已知"道冲而用之或不盈""持而盈之，不如其已"。老子认为，保守此道的高人应当是不追求盈满的，即避免完美主义。

陈鼓应先生根据易顺鼎和高亨的观点，认为此处应当写作"蔽而新成"，与前文照应，为"去故革新"之义。高亨将篆文的"不"和"而"拿来比较，认为形近故讹。我看了两个篆文，认为字形结构差别还是挺大，不赞同形近之说。纵观几位古代学者的观点，大多按照"蔽不新成"作注，取"守蔽而不图成"①之义，此处沿袭历代学者观点不做更改。

另外，老子"蔽不新成"的学术风格，与哲学史上的"奥卡姆剃刀"②如出一辙。"如无必要，勿增实体"理念，也使尊崇老子理论的践行者不在"余食赘行"上浪费心神。

今译

古时那些善于抽象事物和归纳总结规律并能够应用于实践的高人，能够知悉那些不能直接获取的知识，擅长从"无"的角度观察事物，能够同时着眼于结构与功能协调思考，思维深邃难以探知。正是因为难以探知，所以勉强将其特征收录总结。他们小心谨慎，如同大象冬天过冰河；他们警惕戒备，如同猴子提防四周；他们矜持端庄，如同宾客一般；他们洒脱松弛，如同寒冰消融；他们敦厚朴实，如同未经雕刻的素材；他们豁达开放，如同受纳生机的山谷；他们包容多元，如同浑浊的水一样。谁能够在混杂的环境中安静下来，逐渐澄清？谁能够在安定的状态下行动起来，逐渐培育生机？保持这些道理的高人不求完美盈满。正是因为他们不追求完美盈满，所以能够保守不完美的心境，而不追求新的成就。

---

① 李零："《淮南子·道应》：'故能敝而不新成。'《文子·九守》：'是以敝不新成。'或即所本。"（李零《人往低处走——〈老子〉天下第一》，生活·读书·新知三联书店，2008 年，67 页。）

② "奥卡姆剃刀"是英国经院哲学家威廉·奥卡姆（William Ockham）的著名理论。内容为"切勿浪费较多的东西去做用较少的东西同样可以做好的事情"，也被人们概况为"如无必要，勿增实体"。

十六、虚静观复，容公王道

> 遵循生命演进路线，认识它，知晓它，走向兼蓄并包，成
> 为通达的领导者，遵循自然，经久不衰。

原文

> 致虚极，守静笃。万物并作，吾以观复。夫物芸芸，
> 各复归其根。归根曰静，是谓复命。复命曰常，知常曰明，
> 不知常，妄作，凶。知常容，容乃公，公乃王，王乃天，
> 天乃道，道乃久，没身不殆。

注解

本章由虚静的状态引发出一种"归根复命"的世界观，并由此
推导出领导者的特性。

致虚极，守静笃。

大多数学者认为"致虚极"是"虚到极点"的意思。在此我提
出不同看法。

首先，"极"的古字有两种：一种是"极"，是我们现在简化
字的写法，"极，驴上负也"；另一种是"極"，指房屋正中的栋梁，
"極，栋也"，并由此延伸成极端、极点的意思。按照第一个"极"
的解释，理解为给驴减负，对应后面马的"笃"，倒也说得通；按

照第二个"極"的本义，理解为"房屋虚到只剩正中栋梁"，有"虚室生白"和"极简主义"的道理。另外，郭店竹简本作"致虚恒也"。古字"极"与"恒"易混。《老子》原初是"致虚极"还是"致虚恒"，现难以断定。

如此这般，有了开放性的答案，难以明确，却又各有千秋。依照已广为流传的王弼本内容，并结合老子《道德经》中其他"极"的含义，我倾向于解释"极"为其本义"房屋正中栋梁"，理解为"主要支撑"，由此也能延伸理解"虚极妙本"之辞。

关于"笃"也有不同的解释。陈鼓应认为"极"与"笃"意思相同，指极度、顶点。而我比较认同王弼的解释，笃是"真正"的意思。《说文解字》："笃，马行顿迟也。"马缓迟，是一种不被驱使、未被扰乱、踏实而不焦躁的状态，即笃即真。[1]

在"致虚极"的状态下减损目欲、宠辱、诘难的影响而"浊之徐清"，在"守静笃"的状态下笃定自由，心无旁骛而"动之徐生"。

万物并作，吾以观复。

作，本义是治卜龟，后引申指制造、起始、兴起、发作、写作、作为等。《说文解字》："作，起也。"这里是生长的意思。

"复"与"復"原是两个字形，简体"复"本义是古代覆穴的象形。《说文解字》："复，行故道也。"而异体字"復"本义是返回，后引申为恢复、答复、重复等。《说文解字》："復，往来也。"大多数学者们将这里的"复"理解为"返、往复循环"。我认为，在《道德经》中的"反"与"复"是有区别的。反，是从终点到起点；

---

[1] 王弼注："言致虚，物之极笃；守静，物之真正也。"石田羊一郎认为应当改为"物之真笃也"。（［魏］王弼注，楼宇烈校释《老子道德经注》，2019年，39—40页。）波多野太郎认为，"极笃"之笃恐衍，"真正"二字当作"笃"。如本人这般解读，便可不作衍误理解。

复，是再从起点到终点。"观复"，不是观察消亡，而是重新以智慧的视角观察生命演进，重新复盘生命演进的路数。

夫物芸芸，各复归其根。归根曰静，是谓复命。

芸芸，是用来形容草木繁盛的样子。

关于此处的"归根"与"复命"，众说纷纭。福永光司做了总结，此复归思想具备两种内涵：一是就人的内在主体性实践这一方向作复归，二是就古今时间推移作历史方向的复归①。我理解的是，一为人性上的"返璞归真"的倾向，二为历史现象上的周期规律性运动。

结合第六章理解，天地根，是"玄牝之门"；万物根，是"命"。两者本质上是相同的。天地与万物是母子关系，万物又自成天地。即系统与内容紧密结合，内容物本身也是一个子系统。"归根""复命"，就是依自性的力量生长，而自性的力量来自"玄牝"，在现实中依靠功能与结构的转化而获得生存的动力。

在"观复"的思路下观自己，人可以透彻认识到自己是在俗世生活的人，可以用新的视角看待事物，听到被外界噪音掩盖的内心声音，以此"归根"。这时候就会重新审视自己，知道自己到底该做什么、生命因何使命而踊跃，此为"复命"。这个使命使人生有了意义，而源于自身的使命感又使其收获了内心的笃定，成为诞生勇气和力量的生命支柱。由此，亦可知"致虚极，守静笃"之理。

另外，从这里可以看出，老子也给静下了新的定义。静并不是指没有声音，而是一种不被打扰的自然状态。

复命曰常，知常曰明，不知常，妄作，凶。

常，是万物运动变化中的永恒规律，像是佛家所言的"因果"，

---

① 陈鼓应《老子今注今译》，商务印书馆，2019 年，138 页。

是"实"而非"权"。

妄，是指人类个体对现实的非自然愿景。

知常容，容乃公，公乃王，王乃天，天乃道，道乃久，没身不殆。

不宽容，是因为有未如愿的期待。知晓了各自演进过程中的因果，没有了不切实际的期待，同时不处于对立面认识事物，不在意识层面里以功利性的得失判断为标准，"一切随自然而生，一切随自然而衰"，于是就有了很强的包容性。

《说文解字》："公，平分也。韩非曰：背私也。"老子是不主张"代大匠斫"①的，老子的"公"，不是普世观念的"公"。他所言的"公"依据的是天之道，而非人之道。在"公"的基础上，善救无弃，因用袭明②，"为人民服务""从群众中来，到群众中去"。

大多学者此处注解为"至公无私，天下所归往"的意思，领导者坚守了公正的风气，而百姓也乐于拥护这样的领导人。也有学者③认为，王弼注为"无所不周普"，王弼本"王"字是"全"字的缺坏所误。但通过其他各本原文和注疏来看，此处也大多解释为"王"而非"全"。

"王"的商代甲骨文像是一把大斧的斧头部分的轮廓图形，象征着至高无上的权力。也有的学者说："三画而连其中谓之王。三者，天、地、人也。而参通之者，王也。"还有学者说"王"的甲骨文像人立地上，这个人是有地位的人。《说文解字》："王，天下所归往也。董仲舒曰：古之造文者，三画而连其中谓之王。三者，天、地、人也，而参通之者，王也。孔子曰：一贯三为王。"我赞同"参通天、地、

---

①《老子》第七十四章。
②《老子》第二十七章。
③劳健持此观点，陈鼓应认同支持。（陈鼓应《老子今注今译》，商务印书馆，2019年，138页。）

人者为王"的解读，在各家的注中杜光庭与宋徽宗也提到了"参通三才"之说①。

如此解读，也恰能印证王弼"无所不周普"的注文，不必作损误理解。"知常容，容乃公，公乃王"是在理解了"知常"基础上，拥有了"容"与"公"的态度，不掺杂个人主观臆断和情绪偏颇，进而对自然与社会（"天、地、人"）有了透彻理解，熟悉和掌握规律，于是在功能上更善于做出决策，由此成就了领导群体的合理性，在结构上理所当然地成为领导者（"王"）。

天为自然。如此成王的领导者，是顺应自然之理，能够依循道的规律管理社会，也符合第七章"天长地久"的道理，可靠且长久。

此句大多学者译为"终身可以免于危殆"，既有"后其身而身先，外其身而身存"的原理，也有第五十章"善摄生"的内涵。

而我认为，此处的"殆"不必指管理者自身，而是指系统的衰亡，"没身不殆"应当理解为"即使移除了管理者，系统也能够持续运转而不走向衰亡"。"没身不殆"是因为在道的作用下利用玄牝而"用之不勤"，社会运行的动力并不来源于管理者的具体操作。整个系统依循的是自下而上的生命意志，而不是自上而下的权力意志。

今译

空虚心灵，达到极简的基础状态；恪守宁静，保持踏实的自主状态。万物各自成长，我以虚静的态度观察他们的演进过程。万物蓬勃生长，充满生机，各自归复于其本原。回归本原，意味着静笃，这是重获自性。重获自性，得以接触永恒的客观规律。洞悉永恒的客观

---

① 杜光庭在第三十九章的义中提道："管子曰：'通德曰王'。古之制字者，三画象天、地、人，连其中画以通其道，故曰通德为王。亦云人所归往曰王。居尊位，统三才，三画而中画通之，以贯天、地、人而为之主，故为'王'字。"（［汉］河上公、［唐］杜光庭等注《道德经集释》，中国书店，2018 年，816 页。）宋徽宗在本处的注为："通天地人而位乎天地之中者，王也。"（朱俊红整理《〈道德经〉四帝注》，海南出版社，2012 年，83 页。）

规律，则通透明悟。不能理解客观规律，存有不切实际的想法而胡乱作为，会导致不利结果。理解了客观规律，可以变得开放包容，变得坦然公正，能够通晓自然与社会的道理而成为领导者。这样的领导者是符合自然规律的，能够依道治理，永续发展，不会因为领导人具体操作的缺失而导致系统衰亡。

解读

内圣外王

在老子的理念里，"王"是因为具备社会功能而成就其社会结构中的位置。

中国有"内圣外王"的说法，但往往被后人误读。冯友兰在《中国哲学史》中评论："内圣，是说他的内心致力于心灵的修养，外王，是说他在社会活动中好似君王。这不是说他必须是一国的政府首脑，从实际看，圣人往往不可能成为政府首脑。'内圣外王'是说，政府领袖应当具有高尚的心灵，至于有这样的心灵的人是否就成为政治领袖，那无关紧要。"

黄老、老庄所代表的道家常被称为帝王之学，实际上是思想与哲学。《老子》《庄子》《周易》《黄帝内经》讲述的是关于"是什么"的学问，而不是后期儒生强调的"应该怎么做"的伦理。

庄子在原文中倡导的是"圣有所生，王有所成，皆原于一"。"内圣"的认知素材来源于客观实在的整体性和真实性，"外王"的实践成就也根植于客观实在的整体性和真实性。"内圣"并非循守某一道德规范，而应当是对客观实在的理解与掌握，即"知常"。

"王"如同部落中的首领与祭司，其需要掌握更多关于人与自然的规律，才能带领族群躲避天灾与天敌，找到栖地与水源，防范疾病与人祸。不论是东方的思想家还是西方的哲学家，不约而同地发出了呼声，只有拥抱智慧与哲思，才是领导决策功能的基础。

十七、知誉畏辱，守信慎言

社会管理的互动中，百姓对管理者的印象从"知晓"到"亲誉"，到"畏惧"，到"毁辱"，步步恶化。究其原因，是信任关系缺失了，所以好的管理者谨慎表达，发挥功能和达成任务后，百姓都能在事业中体会到参与感，收获主人翁意识。

原文

太上，下知有之。其次，亲而誉之。其次，畏之。其次，侮之。信不足焉，有不信焉。悠兮其贵言。功成事遂，百姓皆谓我自然。

注解

本章是从民的视角来论述社会管理的水平。老子在互动关系中通过民的反应来判断社会内部关系，进而一针见血地指出其信用体系内核的因果变化，强调了管理者应当慎重发号施令，注重百姓的主人翁意识。

太上，下知有之。其次，亲而誉之。其次，畏之。其次，侮之。

"下知有之"在吴澄本、明太祖本、焦竑本、邓锜本、潘静观本、周如砥本等版本作"不知有之"，指"百姓不知有他的存在"，与文末"皆谓我自然"相照应。而王弼本"下知有之"根据后文也译为"百姓仅知道君王的存在而已"。略有差别，王弼本较宜。

"次"的原始字形两横画在下方，并不是数字二的意思，整体字形表示军队驻扎。后来发展到金文，"欠"表意为张口气散，即呵欠，气散不足，引申为亏损、欠缺之义；"二"为数字，在一之后，表示非前列首位。《说文解字》："次，不前不精也。"由此，"次"可以形容前后，也可以形容优劣。

从句式结构来看是"太上……其次……其次"，近现代的学者大多理解为价值的等级比较，而很多古代经学家结合三十八章"无为、德、仁、义、礼"来理解，既有价值水平的优劣，又有时间上的延续演替。我认为，老子第二章秉持"天下皆知善之为善，斯不善矣"的观念，"太上"不宜作价值的等级理解。"太"指的是"远古"而非"价值标准上的最优"。

《说文解字》："侮，伤也。"侮带有轻慢的意思，草盛上出是"每"之范式。人、每结合，义为轻慢伤人如对草芥。

从文章内容来看，远古社会的治理下，百姓知道有领导者的存在，却抱持"帝力于我何有哉"[1]的思想，没有依赖的意识。在社会管理的发展过程中，百姓的态度渐渐发生了转变，由"亲誉"到"畏惧"，发展到"毁辱"。

信不足焉，有不信焉。

通过百姓的反应可知，在社会内部的互动中，"上"与"下"的关系由隐至显，由统一走向对立。老子通过现象引发思考，互动关系中的信任缺失，是以社会管理者不信任的态度作为开端的。

---

[1] 远古民歌《击壤歌》："日出而作，日入而息。凿井而饮，耕田而食。帝力于我何有哉！"（[清]沈德潜选《古诗源》，中华书局，1977年，1页。）

悠兮其贵言。

许多学者将"悠兮"译为"悠闲的样子",我有另外的见解。《说文解字》:"悠,忧也。"且"悠"在郭店竹简本、马王堆帛书本、河上公本、傅奕本、林希逸本、范应元本、吴澄本作"犹",结合"多言数穷"和"贵言"的主张,我认为此处参考十五章"犹兮若畏四邻"译为"谨慎"更合适。

功成事遂,百姓皆谓我自然。

"自然",指的是"自己如此",而不是我们现在使用"自然界"的意思。"自然界"在老子的文章中是用"天"这个字表示的。"自然"意味着主观上的自主自由和客观上的自立自得。百姓生活的主动权在自己的手里,自己是自己生命和事业的主人。《老子》中"自然"共有五处,除此之外,还有"希言自然""道法自然""莫之命而常自然""辅万物之自然而不敢为"均作"自己如此"解。

大功告成之日,就是功成身退之时。要是再做些其他什么事,那便是不信任的开端。虽有短暂的亲誉,但终究会引发僵硬而有害的依赖性,早早种下逃避与轻慢的种子。崇尚老子"无为而治"的管理者,依循"天之道",深知"自然"的动力来源于自下而上的生命力,是生命意志,而非权力意志。权力意志,是管理者干预强化的"有为"法,是"人之道",以人的思维自上而下的设计。

另外,各学者对老子派的社会管理者"圣隐无名"和"百姓日用而不知"略带有惋惜色彩。我认为,"不彰"的结构本身就是一种功能。在社会分工中,上下各有其德,"善人者,不善人之师;不善人者,善人之资",相反相成,因用得体,大可不必作如是感慨。

今译

远古时代,百姓仅知君王的存在。之后,百姓对他亲近且赞美。

再后，百姓畏惧他。再后，百姓轻侮他。社会中信任的缺失，始于统治者不信任的态度。远古的君王表现得很谨慎，极少发号施令。当功效达成和任务结束时，百姓都认为"是我们自己如此的"。

十八、文起于失，药因病存

文化的实质是弥补社会缺失。无缺失而标榜文化，反而引起形式主义。

原文

> 大道废，有仁义；慧智出，有大伪；六亲不和，有孝慈；国家昏乱，有忠臣。

注解

本章大意为"危难之时呼唤正义"和"强调意味着已经缺失"，旨在探讨文化起源，思考最初形成的意义。许多学者结合郭店简本等其他不同版本，对本章原文做了改动。本书继续沿用王弼本，不做调整。

大道废，有仁义；

相较"大道"，"仁义"是小成，是对道体的补充。

慧智出，有大伪；六亲不和，有孝慈；

"六亲"是指父、子、兄、弟、夫、妇。"孝慈"在此应当理解为形式上的孝慈之名，而非孝慈之实。《老子》十九章云："绝仁弃义，民复孝慈"（竹简本作"绝伪弃诈，民复孝慈"），可见老子对于孝慈之实并不反对。

国家昏乱，有忠臣。

"国"，帛书甲本和竹简本作"邦"，帛书乙本和今本的"国"字可能是避汉高祖刘邦的讳。

本章讲的是因果，为后一章内容的铺垫。在老子的理论中，伦理道德是救世良药，是作为一种纠偏的工具而应用的。伦理道德是对缺失的补充，也符合二十二章"曲则全"的道理。

今译

大道废弛，仁义的主张得以兴起；智慧出现，虚伪的行径也随之出现；家庭关系不和谐，孝慈的概念才存在；国家行政管理混乱，忠臣的角色才彰显。

解读

价值标准之由来

尼采曾说道："对这个民族，被认为是困难的，也就被认为是值得称赞的；不可缺少的，但要获得它却很困难的，就被称为善；把这个民族从最大的困境中解放出来的、罕有的、最难的——他们就赞美它是神圣的。"[1]

老子在本章是对仁义、孝慈、忠臣等价值标准的起源进行反思，从功能与需求的角度思考"古始"，也是对"道纪"运用。价值标准，来源于群体经历中的缺失。正面的存在是因为已经出现了反面，并不值得高兴和标榜。当需要药的时候，说明已经病了，即使药效好，也终究是生了病，比不上身体一直健康无恙。

① 摘自尼采《查拉图斯特拉如是说》中《一千个目标和一个目标》。（［德］尼采，钱春绮译《查拉图斯特拉如是说》，生活·读书·新知三联书店，2020 年，61 页。）

十九、文灭其质，朴素寡淡

抛开评价标准，自然恢复美德。文化是用来弥补不足的，使用时应当注重其针对性。防止文化副作用的法门是，保持朴素，减少占有和欲求。

原文

绝圣弃智，民利百倍；绝仁弃义，民复孝慈；绝巧弃利，盗贼无有。此三者，以为文不足，故令有所属。见素抱朴，少私寡欲。

注解

沿袭前章，本章探讨文化过度的副作用，文化过度强调反而引起缺失的内涵。老子主张"绝弃"道德价值标准的过度运作，还原了本性，反而更好。

绝圣弃智，民利百倍；绝仁弃义，民复孝慈；绝巧弃利，盗贼无有。

文中三个"绝弃"，引起了各种争议，也使老子学说受到诸多指摘。

冯友兰说："'大道废，有仁义'，并不是说，人可以不仁不义，只是说，在'大道'之中，人自然仁义，那是真仁义。至于由学习、训练得来的仁义，那就有模拟的成分，同自然而有的真仁义比较起来它差一点次一级了。"我赞同冯友兰的说法，老子的"绝弃"的是指外部的方法，而不是内在的动机。主动的仁义是爱，被动的仁义只是屈服于文化的权力之下妥协。原本自然的情感流露，因为理性定义而失去了真挚。人们在心术不正时，叠床架屋式地层层立法，以覆盖人心和社会的漏洞。外在的美德，反而可能是内在邪恶的面具。绝弃社会上所谓仁爱正义的观念，废止那些所谓仁爱正义的行为，不是拒绝爱，而是在权力之外发现爱。在社会管理方面，老子主张不要在结构上依赖于建立道德的价值标准，整体在自然之下会恢复相应的功能。如此"绝弃"之说，实则也是因用三十六章"微明"之理。

此三者，以为文不足，故令有所属。

"文"的甲骨文像是一个站立的人胸膛上刺有花纹图案，义指"纹身"，后来引申为花纹、纹理、文章、文雅、文采、文字等。在道家的哲学思想中，"文"常与"质"相对应。"文"在外，"质"为内。"文"是现象，"质"是本质。

对于"属"现代学者译法不同，有的认为是"归属适从"的意思，有的认为同"嘱"，也有学者注解为"属，著也""属，足也"，莫衷一是。《说文解字》："属，连也。从尾，蜀声。"露头之葵中蚕是蜀之范式。尾、蜀两范式叠加。虫之首尾相连同一是属之范式。我认为，属应当做"连"解释，引申为"对应"。"有所属"即有针对的范围和对象。

由于对"属"的理解不同，加上断句不同，本句翻译也大相径庭，主流翻译是"三者是在表面文字上的巧饰，不足以应用于治理"。我的翻译为"三者都是针对不足之处的文饰，要根据其针对性而发号施令"。

见素抱朴，少私寡欲。

"素"的字形象是一束下垂的丝，指没有染色的丝，引申为白色、本色，还引申为事物性质方面的"本来""原有"的意思。相较"文不足"的巧饰而言，老子更重视对"质"的还原。

"少"和"寡"这两个字也值得留意。对于"私"与"欲"，老子没有秉持绝对化思维，并不是倡导"无私无欲"，而是在承认私和欲的基础上，接纳并克制。由此也可以看出老子之言，更贴近人性，更有温度，更符合客观规律，更具有实践性。

今译

摒弃聪明和智慧的倡导，民众会获得百倍的好处；摒弃施行仁义的主张，民众会恢复孝慈的风气；摒弃追逐巧利的诱导，盗贼之乱就不会出现。这三个价值标准是通过表面的文饰来弥补不足，应当依其针对性而发号施令。表现简单的外表，保持质朴的本性，减少私心，减低欲求。

解读

知为全者损，圣为损者全。未有全且圣者。圣必不足

人在社会化的过程中形成了别于自然之道的"人道"以及别于道德的"人德"。这样的人道和人德是基于一种"失"，只不过人们基本认同了这种"失"，反而不能够再去认知"道"与"德"了，这是老子的痛心之处。

"王其修德以下贤，惠民以观天道。天道无殃，不可先倡；人道无灾，不可先谋。必见天殃，又见人灾，乃可以谋。"[①]文化的实质是弥补社会缺失，无缺而标榜，遂起功利名誉之心，反而引起形式主义。如果管理者沿袭文化，忘了成因，未掌握道纪之因果，失了适合应用的基础氛围，便如画蛇添足，自毁长城。

---

① 引自《六韬·武韬》。

圣智的本质是诞生于特殊情景下的歪曲的客体化偶像。救世的贤人，如病危时的药。痊愈之人，不续汤药。世间升平，无须智贤。健康之人饮药有可能致死，安平之世尚贤反而易衰败。安定情况下的"尚贤"之举，促成了社会偏见，造成了"百姓无知且低级""人性自私本恶"等认知偏差，产生莫须有的提防，然后轻易地堕入"信不足焉有不信焉"的恶性循环。

二十、绝学无忧，独异食母

不启蒙，莫烦忧。权力意志的两端、价值标准的两极，皆同门并举而已。权力意志和价值标准，是大家畏惧的，我亦不可免于畏惧。纷扰不止，众乐其中，我心不处，淳如婴儿。不给自己贴标签，也不寻觅归属感。众人积累结构，而我解构以求功能。不追逐社交技巧，混沌开放。俗世价值之中的众人各逞机智，明察窥探，而我既不精通也没兴趣。众生若海，我如不系之舟。众人各有依存，我独顽固且不入流。全因我与众不同，贵养本根，心渊性海。

原文

绝学无忧。唯之与阿，相去几何？善之与恶，相去若何？人之所畏，不可不畏。荒兮其未央哉！众人熙熙，如享太牢，如春登台。我独泊兮其未兆，如婴儿之未孩。儽儽兮若无所归。众人皆有余，而我独若遗。我愚人之心也哉！沌沌兮！俗人昭昭，我独昏昏；俗人察察，我独闷闷。澹兮其若海，飂兮若无止。众人皆有以，而我独顽似鄙。我独异于人，而贵食母。

注解

前章明晰了文化的来龙去脉，文化使人聚集，聚集的文化下有群体的世俗文明。本章老子描述独立如"我"与世俗众生的表现异同，进而回归到"我"的心理归宿，扎根于道。

绝学无忧。

《老子》中的"学"与"知"略有区别。

"学"在古时字形上是双手捧爻抚育家中的孩子，有"启蒙"的意思，其中有"社会化"的倾向性，属于"文化""社科""情商"这一范畴；"知"在字形上是一个人一手拿弓箭一手拿长柄武器，有"教人使用工具"的意思，其中有"工具化"的倾向性，属于"技术""科学""智商"这一范畴。[①]

"绝学"并非是鼓励人们做拒绝文明的"文盲"，而是不必沉湎于人情世故之"俗学"。

"忧"的解释也有不同。有的学者认为是"忧患"，有的学者认为是"烦忧"，有的学者认为通"扰"。我理解为"烦忧"。

唯之与阿，相去几何？善之与恶，相去若何？

"唯之为公，阿之为慢。""唯"是恭敬地答应，是晚辈回应长辈的声音；"阿"是怠慢地答应，是长辈回应晚辈的声音。多数学者将此解读为"亲疏""贵贱"，我认为，老子这里是在强调"权力意志"。

---

① 李零《中国方术考》中提到，中国文化始终存在者两条基本线索，不可偏一而废。（1）七类官学分为两类：一类是数术、方技、工艺、农艺一类的知识，另一类是以礼制法度和簿籍档案为中心的政治、经济、军事知识。（2）春秋战国的诸子之学，知识背景上也可分为两类：一类是以诗书礼乐等贵族教育为背景而争论的儒墨两家，另一类是以数术方技等实用技术为背景的阴阳、道两家以及从道家派生的法、名两家。（3）秦汉以后的中国本土文化也分为两大系统，即儒家文化和道家文化。儒家文化保存和阐扬诗书礼乐、杂糅刑名法术，与上层政治紧密结合；道家文化以数术方技之学为知识体系，阴阳家和道家为哲学表达，民间信仰为社会基础。（李零《中国方术考》，中华书局，2021年，11页。）

河本、王本作"善之与恶"，简本、帛书本作"美与恶"，傅本作"美之与恶"。"善"此处是《老子》唯一一处与"恶"相对联用的，王弼本原文虽写作"善之与恶"，但注中写作"唯阿美恶"，疑误。陈鼓应根据傅奕本、简本、帛书甲乙本和易顺鼎、高亨、张舜徽的论述改为"美"。此处虽不做改动，但"善"不作"善于、擅长"解，而作"美"来理解。大多学者将此句解为"喜恶""偏好"，我认为，此处老子在强调"价值评判"。

在老子看来，权力意志与价值评判都是"人之道"，并非固有之性。实际上，权力意志的两端和价值评判的两极，都只是特性而已，没有什么太大的区别。

人之所畏，不可不畏。

马王堆帛书本作"人之所畏，亦不可以不畏人"，解为"君王与人民的互畏关系"，作为众人所敬畏的君王，也不可不敬畏于人民。由第十七章"畏之，其次侮之"之理，君王虽处至尊之位，也不可以不对民众有敬畏之心。

王弼本的意思是，别人所畏惧的，自己也不可不畏惧。结合前文，权力意志和价值标准之下，人们有所畏惧，我也应有所畏惧，甚至权力意志和价值标准存在的本身也应当值得我畏惧。

荒兮其未央哉！

此句各学者译法不同。有的认为是应当作"广阔"[1]解，理解为精神境界广阔无边；有的认为是表达"与俗相反甚远"[2]；有的认为是评价前句"荒谬"；有的认为是"荒凉"。《说文解字》："荒，芜也。"荒，指杂草丛生的样子。"未央"是无尽、没有结束的意思。

---

[1] 吴澄、高亨、陈鼓应。
[2] 王弼注。

我认为，荒兮未央，是指众人在权力意志和世俗价值中不停追逐，反复定义与被定义，无休无止。

众人熙熙，如享太牢，如春登台。

熙熙，是兴高采烈的样子。太牢，是祭祀所用的牛、羊、猪三牲，代指丰盛的宴席。登春台，说法不一，大抵是谈情、春游、祭祀之类。总体是描绘了一派众人嬉戏和悦的景象。

我独泊兮其未兆，如婴儿之未孩。

泊，大多数学者解为"淡泊"，河上公本写作"怕"。根据泊的字形，其本义是"停船靠岸"，我认为应当解为"停止"。"未兆"是未发生。独泊其未兆，是指面对众人在世俗中欢愉的景象，"我"独自踌躇，仿佛没发生一样。

孩，马王堆帛书乙本经文作"咳"，许多注家认为同"咳"。《说文解字》："咳，小儿笑也。"婴儿之未孩，指婴儿未学会咳笑。我认为，理解为"孩"和"咳"差别不大，都是引申为看似不懂人事的无知样貌。

儽儽兮若无所归。众人皆有余，而我独若遗[①]。

描绘了"我"在社会中仿佛没有归属，众人足且有余，而我仿佛被漏掉的。实则是"我"没有给自己贴上标签，不被文化分类，所以没有归属。众人重视有之利，而"我"重视无之用。仿佛是被遗漏的闲置品，实际是选择了"见素抱朴"。若遗的表相之下是道家"散"的精神内涵，是一种对"无用之用"的追求。

---

① 李零认为，此处的"遗"应当理解为"匮"。（李零《人往低处走——〈老子〉天下第一》，生活·读书·新知三联书店，2008年，80页。）

我愚人之心也哉！沌沌兮！

学者们单纯把"愚"解读为笨，实在是未尽其意。《说文解字》："愚，戆也。"是指憨厚刚直，不知变通。"禺"意为"山的角落"，引申为"道路不通达"。"愚"为心禺，指"性格孤僻，喜欢钻牛角尖""不谙熟人情世事"。

俗人昭昭，我独昏昏；俗人察察，我独闷闷。

昭昭，是明且达；昏昏，是暗而昧；察察，是急且疾；闷闷，是没回应。社会中世俗之人用尽心智，事事精明，争名逐利，辨于纤微，竟用智，反复掂量，审视明察。而"我"的表现则"昏昏""闷闷"。昏昏，说明不精明；闷闷，说明没兴趣。

澹兮其若海，飂兮若无止。

现代学者们的观点，本句是形容"我"的心境。深沉似海，飘逸无边。我认为，这还是在说俗世与"我"的关系，俗世广阔如海，我如不系之舟飘摇其上。

众人皆有以，而我独顽似鄙。

王弼在此注"以，用也"，许多学者借此解读。也有学者将"有以"译为"有作为"。我认为都是极妙的。

根据《说文解字》，"顽"是指没被劈开的囵囫木头，混沌未开化的原始头脑是顽之范式。

"鄙"的古字是"啚"，上部像城市，下部像粮仓，表示建在城市外的粮仓，引申为边远之地，又引申为低级、粗俗、浅薄。

"众人皆有以"，俗世之人，心有依存，依存的是可以交易的社会价值，依存的是自己俗世的标签。这些依存往往可以在结构上显现，人们在依存之中获得安全感和存在感。众人追求"有之以为利"的固有价值，而我注重"无之以为用"的真实功能；众人心怀"有为法"，而我坚持"无为法"。于是，我独独看起来"顽且鄙"。

我独异于人，而贵食母。

在《老子》中："母"是相对于"子"而言的，是指综合的本源、源头。对于"食母"各注家解说纷纭，但意思大抵为"从本源中汲取营养"的意思。也有学者以经解经，由二十五章内容，道"可以为天下母"，食母解为"守道"；或由前文"玄牝"之言，食母解为"扎根玄牝"。

今译

绝弃俗学的束缚，不必烦忧。奉承而唯诺与忤逆而怒责，其间有多少差别？顺心称美、逆心厌恶，相互又有多大差距呢？众人都畏惧的权力和标准，我也不能不害怕。世事如杂草丛生的土地没有尽头！众人嬉戏和悦，有如参加盛大的筵席，有如春天登临高台。我独自默守，不与之同流，仿佛是不通世事的婴儿。孤单简朴，仿佛没有归属。众人都有富余，唯独我若有所失。我真是有一副不通世故的心肠！混沌驳杂！俗人精明伶俐，而我迷糊不清；俗人明辨窥视，而我落落寡合。世事如海般深沉无边，我如不系之舟飘摇不停。众人都有所依存，唯独我顽固粗鄙。我之所以与众不同，因为我贵养本根，禀受滋育。

解读

1. 在权力与评价之外，求得真实

自然，在言语之外，"本来如是"地运行。人类认识自然，总结经验，用语言共识和社会流传构建了一个又一个评价系统，能够便捷地取用，快速判断。经验终究是"以形观性"的捷径，是一种便宜法，不能常信，不可奉为圭臬。"俗智俗学未足以救前知，

适有疲役心灵，更增危殆。"[1]

中国传统的思想，能够认识到权力意志的存在，非常警惕来自众生的影响。儒家倡导"虽千万人，吾往矣"，与社会权威和世俗划清界限，坚持做社会中的清流；佛家认识到人生八苦，在"色"与"假"之中照见五蕴皆空，以一套不同于世俗的价值观，践行使命；道家是一种"超然"，跳出关系看待关系，却又不否认"人之所畏，不可不畏"，"不逆寡，不雄成，不谟士"。

2. 离群索居者，不是野兽，就是神灵

个人和集体的情绪不稳定，导致了人生的真实和意义的消失。在众生相中选择"失去个性"，是一种惰性。惰于不挺立，以"责任分摊"的假象逃避担当自己的生命。在世俗的裹挟中，一味从众的人们内心弱化，逐渐丧失了自己的色彩，屈从于不停流淌的惰性潮流。

老子所言"绝学无忧"，并非拒绝所有知识，而是拒绝把"社会化"的世俗学问看得太重。烦忧，来源于通过社会化中的其他个体传来信息而形成的各种期望与想象。"学"带来便利与机会的同时，也带来了欲望与烦恼。而明白四达之后，还能绝学无忧、随缘度日，是种境界。

这种更高级的"疏离感"，并非老庄道家独有，亦见于其他领域的隐世高人。通行的社会意识和价值观念，在他们看来大都是庸人自扰，画地为牢。他们选择保守独立人格，不必全盘认同于世俗的社会意识与价值观念。"绝利一源，用师百倍"。在人情上绝了机巧之心，反而使隐世高人在各自的领域走得更远。

---

① 成玄英《南华真经注疏》。

二十一、真精有信，阅知众甫

德依从于道。道作用于现象，既有确定性的内容，又有不确定的内容。在确定性与不确定性之中，有意象，也有现象。知与未知的领域之中，有除去浮华的本质。本质真实存在，具有总是应验的规律。时事更替，明灭显隐，不失其理。可借此体察知晓众生百态之因循。

原文

> 孔德之容，惟道是从。道之为物，惟恍惟惚。惚兮恍兮，其中有象；恍兮惚兮，其中有物。窈兮冥兮，其中有精；其精甚真，其中有信。自古及今，其名不去，以阅众甫。吾何以知众甫之状哉？以此。

注解

前章以"食母"结尾，本章引出何为"本根"，从哲学的角度讲了"如何理解事物的一般规律并应用于具体事物"，类似于哲学中在"本体论"和"认识论"的基础上得出"研究模式"。

孔德之容，惟道是从。

各注家和学者将"孔"解释为"大"。唯独王弼注："孔，空也。唯以空为德，然后乃能动作从道。"金文"孔"字是"子"上加一段弧线，弧线指出婴儿头部囟门所在的位置，表示小儿头上的囟门。后来演变成左右结构。郭沫若《金文丛考》中指出"孔"字"乃指小孩头上有孔也。故孔之本义当为囟，囟者象形文。孔则指事字。引申之，凡空皆曰孔，有空则可通，故有通义。"由此，孔的意思也由囟门引申为"洞、孔穴"或引申为"通达"。《说文》中许慎讲"孔，通也。"许慎所说的"通"就是"通达"的意思。

也有研究文字的学者认为"孔"为"乳"字变形，"哺乳喂奶"之义，而哺乳喂奶易过量，于是"孔"引申为"过、甚"。各学者又将"孔德"引申为"甚大"之义。从字义使用的时期来讲，"孔"作"甚"解在老子时代也不无例证①。

结合字形、前后文和王弼的注，我译为"通达"。"通达"有贯通的整体性内涵，强调了德仅能在道的运作下才能完整呈现，才能被人贯彻理解。从文章结构上，能够顺应前章结尾"食母"，本章开头讲何为"本根"，引申到"道"上，对本体论进行探讨。

道之为物，惟恍惟惚。惚兮恍兮，其中有象；恍兮惚兮，其中有物。

第十四章中对"惚恍"进行了解释。此处道作用于现象界时，既有可以被感知的部分，也有不可以被感知的部分，于是"惚恍"。在这种"惚恍"之中，既有意象的内容，又有现象的内容。

窈兮冥兮，其中有精；其精甚真，其中有信。

《说文解字》："窈，深远也。""冥，幽也，夏六月也。"从直译来看是"深远幽暗"，有学者认为这是在形容道德特性或做感叹，也有学者认为"窈冥"实则指"动静"。我认同成玄英的解释，认为"深远幽暗"是指人类难以认知。恍惚、窈冥，是因为我们人

---

① "孔武有力"的出处便是《诗经》。《诗经·郑风·羔裘》："羔裘豹饰，孔武有力，彼其之子，邦之司直。"

类的体验和意识止于此，所感所得并非本质。

"精"的解读各有不同。有的学者认为，"精"是最小的微粒；有的学者认为是"精神"的意思；有的学者认为是精力；有的学者认为是生命力；有的学者认为"有精"，帛书本作"有请"，并当读作"有情"，借此联想庄子的"有情有信"……我理解为，"精"是极简之后事物的本质。

"真"，说明本质确实存在；"信"，说明之间存在联系且可靠可验。

自古及今，其名不去，以阅众甫。

"甫"的古字形象田中有苗，本义是有蔬菜的田地，是"圃"的古字。生苗有禾蔬开始生长之义。后来"甫"假借为男子的美称，并成了常用义。《说文解字》："甫，男子美称也。"后也引申为始，又引申为大。大部分学者也随王弼注^①解读为"始"，也有按照"父"来解读的。

吾何以知众甫之状哉？以此。

本章由"道""德"关系，引出了"道之为物"的原理。虽然人的认知水平有限，但是确实存在事物本质，事物的本质之间也存在着可靠的一般规律。在事物的演进路径上，有其本质内涵，被老子称为"精"。这个"精"并非是现象层面上物质的最小内核，而是功能与物质并存视角下的内在本质。这个本质，确实存在，称之为"真"。本质之间的联系与互动确实存在，其间规律总能应验，称之为"信"。或许形式发生了变化，但极简后的本质与联系不变。变中蕴含着不变的真理，这一套对规律的认知，成为老子研究各类

---

① 王弼注："众甫，物之始也。"（［魏］王弼注，楼宇烈校释《老子道德经注》，中华书局，2019年，56页。）

事物的模式，得以"阅众甫"。老子肯定了道的"造化不可完全感知""现象背后存在一个本质""本质间的规律具有可信性"的三个原理，并借此原理观察和实践。

今译

通达于德，仅能从道中找到依循。道作用于事物现象，是如烛火一样明灭的状态。先灭后明，能够得到内在意象；先明后灭，能够了解事物现象。在清晰与模糊中了解事物本质，本质真实不虚，其中的联系可信可靠。从古时到今日，道理不失，可借以体察解读众生的具体运作。我如何了解众生具体运作的事态与情形？就是通过这种原理。

解读

变中不变

许多学者将二十一章理解为对"道"与"德"的称赞。我认为，本章是研讨事物发展中"变中不变"的理论基础。对于认知过程和研究模式，同时期的柏拉图提出了"理念论"，做出了"四线段论"的比喻，将可感世界和理念世界分为影像、自然物、数学型相和本原。身在东方的老子也对认知过程和研究模式讲出了自己的见地。

人类从现象和经验中对概念进行了定义，又总结出了规律。概念是对事物某个阶段的刚性规定，人为的划出界线。而一个概念的事物至另一概念的事物之间过渡，并不明确。人们对现象的觉知有限，对概念间的界限与过渡不明确，这是老子所谓的"惚恍"①。"惚

---

① 叔本华对概念与表象也有探讨。"概念，只能被思维，不能加以直观；只有人由于使用概念而产生的作用或后果才真正是经验的对象。概念和直观表象虽有根本的区别，但前者对后者又有一种必然的关系；没有这种关系，概念就什么都不是。从而这种关系就构成了全部本质和实际存在。"（叔本华著，石冲白译《作为意志和表象的世界》，商务印书馆，2018 年，74—75 页。）

恍"的部分，是逻辑思维达不到的地方，中国古人采用意象思维来补充理解，保持了事物间的连续性。

二十二、曲以求全，抱一不争

结构上的缺失，促成功能的动机。保守真实性和整体性，常应天下事。韬光养晦，含德不彰，功以得存。不入龙虎局，自得不争善。"体曲"诚为"求全"因。

原文

曲则全，枉则直，洼则盈，敝则新，少则得，多则惑。是以圣人抱一，为天下式。不自见故明，不自是故彰，不自伐故有功，不自矜故长。夫唯不争，故天下莫能与之争。古之所谓曲则全者，岂虚言哉！诚全而归之。

注解

本章大多解为"相反相成"，我认为并不准确，应当是讲"结构的缺失，成为动力的来源"这一定论。

曲则全，枉则直，洼则盈，敝则新，少则得，多则惑。

有的学者将"曲"理解为"委曲"，"全"理解为"保全"。曲则全，弯曲才可保全，就是委曲求全之义，是现象和结果之间的关系，并就此而做出注解与延伸。

前文提到大部分学者观察，认为前与后是反义词，此句讲"相反相成"或"物极必反"之理。"曲"的反义词应当是"直"，"少"

的反义词应当是"多"，前后并非严谨的相反。

我认为，前一特性，是结构上的特征描述；后一特性，是功能上的动态。并非反义词，前一个词是一个状态，后一个词是动作。旨在表达，结构上的特性成为促成功能的动机。以"曲则全"为例，结构上的"不完满"为"补全"这一功能创造了条件。

是以圣人抱一，为天下式。

任继愈："式，也作'栻'，是古代占卜用的一种迷信工具，到汉代卖卜的人还使用它。根据它转动的结果，来判断占卜的人的吉凶祸福。见《史记·日者列传》。"[1]

不自见故明，不自是故彰，不自伐故有功，不自矜故长。

自见，为"自现"，自我表现的意思；自是，是认为自己是正确的，自以为是的意思。

"伐"的古字形是兵器架在人颈上，本义为用武器击杀，泛指砍断、征讨，又引申指对他人武力上的征讨或言辞上的诛责，又假借为自我夸耀。此处"自伐"，是自我夸耀的意思。

《说文解字》："矜，矛持也。""矜"的字形是面见宾客时手持的矛，本义仪仗矛，延伸为庄重、自信、怜悯等。此处"自矜"是自我满足、自鸣得意的意思。

"长"，有的学者译为"增长"，有的学者译为"长久"，有的学者解为"具备成为领导的能力"。我认为，结合前文"圣人抱一，为天下式"，此处用后者更好。

对于圣人的功能来说，圣人"为天下式"要兼听各方和理智客观。有了主观成见，就无法吸收客观的东西，不自以为是，才能不自惑混乱。表现欲、是非心、竞争心和自我限制，是事业的阻碍。

---

① 任继愈《老子新译》，上海古籍出版社，1986 年，107 页。

夫唯不争，故天下莫能与之争。

有学者认为，老子是逃避斗争的现实，于是玩文字游戏般地立于"不败之地"。本人不赞同此观点。

争，是认为自己可以利用既定实力进行比拼，是一种基于自见、自是、自伐、自矜而萌发的行为。而不争，则能使圣人保持清醒，保证存在，持续发挥功能，担负社会管理的责任。

结合上下文，圣人并非逃避，而是内心充实不"曲"，在外部没有争的需求和动机。"以百姓心为心"的圣人，也绝非闭目塞听、鸵鸟埋沙之辈，而是因了解了动力来源，理解了背后的缺失，不愿意耗费功夫在竞技场上，不坠入价值评判体系中，不设立场，不自我限制。

古之所谓曲则全者，岂虚言哉！诚全而归之。

言如"功卒业就"亦如"草木结丁实"是"诚"之范式。"诚"本义为言之有据，真实无妄，实在、的确，多半与言语表达有关。《说文解字》："诚，信也。"此处为"确实、的确"之义。

我认为，此章也并非倡导读者必须求全，而是阐述原理。为道日损，本自具足，又何必执着于"全"的概念。内全"不曲"，而不必求于外全，也是反用"曲则全"的道理。老子仅讲"是什么"和"为什么"，并没有说"应该怎么做"。作为读者，重在懂得这个发掘体用关系、寻找动力源头的思维模式，而不必做倾向性解释。事物发展并不是一个一成不变的状态，而是充满了因果，不可以执迷一时。掌握了运行规律，就可以拥有应对万物的态度。不定义自己，才能有生机与转机；不对外在期待，就能避免将心神耗费在冲突上。回归于道，心诚万全。

今译

屈折，才会求全；弯曲，才会伸直；低洼，才会充盈；破旧，才会更新；缺少，才会索求；繁多，才会迷惑。因为这个道理，圣人抱守真实性和整体性思维，作为处理天下事务的范式。不自我表现，所以能清醒清晰；不自以为是，所以能彰显存在；不自我夸耀，所以能发挥功能；不得意自满，所以能担任领袖。正是因为这种"不争"的品性，所以天下没有谁能与圣人争斗。古人所说的"体曲用全"的道理，难道是空话吗？万事万物能够"求全"，的确是归因于此。

解读

过度关注自我，容易造成信息不对称，引起偏见

社会心理学认为，在我们的心中，自己比其他任何事更关键。通过自我专注的观察，我们可能会高估自己的突出程度。这种焦点效应（spotlight effect）意味着人类往往会把自己看作一切的中心，高估别人对我们的注意度。

《庄子·齐物论》郭象注中也提到"夫自是而非彼，美己而恶人，物莫不皆然。然故是非虽异，而彼我均也"。圣人需要客观地认识世界，全面地接收信息。自见、自是、自伐、自矜，引起了信息的偏差，反而阻碍了管理者的判断和圣人自身的成长。因此圣人避免在结构上固化或求强，以求接近整体与真实，实现对世事的洞悉与预测，由此"抱一，为天下式"。

二十三、同道安乐，因果自著

自如其是的道理不依赖言辞，沉默反而贴近自由自得之道。风云变动，势起自然，盛衰皆不可久。无为自然，安时处顺；举心动念，顺道求得；妄作求索，失无所得。从选择方向开始便已决定了出路，方寸之心，福祸自著。

原文

希言自然。故飘风不终朝，骤雨不终日。孰为此者？天地。天地尚不能久，而况于人乎？故从事于道者，道者同于道，德者同于德，失者同于失。同于道者，道亦乐得之；同于德者，德亦乐得之；同于失者，失亦乐得之。信不足焉，有不信焉。

注解

有学者认为，此章前中后三段文义不相连，可能是错简或分章之误。但马王堆帛书甲乙本中，此三部分并没有分开，历代学者也都依此注疏，并未有疏离的嫌隙，本书不做错简解读。

希言自然。

"自然"是"自己如此"，指事物由其本身的客观规律所支配与运用，而不加人为的影响所发生的变化。

许多学者将"希言"解读为"寡言""微言""无言"。我认为，应当作"自然之理，不可言喻"来理解。第十四章提到"听之不闻名曰希"。言辞指令之外，方为事物本来样貌。"窈兮冥兮，其中有精；其精甚真，其中有信"。"自然"的个中实质间有内容，有联系，但不以"可听之言"的方式来维系。"言"是人类社会中人与人之间联系的工具和模式，但不是自主运作的构成。麻雀会飞，是天性使然，它不须人类的理论指导与刻意教化，也可以翱翔于天空，这便是"希言自然"之理。这也是老子主张圣人"行不言之教"的原因之一。

故飘风不终朝，骤雨不终日。孰为此者？天地。天地尚不能久，而况于人乎？

自然界的规律本在，无需言辞标榜。"飘风""骤雨"与平常天气相比，运动剧烈且不长久，终将在自然的运作之下回归平常。老子借此理喻示，世人想要以不符合常理的方式快速发展，是不可长久的。

也有学者联想到政治，认为老子警示统治者有心造作必定归于失败，更不可采用威胁百姓的暴政。

故从事于道者，道者同于道，德者同于德，失者同于失。

"同"，是指认同。大多数学者将此句解释为"志同道合，物以类聚"。同频相吸是一种解释。我认为，这里并不是在讲物以类聚。老子的圣人，"和其光"且"同其尘"，分别心没有这么强。我理解的是，老子并不是在讲"人与人"的关系，而是在讲"人与道"的关系，如此解释也是能够更契合上下文的。

"从事于道"共有三种人：一种是"道者"，没有得失心，依道沉浮，随缘度日； 种是"德者"，想要有所收获，走了 条因循规律、成就自我的路；还有一种是"失者"，怀抱不符合事物运作规律的观念，走了一条倒行逆施、注定失败的路。

同于道者，道亦乐得之；同于德者，德亦乐得之；同于失者，失亦乐得之。

有人将此理解为老子"同语反复，苦口婆心"。对于此句，许多学者也心里迷惑，似乎是重复了前一句话的意思，并且三者都是"乐得之"，又有何得失之辨？于是根据帛书乙本改为"同于德者，道亦德之；同于失者，道亦失之"[①]。

我沿袭王弼本，不认为前后重复，也不认为此处应该改动。前文的主语是"道者""德者""失者"秉持三种态度的人，此句的主语是"道""德""失"三种结果。"同"是讲方向，是"因"；"得"是指结果，是"果"。两句话是描述了"从事于道"的三种因果互动。

"道者"是一种体验式的人生观，追求安定顺遂的心境；"德者"和"失者"都是一种结果式的人生观，追求的是欲求的结果。但"德者"懂得"希言自然"的道理，能够因循事物本性与禀赋，如愿以偿，而"失者"不依循客观规律，南辕北辙。

同道之人，在道中安静自得，走中和之路，收获了与道和谐共处的内心体验；同德之人，利用规律成就获取，走求得之路，但顺着万物的本性与禀赋去行动，得偿其愿；同失之人，不懂得规律，盲目武断，并不因循自然，走了一条注定衰败之路，最终事与愿违。

信不足焉，有不信焉。

现代学者多数主张此句为错简重出，应当删除。但古时各注家版本并未排除此句，甚至也在这个地方做了注疏。

我认为此句并非错简，是反过来呼应"希言自然"的。自然虽是希言，但希言有信，只是"信"不依赖"人之道"的言辞罢了。并非"道"与"德"不可信，是"失者"内心还没认同"道"与"德"。

---

① 陈鼓应、傅佩荣秉持此观点。

大道周期长，得不到快速的反馈，没有宏观的理解，没有耐心且延迟满足感不强的人建立不起信任。所以理性不足、格局不大、心性不足、延迟满足感弱的人，难以达到"信"这个层次。从某种角度看，道也是筛除掉了这些人。

顺势而成，即"德者"；逆势而衰，即"失者"。实际上，人只是借势的暂时性结构。倘若内心中没了占有欲，便没了得失心，可以享受每一个当下，便是"道者"。三者各有信念。道者无所求，安于道；德者有所求，信与道合，得于道；失者有所求，信不足以合道，怀抱不切实际的愿景，于是失于道。本章由"势"到"愿"，再由"愿"是否合道的思路联想到"信"，文义相连，逻辑自洽，不必做错简定论。

今译

事物自主发展，不依赖言辞。所以狂风持续不了一个早晨，暴雨持续不了一整天。谁造成了这样的现象呢？是天地。天地的运作尚且不能持久，何况人呢？所以从事于道的人，有的同道而行，随缘度日；有的同德而行，依道收获；有的同失而行，倒行逆施。与道同行的人，道也乐意使他获得和谐的体验；与德同行的人，德也乐意让他如愿以偿；与失同行的人，事与愿违的结局也乐意相随而至。可信关系的缺失，是因为一开始就秉持了不信任的态度。

解读

安命

道家对于"命"的理解有"安命"这一概念，由庄子所言"知其不可奈何而安之若命"[1]。但"安命"并非宿命论。宿命论，是

---

[1] 引自《庄子·人间世》。

放弃主动权，磨灭个人意志，泯灭自由，拒绝了改变的可能性；安命论，是一种思想成熟而不虚妄的回归，是在生命中找到立足点，形成个人意志，收获自由，获得改变的可能性，具备"安时处顺"①的内涵。

老子的"归根""复命""同于道"和庄子的"安命"，简单来说，就是安心做"自己"，不总想成为"别人"。他们并不是主张面对命运保持虚弱与忍受，而是坦然接受生命中无法控制的因素，内心充盈且踏实。同于道者，安时处顺，知足常乐。知足之外，不期待任何东西，也不想了解更多和拥有更多，摆脱欲望、知识、占有欲，获得内心的笃定与精神的自由。人的出场，应时而生；人的离散，顺势而去。能够接受时与势的不确定，摒弃了控制欲和占有欲，哀乐都不能损其性情，于是安之若命。

---

① 《庄子·养生主》："得者，时也；失者，顺也。安时而处顺，哀乐不能入也。"

二十四、贪迹损功，不处余赘

在结构上的非自然拔高，好高骛远，贪功冒进，不可长久。结构上的过分注重，反而阻碍了功能的运行，如同画蛇添足。添足之举，非自然，伤自性，有道不处。

原文

> 企者不立，跨者不行，自见者不明，自是者不彰，自伐者无功，自矜者不长。其在道也，曰余食赘行。物或恶之，故有道者不处。

注解

马王堆帛书甲乙本将二十四章置于二十二章之前，许多学者也认为两章都有部分论述"相反相成"的内容。我认为，其中还是有差别的。二十二章是讲结构的减损，能增益功能；而本章讲增益结构，会造成功能的减损。

企者不立，跨者不行。

"企"的甲骨文字形，上面一个人，下面一个"止"（脚），表示踮起脚后跟。《说文解字》："企，举踵也。"许多注家以河本为准，写作"跂"，是"向前走"的意思。此处依王本，作"踮脚"理解，"企者不立"是指踮脚的人不能长时间站立。

"跨"是足与夸的结合。吁气膨大是夸之范式。大其两股间以有所越是跨之范式。《说文解字》："跨,渡也。"段玉裁注："谓大其两股间,以有所越也。"由此,"跨"就是大步迈的意思。也有学者注为胯间夹带物品。此处做"大步迈"理解,"跨者不行"意思是大步迈的人走不远。

企者好高,却不立;跨者骛远,却不行。也能联想到前章,呼应"飘风不终朝,骤雨不终日"之理。

自见者不明,自是者不彰,自伐者无功,自矜者不长。

第二十二章从结构的缺失引起动机,来论述"不争";而本章是针对结构的方法,来论述功能的缺失。此四者,得了印象管理的"有",失了辗转腾挪的"无",绝了发展和变化的空间。彰显、比拼实力,本身也是一个消耗行为,以"有之利"来定义自己,依赖别人的评价,需要依靠外界的肯定来增强信心,获得支持。实则是老子第十四章所言"宠为下",是缺乏独立人格的表现。结合第三十六章"微明"之理,这也是"鱼脱于渊"和"利器示人"的行为。

其在道也,曰余食赘行。

"余食"是吃剩的食物。王本作"赘行",也有版本写为"赘形"。我认为,这两种解释虽有不同,但不影响大意,不必过于深究。王弼在此处的注中提到"胀赘",因此也作"赘形"来翻译。

物或恶之,故有道者不处。

"同于道者"选择的是一条同于"功成身退,天之道"的路。这种形式上的"余食赘行",会招致人们的不满,甚至流露于现象,所以同于道者不做这种事。而"同于失者"贪婪妄作,不知足变成了负担,又如何能够追赶有道者的脚步?

今译

踮起脚跟，不可久立；跨步前进，不可远行。自我表现的人，不能清醒清晰；自以为是的人，不能彰显存在；自我夸耀的人，不能发挥功能；得意自满的人，不能担任领袖。这些行为在道的角度来看，是剩饭与赘瘤。它的存在会激起人们的反感，所以有道的人不会选择这样做。

解读

自我服务偏见

当我们加工和自我有关的信息时，会出现一种潜在的偏见，这种偏见被社会心理学家称为自我服务偏见（self-serving bias）。

自我服务偏见在生活中并不罕见。经社会心理学家研究：在那些既靠能力又凭运气的情境里，成功者往往认为成功源于自己的能力，而把失败归因于坏运气（Kingdon, 1967）；在多数主观的和社会赞许性方面，大部分人都觉得自己比平均水平高（Dave Barry, 1998）；在观点方面，我们过高地估计别人对我们观点的赞成度以支持自己的立场，这种现象被称为虚假普遍性效应（false consensus effect）（Kruenger & Clement, 1994; Marks & Miller, 1987; Mullen & Goethals, 1990）；在能力方面，当我们干得不错或获得成功时，我们容易把自己的才智和品德看成是超乎寻常的，以满足自己的自我形象，这种现象被称为虚假独特性效应（false uniqueness effect）（Goethals & others, 1991）。

自见、自是、自伐、自矜，这四种行为，易产生自我服务偏见，引起信息的偏差，滋生权力意志，反而阻碍了自身和他人生命意志的表达。

二十五、王贯三才，道法自然

道，先天地，自混成，独立周行，运化群生。具备大、逝、远、反的特点。寰宇之内，有四者为大——道、天、地、王。王能居其中之一，是因为其生而为人，却能够包罗三才，师法大道。人、地、天、道，依序禀受，次第师法，而道效法自身，自在自得。

原文

有物混成，先天地生。寂兮寥兮，独立不改，周行而不殆，可以为天下母。吾不知其名，字之曰道，强为之名曰大。大曰逝，逝曰远，远曰反。故道大，天大，地大，王亦大。域中有四大，而王居其一焉。人法地，地法天，天法道，道法自然。

注解

本章是由道体的描述，然后认为人可以通过对道认知而成为"四大"之一。

有物混成，先天地生。

混字，与西方哲学不同，西方哲学中的最高点往往是至纯至善，而老子则以多元驳杂的"混"来作为道的特征。而这个"混"则蕴含了比西方哲学更多的宽容度和包容性，反而更加宏大。

先天地生，在时间上说明了"道"早于造物的"天地"系统便已存在。

寂兮寥兮，独立不改，周行而不殆，可以为天下母。

《说文》："寂，无人声也。""寥，空虚也。"从人对道的认识上，"寂"说明了"可道非道"与"不可致诘"，"寥"说明了"无物之象"与"无所依据"。从道体的角度，"寂"说明了道"希言自然"，"寥"说明了"道冲（盅）而用之或不盈"。

独立不改，说明道"不交于物"，是天地、众生变化中的不变，不因其他意志和变化而改变。

"周"的字形是四方的田地里长满植物，象征种地密耕，本义是细密、完备。《说文解字》："周，密也。"周行而不殆，则说明"湛兮"和"不死"的特性，与万物紧密联系，始终保持连续运动不停止。

为天下母，则是在前面描述的特征基础之下，道可以发挥孕育天下的功能。

吾不知其名，字之曰道，强为之名曰大。

老子此处说明，"道"本身没有名字，是老子为了认识而后天定义的，借权以悟实。因其超出人类感知，于是勉强将其定义为"大"。

大曰逝，逝曰远，远曰反。

《说文解字》："逝，往也。""远，辽也。""反，覆也。"

对于"反"，钱锺书认为有两种含义：一是"正反"的反，违反的意思；二是同"往返"的返，回返的意思。《老子》之"反"融贯两义，即正、反而合。

在"大"的特性之下，又推理出了"逝""远""反"的特性。道有"周行"的特征，具有运动性，所以"逝"；有"不殆"的特征，不在具体事物停留，且"可以为天下母"，具有广适性，不偏于一物，所以"远"；有"独立不改"的特征，不随物移，具有独立性，所以"反"。

故道大，天大，地大，王亦大。域中有四大，而王居其一焉。

简本作"天大，地大，道大，王亦大"。王弼本作"王亦大"，而许多学者不认同"尊君"之义，根据后文"人法地"，认为"人为万物之灵"，改为"人亦大"。我不认为这里是"人""王"错用。如十六章所言，在《老子》中理解"王"不要仅从社会结构的角度理解为"人主"，还需要从功能的角度理解为"贯通天、地、人三才者"。人在对时间、空间、社会有了深刻理解，才能成为"王"，能够得以认知超越所感的范畴，才能成为"域中四大"之一。如此解读，也正好顺承下文。

人法地，地法天，天法道，道法自然。

由于前文讲"四大"而非"五大"，也可以知道"自然"解释为"道自己如此"，即道效法自己。"法"是效法的意思，但仅解读到此，不尽其意。王弼的注中称之为"转法相"。"用智不及无知，而形魄不及精象，精象不及无形，有仪不及无仪，故转法相也。"用意识去思考不如抛开既有知识去认知。通过科学式的具体形态和实证精神，不如通过背后本质和意象象征，又不如抛开具体形态而不定义。抱持维度①的观念不如抛开所谓的维度，所以通过几次转化而效法于道。如王弼"无知、无形、无仪"之妙解，王得以保持谦逊，承认自身的无知，于是应物无方，得以接受未知中的不确定性，突破自身的限制，而成其"大"。在"人""地""天""道"的关系之中，存在逐渐扩大、依次禀受、次第效法的内涵。所有的自然之子，

---

① 《说文解字》："仪，度也。"

只有我们人类能够做到认知超越我们所感。这种认知体悟是通过对"人""地""天""道"不抽象、不定义、不对立的效法方式，同时又是通过永远牢记我们总是置身于其中的态度而完成的。

今译

有一个驳杂混沌的存在，在天地之前就诞生了。无言且空虚，独立存在而不改变，周密运行而不停止，可以作为天下万物的本源。我不知道它的名称，将其定义为"道"，勉强称其为大。它广大超出人类感知，伸展辽远，又返还本根。所以道、天、地、王都可称为广大。宇宙有四大，而贯通三才的王是其中之一。人效法的是地，地效法的是天，天效法的是道，道效法自己如此的状态，自然而然。

解读

以此明彼，彼此俱失

大多数研究都是以一种对立态度进行的。在对立态度中，人们往往会摧毁对自己的理解。老子的言辞中有了效法的次第，实际上，是在启发"身在其中，而非对立"。

前文讲不要"自见""自是""自伐""自矜"，是告诫读者不要过多的沉迷于关系之中。既做运动员又做裁判，难保信息不偏差，难保立场不偏颇。本章讲人依次效法地、天、道，是告诫读者不要完全否定了关系，认清人的立场，以其中一员的角色去认知。抽离、对立的视角，也会形成另一种信息偏差，最终既认不清目标，也认不清自己。

二十六、重为轻根，静为躁君

感受阈值大，不容易受影响，保持稳重，成就其根本地位；反应程度低，能够控制情绪，保持镇静，成就其君主地位。因为这个道理，圣人始终不离开赖以生存的生计根基。即使满目昌荣，也能超然处之。君临天下，岂能轻举妄为？轻举妄动，有失稳重，乱其根本；恣情纵欲，有失镇静，妨其君德。

原文

重为轻根，静为躁君。是以圣人终日行不离辎重。虽有荣观，燕处超然，奈何万乘之主，而以身轻天下？轻则失本，躁则失君。

注解

重为轻根，静为躁君。

本章不是在讲哲学或物理上的轻重和动静。老子的轻重动静更像是心理学和社会学范畴。轻重，是受到外界干扰的难易程度，有些类似心理学中的"感觉阈"①；躁静，是指对变化做出反应的激

---

① 各种感觉都有一个感受体所能接受的外界刺激变化范围，感觉阈是指感官所能接受范围的上下限和对这个范围内最微小变化感觉的灵敏度。

烈程度，类似于今天所说的"敏感力"和"钝感力"。

"君"的字形上部"尹"像是手执权杖，一说是以手执笔，本义是治理；下部"口"表示发号施令。古代帝王崇尚无为之治，具体的事都由手下人来办理，这些主持办理具体事物的人就是"君"，后来慢慢延伸成帝王之称。

轻躁者，被感觉控制；重静者，控制感觉——亦可证"为腹不为目"之理。

是以圣人终日行不离辎重。

"辎重"是指军中载运器械、粮食的车。河上公："辎，静也。"很多学者认为，此处应当为"静重"对应本章主题。也有学者认为古时"辎"与"轻（輕）"写法很像，疑误。此处沿袭王弼本，不做改动解读。

作"辎重"理解，可看出老子的言论之务实，并非空中楼阁的空谈。人终究是要解决生存问题的，坐守"辎重"，在温饱的基础上谈形而上的道，才算得上具备实践性。老子的圣人有贵生爱身的一面，勇于冒险而不失安，始终保持试错的兜底本钱。

《韩非子·喻老》中言："制在己曰重，不离位曰静。重则能使轻，静则能使躁。"此中道出了君臣本末的原理。老子"君臣""本末"之论，并非旨在定义地位尊卑，其核心是讨论控制力。控制权掌握在自己手里，即君，即本；生活由他人驱使，即臣，即末。所以圣人不离辎重，则能保证自己生存无虞，也是掌握了自己生活的控制权。不在温饱上受制于人，立场不至于偏颇，是独立决策的第一步，也是为君为本的第一步。

虽有荣观，燕处超然。

各注家大致有两种解释：一是形容圣人淡泊，不以纷华荣观为美，超然远寄；二是指圣人不乐荣华，宴安于世俗外的小舍。本书做第一种解读，圣人即便是身处优渥的环境，有条件享受丰富的物质生活，满目繁华景象，也不会影响内心的自由。

奈何万乘之主，而以身轻天下？

此处用反问的语气，流露出身居高位的人不应轻易交易自己的性命而轻用其身，舍身冒险。

轻则失本，躁则失君。

王本为"轻则失本"，而《韩非子·喻老》作臣，河上公、唐玄宗、杜光庭、司马光、苏辙等许多版本也写为"轻则失臣"，认为前句诫臣，后句诫君。结合首句，我认为王弼本"轻则失本，躁则失君"更佳。

今译

稳重是轻率的根本，镇静是躁动的主宰。通过这个道理，圣人行动时总是离不开生计与口粮，即使所见皆繁华，也能够超然处之。作为位高权重的君主，在天下面前怎么能轻易出卖自己性命？轻率会失去根本，躁动会失去主宰。

解读

1. 面对噪音

凡事都从忙里错，谁人知向静中修？

老子所说的"躁"实际上是对噪音的频繁处理。《韩非子·解老》讲："众人之用神也躁，躁则多费，多费之谓侈。圣人之用神也静，静则少费，少费之谓啬。"圣人能够对噪声和信号进行区分，节省了有限的精力，减少了过度干预，反而提高了效率。因个人能力或智力的欠缺无法区别噪声和信号，这往往是过度干预背后的原因。从容镇定的人是懂得对真实信息做出反应的人，而能力不足或神经过敏的人则大多在对噪声频繁做出反应。这也是老子第五章"多言数穷"的道理。

2. 己尚不立，焉能救物

本章提到了"不失辎重"。君臣之辨，实际上是控制力的差别。一方面，要认知足够，懂得如何甄别轻重缓急，懂得如何分配资源、时间与精力；另一方面，要有维持生存的必要基础，才能有效控制风险，发挥统合作用。失辎重，则失安。兽穷即搏，人亦同理。若举步维艰，捉襟见肘，那微弱的信号也会影响巨大，承受波动的能力低下。自己的生存都成了问题，轻且躁。不重不静，则不足以救物。

二十七、善体本固，袭明要妙

善于发挥组织功能，不需要在结构上费周章，不必在形式上做过多的自我维护。因为这个道理，圣人善救而不弃，此举被称为袭明。所以说，在组织结构中，精英可以指导非精英处理不擅长的事情；而非精英也交换资源付给精英作为相应的回报。不以指导他人者为贵，也不贪求能用来交换的资源，有智不用，此乃功能妙本之内核。

原文

善行无辙迹，善言无瑕谪，善数不用筹策，善闭无关楗而不可开，善结无绳约而不可解。是以圣人常善救人，故无弃人；常善救物，故无弃物，是谓袭明。故善人者，不善人之师；不善人者，善人之资。不贵其师，不爱其资，虽智大迷，是谓要妙。

注解

有人说这一章是形容"圣人做事，完美无可挑剔"，有人说是指"圣人神龙见首不见尾"，有人说是在讲"不动不为，就没有痕迹"，甚至还有人认为本章是在讲权术的，此类观点往往将文章解读得支离破碎，甚至有悖全书的整体精神。

本章前面讲的五种"善"都是针对结构和形式层面的，中间部分

"袭明"内容，是圣人对于"救"与"弃"的价值选择，接着对精英与非精英的功能和地位进行了论述，得出"不贵师""不爱资"的"要妙"精神。综上，老子实际上是不主张在形式上下功夫，并且在精英与非精英的关系中不选择舍弃一方，而是各得其所。结合"玄牝"的理念，无形式的原因应当是，在组织中能够形成利益共同体，根本利益相互交织。在共赢之下交换功能，彼此维护对方的存在，相互成就。

善行无辙迹，善言无瑕谪，善数不用筹策，善闭无关楗而不可开，善结无绳约而不可解。

在犯罪学、法医学这一领域有一条"罗卡交换定律"（Locard exchange principle），道破行为发生交换的必然性。即凡两个物体接触，必会产生转移现象。其用于犯罪现场调查中，行为人必然会带走一些东西，亦会留下一些东西，现场必定会留下微量迹证。老子支持"天网恢恢，疏而不失"[1]，其所说的"善行无辙迹"并非否认"罗卡交换定律"，而是说擅长于实践的人没必要刻意做形式和程序上的记录。这种"擅长"是基于对他人需求认知清晰、关系信任和对自己功能的自信，不需要第三方来维护公平，也避免了造成关于维护关系结构在成本上的浪费。应用到社会管理中，管理者也是第三方，保持此种理念，能够尽可能避免沦落成形式主义。

筹策，是古时的记数工具，也有学者将其解读为"蓍草"[2]一

---

[1]《老子》第七十三章。

[2]"蓍龟。包括龟占和筮占两类。龟卜是用烧灼龟甲来占卜，出土甲骨文就是这种占卜的记录。而筮占是用摆蓍草来占卜，易学就是来源于这种占卜。但前者虽以龟为贵，却并不限丁龟，也包括各种骨卜（用牛骨、猪骨、羊骨和鹿骨等）；后者虽以蓍为贵，也不限于蓍，可以用竹木小棍代替，和古代的算筹是一类东西，也成称为'策'。《礼记·曲礼上》说：'龟为卜，策为筮。'《史记·龟策列传》就是讲这两种占卜方法。《左传》僖公十五年晋人韩简说：'龟，象也；筮，数也。'前者是以卜兆（烧灼后的裂纹）来决定吉凶，取于'象'；而后者是以易卦来决定吉凶，取于'数'。"（李零《中国方术考》，中华书局，2021年，16页。）

类的占卜工具。我认为，后者解读更佳。东方的数术，不同于西方数学，是一系列关于卦、干支等预测内容的学问。①擅长预测学的人，往往对事物的发展规律、当前的发展形势有深刻的理解，不必非要借用工具来占卜，也能知道事态的走势和未来的动向。

以门栓和绳结为喻，即使没有开关与绳结，依旧"不可开"和"不可解"。牢固的结构和稳定的关系，不是依赖于形式上的束缚和文字上的约定，而是其中足够的信任关系和价值互换将双方联系在一起。"信不足焉，有不信焉"的道理亦通，真正代表百姓利益的治理，百姓是不会让其垮台的。

是以圣人常善救人，故无弃人；常善救物，故无弃物，是谓袭明。

李零认为，"救"应读为鸠或纠，鸠是聚敛的意思，这里指搜罗人才。我认为，采用"救"的本义即可，给予帮助使脱离灾难或危险。此解更能体现圣人对非精英和弱者的独特视角。

"袭"的本义是死者穿的衣襟在左边的内衣，由于衣周匝覆之引申为衣上加衣，引申为重复，又引申为重叠、承袭等义。多数学者解读为沿袭、因顺的意思，也有的翻译为覆盖、隐藏，唐玄宗和陈景元认为是"密用"的意思，任继愈结合马王堆本推测是"神明"的神字误传。我认为把"袭明"理解成"复用其明"更贴切。

《老子》中涉及"明"的定义较多，十六章和五十五章"知常曰明"、二十二章"不自见故明"、三十三章"自知者明"、五十二章"见小曰明"。由此可知，老子的"明"是知晓事物发展

---

① "'数术'这个词，很容易让人联想到'数学'或'算术'，但它所谓'数'并不限于数字概念，还包括'理数'（逻辑）和'命数'（机运）；所谓'术'，也不是一般的推算，而是占卜。当然，古人认为占卜也是'算'，比如大家说诸葛亮'能掐会算'，就是这种'算'，术家称为'内算'。"（李零《简帛古书与学术源流》，生活·读书·新知三联书店，2020年，420页）

的客观规律、不彰显自我且对自己认识准确、能够具备见微知著的洞察力。在此基础上，"复用其明"则能够做到"善救不弃"。

故善人者，不善人之师；不善人者，善人之资。

老子的文章中，不是善恶对立出现的，而是善与不善成对出现。"善"作"擅长、善于"理解，"善人"是指擅长做事的人，即精英；而"不善人"也并非恶人，是不擅长做事的人，即非精英。但善人与不善人的划分并不是绝对的。在社会分工之下，每个人都扮演着具备某一社会功能的社会角色。所以，每个人都是某些方面的善人，也都是某些领域的不善人。从时间的角度，善与不善也并非一成不变，每个人都可能发展成为善人，或发展成不善人。

现代学者将"师"解释为"老师"，许多古人的注中提到了"学"，显然也是作为"老师"来解读的。实际上，古时的师应当是军队、统帅的意思，由第三十章"师之所处"亦可知。我认为，"师"应当作"领导、领袖"来理解。

在某一领域，不明原理、行情的非精英向业界精英寻求指导和帮助，精英自然而然地成为领袖；非精英以金钱等财富与之进行价值互换，自然而然地成为精英的资源。擅长医术的医生指导不懂医术的患者，也需要患者供养。因为医生"善于医术"和患者"不善于医术"，所以构成了功能和需求交换的条件，形成了价值交换。

圣人能够跳出关系之外，从存在合理性的角度观察彼此，没有以片面的功能武断定义，不随意废弃人或物，找到精英与非精英的各自功能与定位，于是能以多元多维的视角和更加包容的态度对待组织结构。

不贵其师，不爱其资，虽智大迷。

对于此句，到底是褒义，还是贬义，学者有争议。结合下一章"知雄守雌"，我认为应当为褒义。师资俱忘，不存相于心中，不偏爱，既是第五章"圣人不仁"的另一体现，也是四十九章"德善"和"德信"的先决态度。

是谓要妙。

"要"的古时字形像是一个人两手叉腰。两手叉腰以示重大关节是要之范式。《说文解字》："要，身中也。像人要自（臼）之形。"本义是重大、值得重视的，后引申为应该、必须、选择、索取等意思。此处我秉持原始字义，译为核心。

妙体是在结构之外的。体悟了要妙，才能在功能上实现牢固的价值交换。而不必依托结构来维持联系和信任，此方为善。要妙，即常无妙体之核心。

今译

善于出行的人，不刻意留下痕迹；善于言谈的人，不留下供人指摘的过失；善于数术的人，不必使用筹策工具；善于关闭的人，不用门闩也没人能开启；善于结约的人，不用绳索也没人能解开。圣人通过这个道理，常常善于挽救他人，而不是抛弃他人；常常善于挽救事物，而不是抛弃事物，这是对内外通明的复用。所以精英是非精英的指导者，非精英是精英的供养者。不高估指导者，不贪求供养者，即使聪明于世，也保守迷蒙，这是体悟了功能本质的核心精义。

解读

救与弃

老子讲到的"救人"与"弃人"，实际上是在讲"生命价值"和"工具价值"。追求效率的统治者，在工具理性的角度筛选工具价值强的个体，舍弃工具价值弱的个体，所以"弃人"。老子思想里的圣人，选择了生命价值，为柔弱者提供生存和成长的环境，更重视系统的生机和未来。

不单是老子，中国古代"三皇五帝"中"三皇"的说法很多，但大多都有伏羲和神农。伏羲代表了解自然规律的预见性，神农代表能够治病救人的善治性。从神话中可见，东方原始文化是以偏重自然人文科学家和医生为核心的氏族文化，并不是拥有强大力量的战神。由于社会管理者"善救"，有利于群体的存续，成为群体成员的庇护，能够实现"聚众"的功能，是符合社会管理者应有的功能的，所以百姓也离不开他。

反观"弃人"的精英社会模式，虽然能够在短期内强大，但是整个群体是没有未来的。首先，群体的生态不会静止于结构，"弃人"不会给未成型的新生力量提供机会，没有留足成长空间，提高了生存成本，引起出生率下降，续存危。第二，在自然面前，人类的想象力往往是不足的。"弃人"的评判者难以充分洞悉未来的可能性，抛弃了多元、综合的特性，失去了种子，终将在不确定性的新浪潮中没落。第三，"弃人"实际上是一种权力意志的行为，往往发展为对公权力的滥用，徒增形式主义成本的同时，扼杀了来自生命意志的活力。"弃人"之难，亦可证老子七十四章"夫代大匠斫者，希有不伤其手矣"的观念。

二十八、知雄守雌，朴散为器

具备龙行天下的战略素养，却保守牝马之贞的柔静本色。知雄守雌，容纳天下，不失德，无为而治。原始、无用的状态，能够发挥器之用。圣人由此成为领导者，在社会组织中发挥器之用。所以大众宏观治理，不应割裂人性。

原文

知其雄，守其雌，为天下谿。为天下谿，常德不离，复归于婴儿。知其白，守其黑，为天下式。为天下式，常德不忒，复归于无极。知其荣，守其辱，为天下谷。为天下谷，常德乃足，复归于朴。朴散则为器，圣人用之则为官长。故大制不割。

注解

前章谈论善与不善的师资关系，本章承接"不贵其师，不爱其资，虽智大迷"提出了新的价值观。虽然有足够的智慧能够"知"，但是选择了一条"守"的道路，复归于朴、散，为天下搭建"器"。

知其雄，守其雌，为天下谿。为天下谿，常德不离，复归于婴儿。

《说文解字》："谿，山渎无所通者。"是古写的"溪"；也有学者认为同"徯"，是公仆的意思；也有认为同"徯"，是等待的意思，引申为盼望；还有认为同"蹊"，是蹊径的意思。我支持采用本义"溪"，指山谷深处的溪流、源头。

雄为主动争取，雌为柔静无为。"雄"追求的是工具层面上的成就结果，属于"工具价值"；"雌"追求的是孕育成长的生命过程，属于"生命价值"。理解"工具价值"，或许会让人更强大，但拥抱"生命价值"，会让系统更好。在"知雄"的基础上"守雌"，拥抱对立面，不偏执于立场，才能整体认知，如婴儿般淳朴，成就系统中培养生命力的源头。

知其白，守其黑，为天下式。为天下式，常德不忒，复归于无极。知其荣，守其辱，为天下谷。为天下谷，常德乃足，复归于朴。

现代学者们认为，古时"白"当与"辱"对应，文章中"谿""谷"同义，所以认为"守其黑，为天下式。为天下式，常德不忒，复归于无极。知其荣"六句疑为后人窜入，主张删除。本书沿用王弼本，不做删除。

《说文解字》："忒，更也。""更，改也。"

与前文"知雄守雌"相较，这一部分又列举了"知白守黑"和"知荣守辱"。倘若有必要严谨区分的话，"雄雌"代表主动与被动，"黑白"代表不同的物理特性，"荣辱"代表不同的社会普世情感和价值取向。

朴散则为器，圣人用之则为官长。故大制不割。

"朴"是指原木。多数现代学者解读为"将朴的特质分散为物""原材料一旦被加工就变成了器"。我认为，此处应当断句为"朴、散，则为器"。散，是指"没用的、闲置的"，义同《庄子》"散木"中的"散"。由前文"知雄守雌"到"朴、散"成为管理者的特性，顺理成章。

朴、散是指工具价值上的无为、无用，并非生命价值上的无为、无用。在道家思想中，管理者不应当置身于世俗价值体系中进行竞争，而应当放弃追求工具价值层面的现象上的"有用"，转向生命价值层面的"器之用"功能。这种器之用，类比于人类社会，就是"官长"。道家的领导者追求来源于生命意志的自然动力，不意图割裂改造事物本性。故曰"大制不割"。

今译

知道什么是雄强，安守雌静的特性，成为天下的溪流。作为天下的溪流，常怀功能而不背离，重新归复到婴儿无知欲的状态。知道什么是清白，安守黑暗的特性，成为天下的工具。作为天下的工具，常怀功能而不差错，重新归复到没有维度的状态。知道什么是荣誉，安守卑辱的特性，成为天下的山谷。作为天下的山谷，常怀功能而充足，重新归复到原木未改造的状态。原始无为、闲置无用的特性成就了器之用，圣人用这个道理，成为社会中的管理者。所以宏观的社会制度是不割裂自然本性的。

解读

朴与散的追求：用而忘用，寄用群才

在外显的社会规则中，人们更看重"优秀""有用"这些特质，希望能够具备"被选择"的特性，避免"被抛弃"的特性。而老庄道家倡导"朴""散"，非常看重"原始""闲置"的特性。这种价值追求，并非只是艺术表达上的感性寄托，更是有其系统价值的理性选择。

来源于"原始"的特质，具备更多的力量，是系统中的动力来源；来源于"闲置"的特质，具备更多的变动性，是系统中应对不确定性的重要资源。系统不但需要追求实用性，也需要一个能够不断利用（而非逃避）随机事件、不可预测的冲击、压力和波动实现自我

再生的机制。老子所说的"知雄守雌""见素抱朴"是放弃一部分实用性，返还到未加工的"原始"和无用的"闲置"中，从而保持原生的活力和对环境的适应力。"用而忘用"的特质，引发了活力和适应力。能够保持系统的活力和适应力。这才是"官长"本身应当具备的社会功能。

二十九、天下神器，勿为勿执

天下，是大众意志的集合，不可以用非自然的方式改造和占有。天下万物存在多样性，众生相非一相，是众貌百态之集合。妄图改造和占有，是不切实际的。所以圣人要除去"功能过度发挥""物质过分占据""过程极其顺利"这些迷境幻象。

原文

将欲取天下而为之，吾见其不得已。天下神器，不可为也。为者败之，执者失之。故物或行或随，或歔或吹，或强或羸，或挫或隳。是以圣人去甚，去奢，去泰。

注解

前文说到圣人为官长，不割裂自然本性，本章顺应前文，反对"取天下而为之"的价值观。"民众全心全意劲儿朝一处使，天下整齐划一"，是非自然的幻象。圣人应当剔除此类非自然的想法。

将欲取天下而为之，吾见其不得已。

在第二章中提到，"为"可看作驯服大象之意象，理解为"依人类的想法改造和驯服"。

"不得已"，各家解释不一，有的解读为"不可得"，有的解读为"已不得"，有的将"已"理解为语助词。大意类似，都是说意图攫取天下而驯服改造是不会如愿的。

天下神器，不可为也。为者败之，执者失之。

在第六章的解释中，对"神"的解读进行了四种分类。此处也因各家理解不同，或解读为"鬼神之器"，或解读为"精神之器"，或解读为"阴阳不测之器"，或解读为"神妙之器"。我主张理解为"精神之器"，天下不是一个具体实在的物件，而是大众心理的容器。天下神器，不是自然人的集合，而是人们观念的集合，承载着群体的共同想象力。

"为"是驯服、改造；"执"是占有、控制。道存于人，体现于器，而非借器彰人。天下，这样一种盛受大众精神的容器，是不可以轻易受人驯服、改造、占有、控制的。心怀不合理预期、非自然妄想、占有欲、控制欲而治理天下，终将引向失败。

故物或行或随，或歔或吹，或强或羸，或挫或隳。

歔，王弼本作"歔"，河上公本作"呴"，景龙、敦煌本作"嘘"。高亨《老子正诂》："缓吐气以温物谓之嘘（或呴），急吐气以寒物谓之吹，义正相反。"综合各家理解，此处解为吐气方式和强弱的不同。

我的理解是，如果取天下而为之，"行随"代指主动配合或被动配合，"嘘吹"代指参与的强烈程度不同，"强羸"代指个体力量、持久度不一，"挫隳"代指个体有所保留或全身心投入。统一的指令，在多样性和多元化的"天下神器"面前，会遇到种种状况，人事参差，物各不同，圣人须知"取天下而为"难以实现，所以顺而不施，因而不为，任其自然。

是以圣人去甚，去奢，去泰。

《说文解字》："甚，尤安乐也。"本义是特别安乐，此义在"甚"

的后出分化字"湛"中有体现；由本义引申为过分、过度；又引申为厉害、严重、太、深、很；又引申为的确、实在等副词。

"奢"为"大者"，是"城市中的大户人家"，本义指宅院大、排场大，引申为没有节制，过分享受。《说文解字》："奢，张也。"

"泰"字古时如站立人性，相当于"太"多加一笔，"大""太""泰"为三个递进的等级；战国时也有文字形如云彩下雨，也有人解读为双手捧水，水从手间滑落。《说文解字》："泰，滑也。"注家解读时，多引《周易》中的泰卦来解读，"泰，通也；否，塞也"。泰卦，象征天地交通、上下交流顺畅的祥和顺利的意象。

学者翻译此句时，大多译为"极端的""奢侈的""过度的"。清世祖在注中，联系着六十七章的"三宝"来解读这句话。"去甚、去奢、去泰"，分别对应"慈""俭""不敢为天下先"，这一视角也是极妙的。我认为，这三个方面分别代指绝对化的功利思维、不知足的过度欲求、追求完美的静止幻想。

今译

想要掌控天下并驯服改造，我看他是无法达到目的了。天下，是众生精神的容器，不可强行改造，不可占有控制。想要强行改造的人，注定失败；想要占有控制的人，注定失去。所以事物有的前行，有的跟随，有的性缓，有的性急，有的强健，有的羸弱，有的奉献有度，有的全力以赴。圣人凭此去除极端思维，去除享乐主义，去除完美主义。

解读

天下脊脊大乱，罪在撄人心

统治者往往带着个人愿景和政治抱负参与社会管理。为了追求效率、便利、舒适，希望把百姓的混沌状态变成可控、确定的整体，此类"控制"和"驯服"设想却不能遂愿。

其根本原理老子于本章已阐明。控制和驯服，必须建立在确定性和可预测性的基础上。管理者企图用系统的方法清除事物的不确定性和随机性，以便在最细节的层面都能确保高度的可预测性。然而，天下人精神的集合，天生具有不可控的属性。面对外部的指令，每个独立的意识参与主动性不同，配合程度不同，个体能力不同，保留成分不同。精神世界的不确定性和随机性不可能完全转化为确定性；社会管理系统由驳杂精神组成，细节上也不可能具备高度的预测性。倘若想要强行控制和驯服，细节上的不确定性和随机性会随时间累积，变成"灰犀牛"事件，野蛮地破坏掉原本的系统。

三十、兵强天下，其事好还

靠武力征服天下，是认可了这种恃强凌弱的规则，终会遭到武力反扑。战事进行，阻碍生产；战事结束，青黄不接。武力压制的法则，只是擅长攫取生长好的果实罢了，不敢凭此求强。攫取果实，不能自我标榜，不能自我夸耀，不能因此骄傲。攫取果实的行为，是为了生存而不得不做的事情，不应主动强求。依结构的现象法则，事物强壮之后开始面临衰老。所以说秉持武力征服天下是失道之途，失道之途会早早结束。

原文

以道佐人主者，不以兵强天下，其事好还。师之所处，荆棘生焉。大军之后，必有凶年。善有果而已，不敢以取强。果而勿矜，果而勿伐，果而勿骄，果而不得已，果而勿强。物壮则老，是谓不道，不道早已。

注解

本章是表达反对战争与强权的主张。

以道佐人主者，不以兵强天下，其事好还。

"好还"，王弼解读为"有道者务欲还反无为"，其他大部分学者解读为报应、还报。如果说是"善恶有报"宿命论，我倒是不太赞同。

当事人如果默许了"弱肉强食"的强权文化，内心也势必会陷入被更强大个体取代的焦虑，其中蕴含着不可预测的政治风险，壮而后衰、或疏忽大意、或意料不及便会被其他势力倾覆。

师之所处，荆棘生焉。大军之后，必有凶年。

何为"凶年"？有人解读为天灾，有人解读为战争中打扫战场对老百姓的掠夺。我认为，本句所指不是天灾人祸，实际是指农业生产。战事所及，侵民妨稼，百姓战、防、逃、藏，人人自危，无人耕种，于是野草荆棘遍地，粮食青黄不接，于是战后必为凶年。

穷兵黩武，只能是局部的胜利。若以此为主线，社会发展终究会因管理者的短视浅薄而成为无源之水、无本之木，走向干涸和枯萎。

善有果而已，不敢以取强。果而勿矜，果而勿伐，果而勿骄，果而不得已，果而勿强。

对"果"的注解大有不同：有的学者根据"不得已而用之"解读为"济"，救济危难；有的学者解读为"成果、成效"；有的学者解读为"胜利"，善有果即"善胜"。

严复批："善，一字为句。"我认为严复的这种解读更妙。善于用兵，只不过是因为有经济粮草积累罢了。老百姓种了粮食，提供了经济基础，将军在军饷粮草的基础上才有善战的可能。

道家的圣人洞察战争的动机与消耗，能够明白很多发展实际上是掠夺部分区域的发展空间或者掠夺后代的生存空间，因此不敢随意取强。

物壮则老，是谓不道，不道早已。

强不可久，亦如"飘风不终朝，骤雨不终日"之理，非道之事不可法则，慎行不如早止。强与壮，仅仅是生命的一个阶段。生命终将老去，也终将迎来新生。强者的责任并非守成，而是一方面，为自己的老去做准备，利用新的"玄牝"，继续创造价值，与世界和谐互动，另一方面，为后辈的未来做准备，为新生势力开路，以维持整个生态的活力，接受并拥抱未来。

今译

用道来辅佐国君的人，不依赖武力征服天下。用兵处事，亦会得到军事打击。部队所经过的地方，荆棘遍地；战事过后，必然出现荒年。善于用兵，也不过是依赖生产的成果而已，不可以习惯于强权。有所成就之后，不可自鸣得意，不可自我吹嘘，不可骄泰凌物，不得已方可采取武力手段，不可依赖强权行事。事物到达鼎盛，就开始走向衰败了。依赖强壮的力量而采用征服的手段，是不合乎道的。不合乎道的事物，很快便消失殆尽。

解读

硕果不食

老子不提倡用武力解决问题。本章是站在社会治理的角度上，指出了为何反对战争与强权。

血与火的战争确实刺激感官，吸引眼球，极易产生信息偏差，看似战争等于荣誉。但武力较量只是表面显性的，浮于水面，是片面的和阶段的争夺。水面之下，是整体的较量，是经济、技术、文化、民心等多因素的比拼。双方各自消耗底蕴。底蕴，即老子本章所谓的"果"。老子将视角从"武力的相争"转移到了对"底蕴的经营"上来。

老子本章思想恰与《周易》中的剥卦相近。《剥·上九》中有一句为"硕果不食"。学者解读为硕大的果实不要食用，应当留下作为未来的种子。"硕果不食"，不尚武力，不以阶段性的胜利而妨碍未来的发展。

三十一、兵者不祥，丧礼处之

崇尚使用武力解决问题，是不祥的作为。招致他人反感，有道的人不采用此法。吉祥之事以发展为尚，凶灾之事以杀伐为尚。面对战事，应当想到因战事而陨逝的无辜生命，用悲哀的态度对待，以丧礼来处事。

原文

夫佳兵者，不祥之器。物或恶之，故有道者不处。君子居则贵左，用兵则贵右。兵者，不祥之器，非君子之器。不得已而用之，恬淡为上，胜而不美。而美之者，是乐杀人。夫乐杀人者，则不可以得志于天下矣。吉事尚左，凶事尚右。偏将军居左，上将军居右，言以丧礼处之。杀人之众，以哀悲泣之，战胜，以丧礼处之。

注解

对于战争与强权，前章是方法上的不采取，本章是态度上的不推崇。

《道藏真经集注》中引王弼注说："疑此非老子之作也。"有学者认为是注文混为经文。今据郭店简本和马王堆帛书本考据，均有此章内容，非注文混入。

夫佳兵者，不祥之器。物或恶之，故有道者不处。

"物或恶之"在二十四章和三十一章各出现了一次。二十四章讲的是自炫的行为惹人反感，本章讲的是武力征服惹人反感。不论是自炫，还是尚武，实际上都是压缩他人生存空间的行为，早已蕴藏"争"的内容。

君子居则贵左，用兵则贵右。

有学者解读为，大部分人右手为强势手、左手为弱势手，所以左柔弱而右刚强；唐玄宗、宋徽宗、明太祖、清世祖四位皇帝都提到了"左为阳，阳主生发；右为阴，阴主肃杀"的观点，大部分古代注家也秉持此观念，注中也提到了"人君南面之术"。

就我的理解而言，黄老学说内含关于领导学的"南面之术"说法。坐北朝南时，左手为东方，是太阳升起的方位，主生发，在四季中代表充满生机的春季，象征着生长发展，往往与教育、文化等事业相关；右手为西方，是日落西山的方位，主肃杀，在四季中代表收获成果的秋季，象征着结果收敛，往往与商财、军事等事业有关。君子代表文治，用兵代表武治，对应在"人君南面之术"中则分别是取自左和右的意象。

兵者，不祥之器，非君子之器。

第五十五章提到"益生曰祥"，武力解决争端是"不益生"的，属于权力意志，压制了源自生命意志成长发展的力量，所以非君子之器。

不得已而用之，恬淡为上，胜而不美。而美之者，是乐杀人。夫乐杀人者，则不可以得志于天下矣。

老子并没有完全否认武力的作用，在不得已的情况下还是得用武力解决问题。但不可崇尚武力，即使胜利也不可附加多余的感情色彩，不应给战争冠以正义之名。在胜利的结果之外，老子考虑到因战争而牺牲的无辜生命，不主张将恃强凌弱式的"尚武"精神推崇成为主流价值观。武力是用来守护的，不是用来取胜的。一旦庆祝胜利，也就是赞成暴力杀伐的战功。崇尚暴力的领导者，无法实现得志于天下的愿景。

吉事尚左，凶事尚右。偏将军居左，上将军居右，言以丧礼处之。杀人之众，以哀悲泣之，战胜，以丧礼处之。

本句提到了上将军与偏将军。我认为，其旨在强调即便是行军打仗，也需要有一秉持君子之道的文官拮抗将军的杀伐之气。

"杀人之众"一词体现了道家的价值观。道家汇聚了中华大地那些绝顶的聪明人，并非不善胜，而是相比较一小拨人争胜求强的虚荣心，道家更关心百姓的生死安危。

今译

战争和武力是不吉祥的事物，招人厌恶，有道的人不依赖它。君子之道，平居时注重成长与发展；用兵之道，注重收敛结果。武力是不吉祥的事物，不是秉持君子之道的事物。遇到不得已的情况才采用，采用应当淡然处之，胜利了也不应当欢喜。如果为之得意欢欣，就是喜欢杀伐生命。喜欢杀伐生命的人，不可在天下实现愿景。吉祥的事，应当注重成长与发展；凶丧的事，应当注重肃杀与收敛。偏将军以君子之道辅佐，上将军以用兵之道谋事。发号施令时应当以丧礼来对待战争。战争杀人众多，应以悲哀的情感凭吊，战胜也要以丧礼对待。

解读

求强文化的过程是符号化和工具化

求强文化，是"硬碰硬"，在结构上进行较量。在这个较量的过程中，许多个体抛弃生命价值，依附于他律的权力意志。人也在这个过程中符号化和工具化。

符号化的人，会跟着被定义的概念走，是被塑造的"有为"状态，而非老子所说本来如是的"自然"状态。人们对于远方那些被符号化的人也会失去情感上的共情，更容易以残酷的心态相处。这也是一种"轻身"之举，有悖老子所谓的"贵身""爱身"的主张。老子在五十三章发问："名与身孰亲？身与货孰多？"

工具化的人，会陷入"有用"的执念，重视"有之利"，忽视"无之用"。在老子看来，追求掠夺式的短平快，是一种"好径"之举。在某种程度上，将系统控制在确定性的成分里，限制了发展空间，重创了新生的力量，牺牲了未来的可能性。由此，凌物而怨生，所以"物或恶之""有道者不处"。

三十二、守朴知止，自宾自均

常道运行，不依赖于人所定义的概念。原生本性即便渺小，也是独立人格，未屈服于任何权力意志。管理者如果能够恪守此原生本性，万物都将归往而寄托。系统内部相互合作，得以迸发生机与创造力，内部的生命不需命令而自治、运作、分配。社会搭建初始有团结所需的文化基础，文化基础之上的继续搭建需要适可而止。能做到适可而止的，可以避免走向衰败。依循自然，水到渠成。

原文

> 道常无名，朴虽小，天下莫能臣也。侯王若能守之，万物将自宾。天地相合以降甘露，民莫之令而自均。始制有名，名亦既有，夫亦将知止。知止可以不殆。譬道之在天下，犹川谷之于江海。

注解

本章首先写了生命的原始本性，社会管理者守护这种本性，可以充分发挥社会的自治功能。

道常无名，朴虽小，天下莫能臣也。

此处历来有两种断句。一是"道常无名朴，虽小"，意思是道不定义朴，道虽然小；另一种是"道常无名，朴虽小"，意思是道的运行不依循概念，朴虽然小。后文提到"始制有名"，我认为采用第二种断句更合适。

道的运行是未曾被定义的，不依赖于人所定义的概念，在语言和认知的权力系统之外。"朴"为原始状态，朴的状态也未进入语言和认知的系统，按照"人之道"的观念，其"有之利"小。"莫能臣"是指不屈服于权力意志。往往越是接近生命的原始本性，越可以不屈服于权力意志。

侯王若能守之，万物将自宾。

古代的天下共主叫王（也有少数民族部落首领自称为王的例子），内服王臣之最尊者叫公，外服封建的军事首长叫侯。[①]

许多学者将"自宾"解释为依附，我认为这种解释是不准确的。自宾，是归复和寄托，是双方主动合作，而不是屈服依附。《说文解字》："宾，所敬也。"联系前句侯王对"朴"的守护，自宾是对"做自己"的允许，没有权力意志下"讨好"的成分。自宾的基础是相互尊重对方的生命轨迹，独立且不依赖。

天地相合以降甘露，民莫之令而自均。

天地，代指系统。天地相合，指系统内部上下交感，沟通顺畅。于是得以"降甘露"，系统内部在普惠中获得了生命力和创造力。

《说文解字》："均，平也。"自均，是自我分配，不待政令，而自然从化均平。政令规划有效的前提，是更懂得如何分配。但过于依赖理性往往容易忽略了真正的需求，或者说在需求多样性下无法兼顾，老子认为，反而不如把自主选择的权力还给民众。

---

① 李零《人往低处走——〈老子〉天下第一》，生活·读书·新知三联书店，2008年，144页。

始制有名，名亦既有，夫亦将知止。知止可以不殆。

"始制有名"，有序的社会结构从混沌中搭建起来，势必有某一文化属性使之团结，其中存在一系列的定义与概念。即使老子有"名可名，非常名"的论断，却并没有否认"名"的存在，未尝落入"不可知论"和"虚无主义"。在这种信仰、契约、情感等文化的基础上"知止"，即保持边界感。"不殆"，就是指社会治理不走功能失调的路数，不堕入德、仁、义、礼的衰败之路。破除法相，回归朴的状态来审视社会结构，万物自宾以自均。

譬道之在天下，犹川谷之于江海。

以道治天下，万物自宾，民自均；江海发源于川谷①，川泽自宾，江海自流。

今译

道永远是无法被定义的。原始本性虽然小，但天下没有人可以让它臣服。社会管理者如果能够守住它，万物将主动归往配合。天地交感，系统内彼此互惠，迸发出生机与活力，民众不需要命令，就会自主分配，自我管理。社会结构创立之初，会有种种规矩。规矩既然已经存在，应当知道适可而止。懂得适可而止，可以避免危亡。道自然而然地运行于天下，就像河川汇聚于江海一样。

解读

清风明月本无主

人们通过现象和经验，总结了规律，建立了理论。理论给后来的人们提供了捷径。后辈依赖理论指导实践。然而理论的研究者和

---

① 有些学者翻译为"道在天下的地位，正像小河流归附江海那样"，实际上，川谷并非水之所归，而是水之所出。

信仰者奉为圭臬，夸大了理论的作用，忽视了对象的主动性，进入了某种机械化的幻象。观察鸟类的人们，总结了鸟类飞翔的理论，却忘记了即便是没有理论，鸟儿依旧会自己学会飞翔。

理论是苍白的，唯生命之树长青。老子重视"朴"的特性，希望社会管理者能够穿越体系化的知识驯养，唤醒自己面对现实的原初感觉，修复过度进化的制度和规则，将自主权返还给百姓，恢复自组织的自我调节能力。

三十三、知胜自得，久寿有道

　　知人识人，是一种境界；自知自识，是另一种境界。技高一筹，是一种境界；革故自新，是另一种境界。富足源自知足，期待迫使强行。物得其所，保持内外一致性，可以长存。能够因用自然者，即便脱离，依旧可以持续发挥作用，由此德光终古，泽流无穷。

原文

　　知人者智，自知者明。胜人者有力，自胜者强。知足者富，强行者有志，不失其所者久，死而不亡者寿。

注解

本章是八个定义，学者们解读不同，对这八个定义褒贬不一。我认为，不必带有感情倾向进行解读。

知人者智，自知者明。胜人者有力，自胜者强。

虽然不做褒贬解读，但从文字可以看出，老子将"知人"与"自知"，"胜人"与"自胜"区别开了，有一个外在对象的对立观察与没有外在对象的内趋感知是不同的范畴，有一个竞争对手的较量求胜与没有竞争对手的自我革故是不同的范畴。

知足者富，强行者有志。

富，是一个相对价值的形容词。知足者，有较低的内心期待，所以现实状态高于预期，自然收获富有的感受。

注家往往对"自胜者强"和"强行者有志"做褒义评价，倘若真依循自然无为之心来思忖，未必如此。"有志"意味着有内心期待。强迫自己突破自然的状态而执行，其动力往往是源于自己内心的期待，亦为"曲则全"的道理。

不失其所者久，死而不亡者寿。

"不失其所"的"所"，有的学者解释为"不离辎重"，有的解读为不放弃根基与本分，有的解读为不失"道"与"玄牝"。我认为，不必引申，解为根基与本分更恰当。尽管老子对不可控的事情具有开放精神，对于可控的事情依旧选择保持谨慎，不失其根基与本分，促成长久的先决条件。

纵观各家对"死而不亡"解读各有发挥，一说万物自然，圣人"同于道"，顺应万物的主动性，即便不持续干涉，也依旧发挥作用；一说为"身殁而道犹存"；一说精神不朽，颇有儒家立德立言的内涵。我赞成第一种解释。

知人、自知，是穷理；胜人、自胜、知足、强行，是尽性；得所、不亡，以至于命。由此乃知造化在我，无古无今，方生方死，大道氾兮左右，万物依道而任自然。

今译

了解别人的人机智，了解自己的人通明。较量中胜利的人有力，能够胜过自己的人刚强。知道满足的人富有，坚持执行的人内心有期许。不失根基本分的人可以长久，具体个体消除而作用不竭的组织存活时间长。

解读

1. 去个体化与自我觉察

归根复命，是一种相遇；明心见性，也是一种相遇。

老子讲"知人者智，自知者明"，庄子讲"县解""心斋"。先哲不约而同地提出了相似的理念，实际上都是主张在去个性化中实现自我觉察。

人类是社会动物，很容易变得盲从。在某些群体情境中，人们更可能抛弃道德约束，以至于忘却了个人的身份，而顺从于群体规范——简言之，也就是变得去个体化（deindivid-uated）。群体体验能弱化自我意识，通常能分离个体的行为和态度。

而自我觉察是去个体化的对立面。自我觉察的人不太可能做出欺骗行为（Beaman & others, 1979; Diener & Wallbom, 1976）。那些一直坚信自己是独立而与众不同的人也不太可能做出欺骗行为（Nadler & other, 1982）。自我意识的个体，或仅是受他人驱使而产生暂时性自我意识的个体，他们在情境中会表现出更大程度的言行一致性。这些个体也会越来越理智，因此，也就不太可能受有悖于自己价值观的呼声所影响（Hutton & Baumeister, 1992）。

2. 寿者不亡，没身不殆

老子本章提到了"死而不亡者寿"，在第十六章和第五十二章提到了"没身不殆"。如果咬文嚼字，"死而不亡者寿"是指系统中的某一具体成员结构消殒，依旧能够发挥其功能；"没身不殆"是指系统中的某一具体成员结构消殒，系统依旧能够保持存续、运转、不崩溃。

人类是能够自然消亡的结构，即"死""没身"。"死"和"没身"，是系统内成员的必然结局。然而，想要实现功能的"不亡"和系统的"不殆"，需要接纳更多的不确定性和随机性，在波动中不断提升系统的适应性。老子给出的方案是，简化确定性的制度和规则，削弱对自组织自我调节的阻碍，将功能隐于自然，调动成员的主动性。哪怕失去了某个具体的成员，系统也会在对环境的适应性中找到最优解，也会在自组织的自我调节中找到出路，此谓"死而不亡者寿"，可证"没身不殆"之理。

三十四、氾兮左右，功成不有

大道烂漫，生发、收成兼而有之。万物循道而生，道不言辞；万物循道而成，道不居功。结构上无欲，所以小之于结构；功能上作用，所以大之于功能。

原文

大道氾兮，其可左右。万物恃之而生而不辞，功成不名有，衣养万物而不为主，常无欲，可名于小；万物归焉而不为主，可名为大。以其终不自为大，故能成其大。

注解

顺应前章"不失其所者久，死而不亡者寿"，本章讲道用。

大道氾兮，其可左右。万物恃之而生而不辞，功成不名有。

《说文解字》："氾，滥也。"亦有学者认为此字通"泛"，不论哪种解释，都是形容道适用范围广、作用巨大。

对于左右，有的学者理解为"常伴物身"，有的学者认为是"佐佑"。我认为，"左右"的解读应当依据三十三章"君子居则贵左，用兵则贵右"，"左右"即"文武"。道常无名，却也不废文武之道。文武之道，或指向未来用于生长发展，或承袭过去用于收取成果，皆为道作用于万物的工具。万物恃之而生，恃之而成。

衣养万物而不为主，常无欲，可名于小；万物归焉而不为主，可名为大。

"名于小"是相较而小，"名为大"是独成其大。

"不为主"对应三十二章的"自宾"，不在自然的结构之上刷存在感，是指存在感小，归属感小，万物的压力小，余食赘行小，所以结构上"名于小"。

"衣养万物"的道确实发挥着作用，给万物回归自由的条件和自主的空间，万物生养、功成皆归因于道，其作用巨大，所以功能上"名为大"。

以其终不自为大，故能成其大。

不自私标榜，所以能够有宏观之大用，亦是反用二十二章"曲则全"的道理，"不自见故明，不自是故彰，不自伐故有功，不自矜故长"，道不自大，故能成其大。

今译

大道烂漫如汪洋，或可文以生发，或可武以收成。万物凭借它而生长，它却不置言辞；依赖它有所成就，它却不定义占有。抚养万物而不以主宰的身份出现，永远无所欲求，可以称之为小；万物成就归因于道而道不以主宰的身份出现，可以称之为大。道在结构上从不自以为大，所以在功能上能够成就它的伟大。

三十五、乐饵过客，道隐常无

秉持宏观的图式，收获天下的归往。归往之处，不曾侵害，氤氲安定、平和、原始的氛围。引人耳目、快利口鼻，只能吸引过客逗留。道的表达，平淡、无形、无声，得不止于果。

原文

执大象，天下往；往而不害，安平太。乐与饵，过客止。道之出口，淡乎其无味，视之不足见，听之不足闻，用之不足既。

注解

前章讲大道烂漫可成就万物左右，此章阐明侯王能秉道，则人归安平太之化。

执大象，天下往；往而不害，安平太。

许多学者认为"大象"就是"大道"。我认为，两者还是有区别的，"大象"应当为"宏观意象"的意思。

"安"在早期甲骨文中由三部分组成．上面半包围的结构是房子；中间是一个面向东方双手敛在腹前端坐的妇女形象；右下角是"止"（脚的形象），表示行动。整个字是一个妇女在室内走动坐下，"女坐室内"。上古时代，毒蛇猛兽等人类天敌较多，妇女体力不如男子，在野地不安全，在室内可免受伤害，故言"女坐室内为安"。

"平"的本义是乐声舒缓、气息舒徐。《说文解字》："平，语平舒也。"由此引申出不倾斜、没有高低凹凸的地势、使宁静、使高低相等、对齐、镇压、公平等含义。

"太"为"大而又大"。大多数学者将"太"解释为"泰"，我认为老子已有"去甚、去奢、去泰"的主张，此处译为"泰"于经内矛盾，不妥当。依十七章之例，将"太"理解为时间上的"太古"之太，解为"原始、初始"更好。

管理者秉持宏观意象来管理天下，能够收获支持，在支持的基础上保持"大制不割"的原则，保护百姓的自然本性和自主权利，收获"安以动之徐生"的"安""暴风骤雨不可久"的"平""太上、下知有之"的"太"。

乐与饵，过客止。

有学者将"乐"解释为"享乐"或者"乐于道"。大多数学者的共识是"乐与饵"指音乐和美食。音乐和美食，可以吸引注意、利益诱惑，不可长久，停则失，所以是过客。

道之出口，淡乎其无味，视之不足见，听之不足闻，用之不足既。

大多数学者认为"用之不足既"，是"用之不竭"的意思。我认为，如果当作"用之不竭"理解，就当写为"用之不既"，而不是"不足既"。

"既"在甲骨文和金文中像一个人坐在食器（皀）前扭头的样子，表示吃饱了。《说文》："既，小食也。"本义是吃完饭，引申为尽、完。结合上下文，此处应当与"不足见""不足闻"同理，理解为"不能尽"，即"不能满足"，并由此引起下一章"微明"之理。"道之出口"，不迎合人的感官，也不满足人的功用之心，于是不因后文的"微明"而"害"物，也就有了"往而不害，安平太"的结论。

李存山将"道之出口"解读为把道说出来。此句大有"道不可道"的意味。我认为"道之出口"应当理解为道在现象世界的表达与呈现。"常无，欲以观其妙；常有，欲以观其徼"。道以常无的视角有妙本，以常有的视角有边徼。妙本之中，"氾兮其可左右"，无为而无不为；边徼之中"淡乎无味、视不足见、听不足闻、用不足既"。

今译

掌握宏观图式，会得到天下的归往；百姓归往，不受侵害，安宁、和平、达到太古之治。音乐和美食，能够吸引过客止步。道的表现，淡而无味。观看，不可满足视觉；听闻，不可满足听觉；使用，不能满足兴致。

三十六、微明柔本，潜渊藏器

外部干预，内部随之适应，而自发地产生相反的势，这是微明。因此固守内在的柔弱，反而能胜过刚强之法。潜修密行，正性修德，身固寿长。利器不炫，不增反势，国泰民安。

原文

将欲歙之，必固张之；将欲弱之，必固强之；将欲废之，必固兴之；将欲夺之，必固与之，是谓微明。柔弱胜刚强。鱼不可脱于渊，国之利器不可以示人。

注解

北宋道人陈景元评论"此章先贤解者多端，皆不条理"。本章争议非常大，许多兵家由本章延伸出战术谋略。也有一些人由此章断定老子是阴谋家，解读为阴谋论的学者们大有断章取义之嫌。本章开头是介绍了"微明"的规律，但结尾并不是传授人"害人之心"，而是谨存"防患之心"。讲的是兴衰往复之理，圣人乘理制心如行医用药，俗人用智循迹如商贾射利。

将欲歙之，必固张之；将欲弱之，必固强之；将欲废之，必固兴之；将欲夺之，必固与之，是谓微明。

《说文解字》："歙，缩鼻也。"本义是吸气，也引申为收缩、收敛。许多版本也写作"噏"。

《说文解字》："固，四塞也。"后引申为结实、牢靠、坚定、本来、原来、鄙陋等含义。有学者认为是"必然、一定"[①]的意思，有的学者认为应当读为"姑且之姑"[②]。我认为，应当援引《说文解字》中原本"四塞也"的含义，理解为创造一个具有某个特性的外部环境。

"微明"的解释各有不同。有的学者译为"几先的征兆"[③]，有的学者译为"幽微之明，即幽微中识见将来的发展"[④]。我支持司马光的解读，"知微之明"。老子有言"搏而不得名曰微"。"微明"则是通晓不主动博取而达成目的的方法。

理解"微明"需要辨明"主客"与"内外"。

从词义上能够看出，"歙、弱、废、夺"和"张、强、兴、与"是相反的举动，得出"事物中总是存在着相互对立又相互依存的两个方面：它们又总是在向相对的方面转化的客观规律为依据"。将"微明"简单解读为"相反相成"，是不够准确的。歙、弱、废、夺，是主体对客体在功能上的目的；张、强、兴、与，是主体对客体在结构上采用的方法，并不是一句"相互对立的两个方面"简单的概述。

本章在线性思维下，莫名其妙；如果能够具备老子"负阴而抱阳"的立体思维，就会豁然开朗。生命在其自然本性之下会适应环境。当改变外部环境，创造张、强、兴、与的条件时，生命内在会做出歙、弱、废、夺的倾向性选择。适道与立、权变纵横、阴符天机、权实济用，全赖此微明之理。

---

① 陈鼓应《老子今注今译》，商务印书馆，2019 年，207 页。
② 李存山《老子》，中州古籍出版社，2018 年，92 页。
③ 陈鼓应《老子今注今译》，商务印书馆，2019 年，208 页。
④ 李存山《老子》，中州古籍出版社，2018 年，93 页。

柔弱胜刚强。鱼不可脱于渊，国之利器不可以示人。

"鱼不可脱于渊"，大多数学者联想到了《庄子》里相濡以沫的鱼。鱼脱于渊方知水之重要，人离乎道方悟道之重要。于是相濡以沫不如相忘于江湖。

对于"国之利器"，解读有不同：一说是代指国家的强权政策，一说是代指国家的刑罚，一说是指国家的核心竞争力，也有说是国家的自卫手段。我认为，结合前文内容解释为国家的强权政策更贴切。

本章前半部分讲"微明"，创造与意图相反的外部结构，能够破坏有机体的整体性和内部平衡，创造符合意图的内在动力因，可以称得上是"知雄"的精湛之言；而后半部分老子反而站在了客体的角度倡导了"柔弱""不脱渊""不示人"的主张，遂成其"守雌"的不争之德。

老子说的"柔弱胜刚强"并不是对现象的否认。现象是外部的视角，常有观其边徼，"外刚强"胜"外柔弱"是不争的事实；追溯其内在的视角，常无观其妙本，"内柔弱"反而胜"内刚强"。柔弱者，不将事情做满，给不确定性和随机性留足空间，反而更加接近本源的生命力，能够适应充满波动和变化的外部环境；刚强者，皆力争更好地适应当下环境，特定条件下发展独特的适应性，促成其偏性、惯性、内在倾向性，在骤变的外部环境下反而更加脆弱。于是，因用"微明"可得"柔弱胜刚强"之理。

最后两句是分别针对"受方"和"施方"讲的。世间没有脱离互动的事物，不自主地进入纷乱的网中，不自觉、不自知地变成"受方"或"施方"。作为受方，"鱼不可脱于渊"，勿忘自己乃是势中人，依势而成，逆势而衰，悟得"微明"，勿令自绝生路；作为施方，"国之利器不可示人"，慎重内在自然之力的反弹，切莫简单粗暴。

前章讲"乐与饵"，实际上是说外部非自然的干预；本章讲"微明"，则是在讲环境塑造下的功能失调。特殊环境下发展的适应性结构，成为个体适应随机性环境的阻碍，反而导致个体无法承受波动性。

今译

想要使之收敛，必先从外部环境张开；想要使之削弱，必先从外部环境加强；想要使之废弃，必先从外部环境推举；想要索取，必先从外部环境给予。这就是通晓不搏而得的道理。保持柔弱的特性能够胜过刚强的事物。鱼不要脱离深渊，国家的强权不可轻易呈现。

解读

柔弱与刚强：反脆弱与脆弱

老子本章提出"微明"，又紧接着提出了"柔弱胜刚强"的论断。许多读者对此一头雾水，不知有何联系。

老子的"柔弱"概念并非我们现在语言习惯中的"柔弱"一词。我认为，老子的"柔弱"更像是纳西姆·尼古拉斯·塔勒布所著的《反脆弱：从不确定性中获益》中的"反脆弱"概念。生活中充斥着波动性、随机性、不确定性。脆弱性的事物在波动性和随机性中会受损，强韧性事物能够适应新的环境，而反脆弱的事物能在波动性和随机性中受益。

"柔弱"者在结构上是柔韧的，具备可以调整和适应的空间，面对意外事件，损失更小，选择性更强，甚至能够在波动性和随机性中获益。"刚强"者在结构上是刚性的，一方面，在波动性中受损，维持结构和方向持续消耗成本；另一方面，面对随机性需要承担经验偏差的风险。由此可知，"柔弱胜刚强"并非虚言。

三十七、镇之以朴，亦复无欲

　　道在结构上无为，功能上无不为。形质虽化，性体永存。管理者如果能够恪守这一宗旨，万物将自我更正。更正之后，万物在生命意志下又将兴起亢进，吾辈将用不定义的原始本性使之归复。即使是"不定义的原始本性"，我也不将其作为一个标准而主动促成。没有主动的意图，保持安静的态度，天下将自得安定。或曰：本立空名缘破妄，若能无妄亦无空。

原文

　　道常无为而无不为，侯王若能守之，万物将自化。化而欲作，吾将镇之以无名之朴。无名之朴，夫亦将无欲。不欲以静，天下将自定。

注解

根据通行本的划分方式，本章是《道经》的最后一章，对《道经》进行收拢和总结。

道常无为而无不为，侯王若能守之，万物将自化。

　　对于"无为而无不为"的解释，傅佩荣的评论非常精湛，"无为源自道的超越性，而无不为则出于道的内存性"。我解读为"结构上无为，而功能上无不为"。

道的这种特性，联系到"侯王"的社会管理上，就是不自专，相信百姓有自我管理的能力，水到自然渠成。

"化"的古字形由是一个头朝上的人和一个头朝下的人组成，本义是变化。由本义引申为通过教育使风俗、人心发生变化，即教化。《说文解字》："化，教行也。"因此，"化"这个字本身就有"变化、改革"的内涵，只不过这个"变化、改革"的发起者并非来自外部，而是源自万物自己内部，自然而然。

化而欲作，吾将镇之以无名之朴。

"化而欲作"有两种理解：一是"欲"作名词，万物自化，欲望发作兴起；另一种是"欲"作动词，万物自化，自化之后万物想要兴起作为。我认为应当作第二种理解。

《说文解字》："镇，博压也。"造字本义是填、压，引申为压制、抑制。

老子此处并不是简单的"吾将镇之"，而是"吾将镇之以无名之朴"。倘若是以人的身份去压制，那是权力意志；而以"不定义的生命本源"去压制，则是生命意志的归复。万物在生命意志下自我革新，发作兴起，总有发展成为权力意志的倾向，而老子以自然本性为蓝本，牵引回归，为社会的成长纠偏。

无名之朴，夫亦将无欲。

现代学者将这句话译为"无名的真朴，也使人不起欲望"。而古代经注学者们，如唐玄宗将此句解读为也不给无名之朴设立一个明确的标准，无追求执念。我认为，这种理解更为精妙和契合。

"无名之朴"，是不被概念定义的原本真性。目的是打破范式，解放桎梏，而不是创造一种新的范式，变成一种新的桎梏。

不欲以静，天下将自定。

不欲以静，实为不扰。老子倡导"不见可欲，使民心不乱"。在老子的观点里，社会中很多人是被社会标准裹挟着生存的；被迫无奈，才会铤而走险。如果社会价值观倡导自然朴素，则大多数人便不会陷入担心发展的焦虑，天下将自然安定。这也是承接前章"微明"的视角，侯王不做加法，则维护了天下的内部整体性，内在需求和外部表现达到和谐，于是"无为而无不为"。

任继愈《老子新译》中认为"老子在政治上反对任何变革，反对有为，他把'无为而无不为'当作最高原则。他希望社会不要有任何作为，人们不要有欲望，天下自然会稳定"。对此观念我秉持反对意见。"无名之朴"，是摆脱概念限制、复归生命活力，是一种没有标准的灵活政策，其本身就是一种变革。老子写出"化而欲作"，即已承认人们不可能没有兴起的欲望。"不欲"的对象是"侯王"，社会管理者不抱持欲望，天下将自然安定。

今译

道永远在结构上无为，而在功能上无所不为。社会管理者如果能够掌握恪守这一道理，万物将自我革新。革新之后，又想发作兴起，我将用不被概念定义的原始本性进行压制。不被概念定义的原始本性，也不应抱持刻意追求的执念。不执着于追求而趋于宁静，天下将自我安定。

三十八、前识世衰，敛华就实

形式主义，礼繁心衰，是忠诚和信任缺失后的虚伪，是祸乱的开端。这种推理演绎的前瞻性，是为道者的浮华，也是道人选择做愚人的动机。大丈夫淳以复其厚，而不恪守浇薄；返朴以顾其实，而不炫识以求其华。

原文

上德不德，是以有德；下德不失德，是以无德。上德无为而无以为，下德为之而有以为。上仁为之而无以为，上义为之而有以为，上礼为之而莫之应，则攘臂而扔之。故失道而后德，失德而后仁，失仁而后义，失义而后礼。夫礼者，忠信之薄而乱之首。前识者，道之华而愚之始。是以大丈夫处其厚，不居其薄；处其实，不居其华。故去彼取此。

注解

本篇为《德经》开篇。其中对于"道、德、仁、义、礼"的社会特征和演化规律，甚是精辟。这也是众说纷纭的一章，期中有诸多疑问。上字何解？为何有上德、下德，却没有下仁、下义、下礼？"有以为"应该怎么理解？为何"前识"反而成了愚之始？

上德不德，是以有德；下德不失德，是以无德。

何为上德？大致有两种说法：一是解释为"德分上下"，上德是上等的、更高级的德；一是认为上德是"尚德"的意思，但对应解读"下德"时会变得牵强。

为何德有上下，而后文中只有上仁、上义、上礼？苏辙是这样注解的："德有上下，而仁义有上无下，何也？下德在仁义之间，而仁义之下者，不足复言故也。"

我提出另一种解读，《老子》中的"上"大多为方位的"上"，或者社会结构里的"上"。我认为，将"上"解读为"社会管理者"更加贴切，而"下"则理解为"被管理者"，即"民"和"百姓"。

不德，是指没有具体的形式束缚；不失德，是指执着于具体的道德标准。此句可理解为，管理者不被具体的价值标准束缚，才能实现其社会组织中的功能；百姓执着于具体的价值标准，则丧失其社会组织中的功能。用互文的手法，写出了社会的管理者和被管理者都不应当执着于形式，才能发挥其社会功能，外得于人，内得于己。

上德无为而无以为，下德为之而有以为。

有许多学者认为，"上仁""上义""上礼"属于"下德"，我认为这样解释前后有矛盾之处。如果按此解释"下德为之而有以为"与下一句"上仁为之而无以为"不符。帛书甲、乙本没有"下德为之而有以为"一句，也有学者据此主张，此为衍文应当删除。

关于"有以为"和"无以为"的解释也各有不同。我认为应当解释为"是否有一个可以凭借的标准"。社会管理者的功能无法用语言来定义，无从定性和量化，因此无以为；社会被管理者从事具体的事务，需要有一个可以凭借的标准。

上仁为之而无以为，上义为之而有以为，上礼为之而莫之应，则攘臂而扔之。

首先对"德""仁""义""礼"做诠释和区分。在对"道、德、仁、义、礼"的解释中，我认为，援引《素书·原始章》中的文字互证比较恰当。"夫道、德、仁、义、礼，五者一体也。道者，人之所蹈，使万物不知其所由；德者，人之所得，使万物各得其所欲；仁者，人之所亲，有慈惠恻隐之心，以遂其生成；义者，人之所宜，赏善罚恶，以立功立事；礼者，人之所履，夙兴夜寐，以成人伦之序。"

"德者，得也"，是管理者追求实际功效；"仁"是管理者做所谓的"好事"，在社会相对价值中追求印象管理；"义"是管理者倡导社会履行的义务，利用社会相对价值推行公共事业；"礼"是维护等级制度的仪式，依靠形式主义建立权威而形成固定的利益分配体系。

管理者追求"实效"，是根据管理者个人能力大小和兴致专长来成就的，不企图改造社会自组织^①功能，也没有一个具体的标准，所以既"无为"也"无以为"；管理者想要推行"仁政"，做好事一定会对自组织运行造成干预，是没有一个具体标准的，所以是"无以为"；管理者宣扬"义务"，很明显是对天性进行了改造，是"有为"，社会公民"应该"去做一件事是有具体标准的，所以是"有以为"；管理者拥护"等级"，对阶级和利益分配进行固化，一定是对天性进行了改造，是"有为"，虽然没有说，但礼制仪式必然是有具体标准的，所以是"有以为"。

① 德国理论物理学家哈肯认为，从组织的进化形式来看，可以分为两类：他组织和自组织。如果一个系统靠外物指令而形成组织，就是他组织；如果不存在外部指令，系统按照相互默契的某种规则，各尽其责而又协调地自动地形成有序结构，就是自组织。

《说文解字》："攘，推也。"本义退让、谦让，后引申为排斥、排除。也有一种解释是，认为"攘"借为"纕"《说文解字》："纕，援臂也。"指捋袖露出手臂。我认为，后一种解释更佳。

"扔"的甲骨文字形像是人的右手扔东西，也可以理解为人的右手在拉某个东西，所以"扔"的本义是扔掉、丢弃，基本义是牵引、拉。《说文解字》："扔，因也。"段玉裁注认为应当为"扔，捆也"（"捆，就也"）。大多数学者解读此处应当指统治者"向相反的方向牵引"，迫使服从。我认为，此处是形容百姓采用对抗的形式应对统治者。

对于阶级固化和利益固定的制度，百姓既需要耗费时间和精力去应付，又不能收获其相应对等的利益回报，往往以不配合、不响应的状态应付，所以"莫之应"。而此时管理者付诸强制力，百姓苦于形式，不堪其扰，于是索性不顾礼数，撸起袖子，采取对抗的形式应对统治者，故曰"攘臂而扔之"。礼的目的是维护社会秩序，最后却发展成了维护等级的暴力工具，失和，亦失本。

故失道而后德，失德而后仁，失仁而后义，失义而后礼。夫礼者，忠信之薄而乱之首。

老子揭露出，"道""德""仁""义""礼"的治理思维往往是随着时间推移而次第出现的。管理者重权轻实，不能扎根于常无之妙本，耽于常有之边徼，创设了非自然的愿景，逐步迷惑于现象，受到社会相对价值观的影响，滥用了公权力。

"忠"是形声字，把心放在中间，不偏不倚，本义是尽心竭力。《说文解字》："忠，敬也。"忠是维护核心的情感倾向。礼是维护权力和等级的工具，礼不创造实体意义上的价值，反而是消耗公共资源和侵占个体自由的活动，难以获得维护核心的真挚情感。

《老子》第十七章已经提出了"信不足焉，有不信焉"的内因。

上下彼此间的信任关系，形成的价值互换，类似于契约精神。礼是一种形式主义，处处重迹留痕，说明早已经不信任了。

忠、信的缺失，也成了祸乱的起因。

前识者，道之华而愚之始。

此句注译，自古至今，众说纷纭。

一说为"前识"贬义，理解为"不知常的自以为是的预判"。大抵取自《韩非子·解老》："先物行、先理动之谓前识。前识者，无缘而妄意度也。"

一说为"前识"为预防的意思，提前预设礼仪规范来约束民众，防止动乱，大有"未病而先服药"的意味。

一说为"前识"是预测的意思，无褒贬，而"愚"为贬义。预测产生的智巧，反而落了下乘，成了愚笨的开端。

各种说法，各有妙处，但往往难以和前后文相匹配。我是如此理解的，前句讲"道、德、仁、义、礼"的演进规律，此为前识。"愚"并不见得是贬义，应当理解为老子"愚人之心"的开始。为道者，具有认识社会发展的规律，这种前瞻性，仅是其浮华之处。为道者并没有利用前识的规律而借机套利，正是由于认识了这个规律，他反而选择了做整个社会复归和返还的工作，因此称其"愚"。

是以大丈夫处其厚，不居其薄；处其实，不居其华。故去彼取此。

许渊冲说："大丈夫，喻称有高世之志而不徇俗流的奇伟男子，此指能体道行德的君王。"如此大丈夫追求的是忠信之厚，而不追求"忠信之薄"的礼，不脱渊示强；追求道之实，而不耽于"道之华"的前识，不张能尚巧。

今译

社会管理者不拘泥于具体的功能标准，才能具备其功能；百姓不抛开具体的功能标准，无法具备其功能。社会管理者注重功能，不改造社会自组织，不抱持具体的规范；百姓注重功能，意图改造社会自组织，也不抱持具体的规范。社会管理者注重仁政，意图改造社会，也不抱持具体的规范；管理者注重义务，意图改造社会，抱持具体的规范；管理者注重形式，意图改造社会，得不到他人响应，于是他人撸起袖子开始对抗。所以失去对道运行的体悟，则开始注重实效；失去获取实效的能力，则开始注重印象管理；失去印象管理的把握，则开始注重公共义务；失去公共义务的把握，则开始追求形式。重视形式，说明系统维护核心的感情倾向和内部信任关系已经淡化了，也成为即将祸乱的首要原因。这种前瞻的能力，是道的浅薄浮华，也是圣人选择愚昧的开始。大丈夫立身于忠信敦厚的系统中，而不选择立身于中心浇薄的氛围中；立身于道之实，而不选择道之华。所以舍弃后者，选择前者。

三十九、得一致和，贱本齐物

维护好整体性与真实性，系统将得以发挥功能。系统失去功能，将导致结构崩溃坍塌。贵贱高下，相反相成。管理者谦以自牧，不矜其尊，提醒自己"于整体中孤独""自身势力单薄""不直接从事生产"，这正是其结构上的弱势。所以管理者需要从众多光环中清醒，不随世俗贵玉贱石，同等重视玉石各自的价值。

原文

昔之得一者，天得一以清，地得一以宁，神得一以灵，谷得一以盈，万物得一以生，侯王得一以为天下贞。其致之。天无以清将恐裂，地无以宁将恐发，神无以灵将恐歇，谷无以盈将恐竭，万物无以生将恐灭，侯王无以贵高将恐蹶。故贵以贱为本，高以下为基。是以侯王自谓孤、寡、不穀。此非以贱为本邪？非乎？故致数舆无舆。不欲琭琭如玉，珞珞如石。

注解

本章前半段讲"得一"。但如果只将本章解读为得一的重要性，则浅了一层。得一，是功能与结构的统一。失去功能时，结构也会损失。于是得出贵贱高下的相反相成，联系社会管理，对侯王提出了价值观上的要求。

昔之得一者，天得一以清，地得一以宁，神得一以灵，谷得一以盈，万物得一以生，侯王得一以为天下贞。其致之。

对于"一"的解释，河上公、陆希声、司马光等解释为"道之子"，苏辙、清世祖等解释为"道"，唐玄宗、陈景元、明太祖等认为是"气"。

"道"是事物运行的内外规则，包含了人类能够理解和表达的部分，还包含了人类不能理解和表达的部分。而"一"是指实在事物运行本身，包含了对于人类来说可感的部分和不可感的部分。"一"与"真"的概念相似，是指事物的自然运行，具有整体性和真实性，是结构与功能的统一。我们认知事物，常常是单角度、片面的，受到观察能力限制和主观臆想干扰的。而"得一"则要求我们拥抱事物客观运行的整体观，做到结构与功能并重。

清、宁、灵、盈、生、为天下贞，是天、地、神、谷、万物、侯王所具备的功能。当以上系统能够做到"得一"，拥抱系统的真实性与完整性，实现功能与结构的统一，才能具备和发挥功能。

天无以清将恐裂，地无以宁将恐发，神无以灵将恐歇，谷无以盈将恐竭，万物无以生将恐灭，侯王无以贵高将恐蹶。

王弼本写作"无以贵高"。易顺鼎认为，一开始写作"侯王无以贞将恐蹶"，"贞"与"贵"字形接近，流传过程写作了"贵"，后人又根据下一句"贵以贱为本，高以下为基"，改为"侯王无以贵高将恐蹶"。

裂、发（废）、歇、竭、灭、蹶，是指系统在结构上的崩溃。清、宁、灵、盈、生、贵高，是系统的功能。具备功能，则可以保全结构；泯灭功能，即有瓦解崩塌之患。第三十六章讲微明，鱼儿要明白深渊的"无之用"，成员不可随意摆脱系统的内在功能；本章告诫侯王，要维护系统的"无之用"，系统管理者要谨防内在功能不足而引起整个系统的瓦解坍塌。

故贵以贱为本，高以下为基。

老子总是在社会的互动关系中理解事物，并不孤立机械地看待事物。透过"昔之得一者"的现象、功能与结构之间的联系，老子思索背后的原理，相对价值在定义中彼此对立，却也同时彼此成就。

是以侯王自谓孤、寡、不榖。

许多学者仅将此句解读为自谦或者自我贬低，未尽其意。

《说文解字》："孤，无父也。"此处指侯王没有谁能指望，也没有谁可以依赖。

"寡"的原始字形像是一个人独居一室，本义是男女丧偶。又引申为孤单、少、减少。《说文解字》："寡，少也。"此处指侯王作为决策者，其本身力量单薄。

"不榖"的"榖"有四种解读：有的学者理解为"穀"，有的学者理解为"谷"，有的学者理解为"善"，有的学者理解为"榖"。河上公将"榖"理解为"穀"，联系第十一章"三十辐共一毂"，得出后文"数车无车"。许多现代学者理解为解读为"山谷"，"不谷"译为"不能虚怀若谷"。我认为，这种理解是错的，是受到汉字简化的影响。"谷物"的"谷"本作"穀"，典籍中"穀"和"谷"常通用，汉字简化时，用"谷"代替"穀"。但"山谷"的"谷"并不写作"穀"，不可通用。范应元注解，谷是"善"的意思[①]，不谷为"不善"。"穀"的本义是指粮食，我认为"不穀"指的是"不参与劳动生产，无法直接获取粮食，需要依赖百姓提供"。

古人将此处解读为，压抑高贵的感觉，谦卑，甚至自损自贱。我认为此处不是压抑，而是一种玄览通透。有道之人做侯王，能够

[①] 范应元："谷，善也。又百谷之总名也。春秋王者多称不谷。"

直面现实，即"得一"，明白侯王并非天生应该地位高贵，并非理所应当地身处社会结构的高处，而是因为发挥着决策功用，才被人们推举到那个位置。在认识到结构与功能的统一之后，还要清醒地认识自身的现实局限性。无依靠、势力薄、并非直接创造实体价值，需要依靠百姓保护、依赖民众供养。

此非以贱为本邪？非乎？故致数舆无舆。

关于"舆"，一说是"车"，一说同"誉"。

许多学者坚持认为"舆"是指车，抱有此观点的人大多将此句解读为"局部各有定义，皆非整体""各部联合构成整体""整体的功能基于各部分的互动（众缘和合）"，大有"盲人摸象，不见全貌""具体列举，无法通识"的意味[1]。本人认为此种解读与上下文义不符，此处不加采纳。

"舆"的原始字形是"四只手抬一副坐轿"［也有学者认为中部为"东（東）"，象征着共同推举装在麻袋里的粮食种子］，古时"舆"字当作"抬、举"讲，后来中部的"车（車）"当作"车厢"讲，"舆"才泛指车。所以，依据古时的理解，将"舆"解读为"抬、举"，因而同"誉"，也是合情合理的。"数"指多。"数舆无舆"是说，由于众多的相对价值尺度存在，其中便是没有一个绝对的尺度。

侯王的贵高，并非是指生来贵高，而是因为有了"以贱为本"的态度才得以贵高。侯王虽然在社会中以高贵的地位示人，却并没有将心理锚点筑在高位，反而在"得一"的前提下"以贱为本"，能够从众多的社会尺度中跳脱出来，达到一种不预设的态度。

---

[1] "明乎斯理，庶几有一而不亡二、指百体而仍得马、数各件而勿失舆矣。"（钱锺书《管锥编》，生活·读书·新知三联书店，2018年，688页。）

不欲琭琭如玉，珞珞如石。

学者大多将"琭琭"解释为玉石华丽的样子，"珞珞"形容石块的坚硬，不追求玉石华丽的表象而追求石块坚硬的质地。也有版本写作"碌碌如玉""硌硌如石""落落如石"等，但从不同部首的词义来看，也终究是意指"不以玉为贵"和"不以石为贱"。

也有以王弼为代表的另一派学者抱有"皆不欲"的看法。王弼注："玉石琭琭、珞珞，体尽于形，故不欲也。"玉石不论华美或坚硬，都是其形貌，不独以形貌判断事物的全部价值，所以"皆不欲"。

我更支持王弼一派的看法，侯王得以看破名誉的幻象，齐物而务实，不受限于结构的表象，于是能够在结构之外发现功能。

今译

自古能够认知"一"（真实自然）的系统：天体任"一"于是清明，地体任"一"于是安宁，精神体任"一"于是灵动，川谷体任"一"于是充盈生机，万物体任"一"于是生长繁衍，侯王体任"一"于是邦国长存。这是"一"的功劳。天没有了清明的功能会破裂，地没有了安宁的功能会崩溃，精神没有了灵动的功能会耗尽，川谷没有了充盈生机的功能会枯竭，万物没有了生长繁衍的功能会灭绝，侯王没有了领导天下的功能会覆亡。所以，贵以贱作为根本，高以下作为基础。因此侯王自称"孤""寡""不穀"，这不是以卑贱作为其高贵的根本么？不是这样么？形形色色的荣誉多了，也就没有荣誉了。既不用华美定义宝玉，也不以坚硬定义凡石。

解读

1. 管理者社会结构上的劣势，促成必要的社会功能

老子对统治者总结了三个结构上的特征：孤、寡、不穀。

所谓的"孤"，意味着"从群体中抽离"，功能上无人可以依赖，

责任上无人可以推托。所以要求社会管理者必须克服赤裸面对自我时的战栗感，实现精神自由。在俗世眼光的结构之外，既能够看到脱离外界关系的纯粹自我，也能够看到身在关系中的功能自我。

所谓的"寡"，是因为自己是少数派。如果不依靠社会中间组织的强制力，管理者本身势单力薄。为了能够长久不蹶，社会管理者不能依赖武力，只得不停靠近真实，获得符合自然规律的价值观，才能在社会运转中保持价值，维持功能，不至于溃蹶。

所谓的"不穀"，指的是不参与生产活动，无法直接获得粮食。社会管理者，摆脱了基础的农事劳动，从事社会管理工作，依赖百姓的供养，依托公共资源换取报酬。此种理念，并非老子独有，亦见后世统治者的劝诫，如李世民写给朝中大臣的《百字箴》。

老子认为，社会管理者"自谓孤、寡、不穀"，时刻牢记自己社会结构中的劣势，理当担负其自身的社会责任，发挥必要的社会功能，谨防自毁长城。

2."天""地"意象

意象思维常用"天地"代指系统。其中"天""地"各有所指。

"天"降甘露，供应资源；另一方面，"天"也是系统内的天花板，提供向上发展的空间。"清"是"天"的功能。"天"发挥了"清"的功能，所以能够在发展空间中减少了阻碍与掣肘。

"地"承接"天"倾注的资源，转而运化分配；另一方面，"地"也是系统内的托底，提供生存孕育的空间。"宁"是"地"的功能。"地"发挥了"宁"的功能，所以成员有更强的安全感，生存得到了保证，自身发展具备了可能性。

在资源比拼和权力较量之余，我们更需要聚焦整个系统整体性，更需要关注结构和功能的失调所带来的新问题。这些问题关乎未来的前景，可能远重于一时的胜负。

四十、反者道动，弱者道用

自然意志的复归，是道的动力之源；柔弱来复的群体，是道的用武之地。天下万物基于结构生存，结构诞生于功能。熵增，是道动的必然规律；未得利益者，利用熵增的规律而成势，在功能的不确定性中探寻价值，交换结构。

原文

反者，道之动；弱者，道之用。天下万物生于有，有生于无。

注解

前章在结构与功能的统一下辨析"贵贱高下"，本章在动力与状态的并存中思索"正反强弱"。

反者，道之动；弱者，道之用。

何者为"反"？我认为，"反"是一种反俗，也是一种归复，像是物理学中讲到的"熵增定律"。熵是指混乱程度。熵增定律，最通俗的表达就是一个封闭系统内会越来越混乱。

古时注家中，唐玄宗于本章阐明"权"与"实"的关系，提出了"行权处实"的主张。"有为法"是根据经验推测的简便易行的方法，是人类借相关现象提炼的"捷径"，是"权"。事物的究竟真实终究不随人的意志转移，自然发展因人类认知的局限而逐渐偏离，以至于悖反，终究会曲线回归，返还到"实"的本质。此"反"既是对俗知俗识的悖反，也是对原始本性的归复。

何者为"弱"？我认为，老子所谓的"弱者"是在结构上弱，功能上强。结构上的脆弱，意味着在随机性和波动性中更容易维持，也具备了更强的适应能力。"反者，道之动"。在熵增定律之下，结构在随机性和波动性中不停消磨。"弱者"受到结构上的冲击小，损伤小，消耗在维持结构上的气力少，反而具备更强的适应能力，易于存活。

天下万物生于有，有生于无。

关于"有""无"，有的学者译为"存在"与"不存在"，有的译为"可见"和"不可见"，有的译为"有形"和"无形"。这两个词贯穿《老子》全文，我将其译为"结构"与"功能"，并且认为这种译法可读性更强。本句意思为"万物禀受结构而生，结构依存功能而成"。

本章的前两句提出了颠覆常识的理论，后一句为"弱者"提示了出路。天下万物有赖于结构，但功能氤氲了结构存续的合理性。弱者在结构上不必自惭形秽，也无需妄自菲薄，深入根植于功能，坐进此道中，以悖逆俗知俗识的认知，推动自然归复。

今译

悖返，是道的运动特点；弱者，是道的作用对象。万物禀受结构而生，结构依存功能而成。

解读

在熵增的"反"中主动选择"弱"，顺应进化

本章解读时，借用了物理学中的"熵"的概念。熵的概念是由

德国物理学家克劳修斯于 1865 年提出，用来描述"能量退化"的物质状态参数之一，后来其本质才被逐渐解释清楚。熵的本质是一个系统"内在的混乱程度"。熵增，是指系统内的混乱程度增加。熵增定律，指孤立系统总是趋向于熵增，最终达到熵的最大状态，也就是系统的最混乱无序的状态。[①]熵增定律指出了变化的根本方向。孤立系统从"有序"到"混乱"是一种必然，此谓"反"。

熵增中进化，是依赖"弱者"的适应性实现的。或许我们并未认识到这种适应性的存在，但它天生就是我们祖先行为的一部分，是我们生物机制的一部分，也是所有迄今能生存下来的系统的普遍特征。这种适应性在波动中成长，它喜欢压力、随机性、不确定性和混乱。另一方面，"刚强"的个体生物面对熵增中的结构消磨，受到更大的冲击，维持结构更困难，反而相对脆弱。基因库也正是利用冲击来确保优胜劣汰，提高整体的适应力。面对结构逐渐消磨的"道之动"，老子主张选择"功遂身退"的天之道，"和光同尘"，主动成为"弱者"。此"弱"者，在结构上接近于"无有"，反而是具备适应性的，符合生命进化的方向。

---

① 熵的理论被心理学家米哈里·契克森米哈赖借鉴，提出了"精神熵"的概念，用以描述心灵因缺乏管理而陷入混沌失序的状态，在《心流：最优体验心理学》中进行了系列阐述。此定律亦常被社会科学用以借喻人类社会某些状态的程度。

四十一、上下有别，有无同构

结构可见可证，而功能隐于虚无，非有识之士不可知晓。正向的功能，往往具有反向的结构，以实现动态平衡。道隐匿结构，不入记述，暂时借出结构，促成其功能。

原文

上士闻道，勤而行之；中士闻道，若存若亡；下士闻道，大笑之，不笑不足以为道。故建言有之：明道若昧，进道若退，夷道若颣。上德若谷，大白若辱，广德若不足，建德若偷，质真若渝。大方无隅，大器晚成，大音希声，大象无形。道隐无名，夫唯道善贷且成。

注解

上士闻道，勤而行之；中士闻道，若存若亡；下士闻道，大笑之，不笑不足以为道。

王弼注："有志也。"严复批："夫勤而行之者，不独有志也，亦其知之甚真，见之甚明之故。大笑者见其反也，若存若亡者，知之而未真，见之而未明。"二人横跨历史仿佛在注疏中对话，将这句解释得透彻且精妙。

受众对世界的认识是不一样的，老子从现象上划分了三个类型。

下士是立足感官，从结构出发，甚至只相信现象和结构；中士知道功能的存在，但尚不能理解，所以处于存亡之间；上士则能通视结构与功能，清晰明白，所以笃信与勤行。

故建言有之：明道若昧，进道若退，夷道若纇。

现代学者大多认为，建言，是成语或书名；王弼等古代注家多将"建"解释为"立"，建言即立言。

"夷道若纇"，今本作"纇"，帛书作"类"，简本作"绩"。《说文解字》："类，丝接也。"张舜徽："丝有节则不平，因引申为不平之名。"

"建言"之后接八个"若"和四个"大"，学者们做了很多解释。但我认为此十二个短句，最重要的意旨是，说明了复杂系统中的非线性关系，现象上并不是正相关。

前八个"若"里有三个言"道"的，可以算一个层次的。此三"道"是指方法，后五"若"讲特性。

上德若谷，大白若辱，广德若不足，建德若偷，质真若渝。

"上德若谷"，高位管理者的价值在于容受性，如同低谷，以容物为准则。

"大白若辱"，"辱"的古本应当是左边有"黑"旁，是黑垢的意思。"白"之为物，超凡脱俗，联系到社会人情，其功能反而应当是承受非议，反照晦暗；"若辱"，则混迹同尘。

"广德若不足"，普适的价值功用，守柔用谦，好像是不完美的；曲高往往和寡，也正是因为其不完美，所以具备了足够"广"的普适性。

"建德若偷"，现代学界大多认为，"建"同"健"；"偷"，简本、帛书本缺，河本作"揄"，严本、王本作"偷"，是懒惰、懈怠的意思，整句译为"稳健的事业看似慵懒怠惰"。也有学者依

"建""偷"理解,认为此句意思是"创造性的事业如同隐秘窃取"或"建设性的事业看似做减法",亦有道理①。

"质真若渝",《说文》:"渝,变污也。"本义是指水变污。此处与"真"相对,也是"变"的意思。

大方无隅,大器晚成,大音希声,大象无形。

在八个"若"之后,是四个"大"。分别从空间、时间、性质、内容四个维度描述"大者"的非线性结构。事物发展,在结构和功能上存在因果关系,在结构的各种现象上有相关关系。人们通过相关的现象在短期内总结了"经验","定义"了规律。随着空间、时间、性质、内容的积累,随机性和不确定性积累,认知外的"黑天鹅"事件发生,事态发展偏离线性规律。积累为"大者",意味着超越了其中简单的相关性总结。由此,也可以理解为,自然界事物发展非线性结构本身就包含了突破"经验"和"定义"的力量和势态,只是人类自作聪明的"捷径"不可靠。

道隐无名,夫唯道善贷且成。

承接前章"反者道之动,弱者道之用"的原理,实际上,道已经给弱者机会和动力了。但是往往因为"道隐而无名",倘若柔弱者不明晰,不自知,既没有"知常"之明,也没有"自知"之明,错失机会与动力。

《说文解字》:"贷,施也。"道,并不是直接给予结构上的结果,而是"借出"相应的功能,而促成相应的结构。从道的角度,道始终做着解构消散和收敛回归的工作,把结构意义上的事物"借"

---

① 实际上,古时亦有注家并不认为是通假字,依旧按"建"与"偷"理解,如唐玄宗疏曰:"建,立也。偷,盗也。言建立阴德之人,潜修密行,如被盗窃,当畏人知,故曰'若偷'。"杜光庭义曰:"人君施德行道,潜育于人,不伐不矜,惟冲惟寂,不令天下知觉,故云'若偷'。"清世祖注曰:"偷,苟且也。"

出去，又收回来，却促成了一项又一项功能的成就。

第一部分，说明了受众认知系统各不相同，并非都能完整且真实地认识事物；第二部分，指出了其中的非线性关系，从方法、现象、特性上说明仅从下士以结构为基准的"常有"视角无法准确认识事物，既然知晓了"常有"视角的片面性，就不应该以定义的有形尺度去衡量一切事物；最后一部分，则是进一步升华得出结论，道不应当以"定义"为限，往往在结构之外进行转化而成就功能。

今译

上士听闻了道，努力去践行；中士听闻了道，将信将疑；下士听闻了道，大声嘲笑，如果不被下士嘲笑，那也不足以成为道了。因此立言：光明的道路看似暗昧，前进的道路看似后退，平坦的道路看似崎岖，高层管理者的价值仿佛山谷，宏大的亮白看似污黑，普适的功用仿佛不完美，稳健的功效看似懈怠，质地纯真好像沾染污秽，宏大的原则没有棱角，宏大的器物很晚才能建成，宏大的声音不可耳闻，宏大的意象脱离形迹。道隐没而不可定义。只有道善于施借万物而成就。

解读

道善贷而成，人因延迟满足而得

延迟满足，是一个心理学术语，指一种甘愿为更有价值的长远结果而放弃即时满足的抉择取向，以及在等待期中展示的自我控制能力。它的发展是个体完成各种任务、协调人际关系、成功适应自然的必要条件。

"延迟满足"与目标实现、个人未来、人生轨迹息息相关。老子在本章中通过事物发展的非线性特征，提出了"道善贷而成"。在"闻道"之后，"同于道者"唯有凭借"延迟满足"，"勤而行之"，方可得来回报。另一方面，"下士"在易学易用的捷径上笃信投入，在事物发展非线性的特征下必然受损，而能够延迟满足的勤行上士凭此受益。

四十二、道生万物，负阴抱阳

　　道衍生客观实在的混沌整体；基于混沌整体，衍生出认知系统；基于认知系统，衍生出主动方法；基于主动方法，衍生万物变化。万物外承结构，内蕴功能，两者运化，和谐统一。损结构，则益功能；益结构，则损功能。那些在结构层面追求强盛的，往往不知自己衰亡的原理。吾辈却深知他们起心动念便是失道的，并以此为教训。

原文

　　道生一，一生二，二生三，三生万物。万物负阴而抱阳，冲气以为和。人之所恶，唯孤、寡、不穀，而王公以为称。故物，或损之而益，或益之而损。人之所教，我亦教之。强梁者不得其死，吾将以为教父。

注解

　　四十章讲"反者，道之动；弱者，道之用"，指出了"结构弱势"一方蕴含的动力和优势；四十一章从受众认知不同的现象，引发了结构性视野和概念性思维的局限，指出了道的超越性；本章则深化原理，探讨损益之法。

道生一，一生二，二生三，三生万物。

此句是《老子》的名句。其中"一、二、三"具体指什么，自古以来众说纷纭。

第一种说法，是"一、二、三"就是数字，并无特别指代。清世祖、蒋锡昌、陈鼓应等都做如是解释。陈鼓应："这是老子著名的万物生成论的提法，描述了道生成万物的过程。这一过程是由简至繁，因此他用一、二、三的数字来代指。老子使用一二三的原义并不必然有特殊的指称。"

第二种说法，是将"一、二、三"代指为某一事物，或结合后文，或结合其他典籍，或引荐道家理论体系中其他元素。"一"解读为"道""气""太极""太一""自无入有"（司马光）、"浑沌"（陈景元）、"冲气"（唐玄宗）、"先天地之一气"（明太祖）等；"二"解读为"阴阳"（河上公、司马光、唐玄宗）、"有无""天地""神明"（陈景元）、"正反"（朱俊红）、"清浊"（明太祖）等；"三"解读为阴、阳加"阴阳和合而成的和气"（司马光），"和、清、浊三气，分为天地人"（河上公、陈景元），"更生阴气"（唐玄宗），"天、地、先天地之一气"（明太祖）等。

第三种说法是"以庄解老"，借用《庄子·齐物论》中的观点来解读这句话。"一与言为二，二与一为三。自此以往，巧历不能得，而况其凡乎？"言，即人类的认知和判断。一，是未加分别的混沌本体，具备真实性与整体性的内涵；二，是人在观察的基础上，去思考和推理的想法；三，是对"二"的进一步抽象，并反过来用于"一"这个客观实在。如此解法，"道生一，一生二，二生三，三生万物"，更像是哲学中说的"本体论产生认识论，认识论产生方法论"，内涵更深；同时也能够更好地承接前一章中"上士、中士、下士"认知不同所引起的内容。我支持第三种解法。

万物负阴而抱阳，冲气以为和。

此句影响较大，已经成为以中国哲学思维分析事物的基本架构。《道德经》中仅此一处出现了"阴阳"，注疏学者们大多引经据典来诠释此句，其中一定不乏"以子推母"的谬失，谁为源头，不得而知。

甲骨文的"阳"左边是"阜"（土山），有升高的意思；右边上部是"日"，下部是"丁"，学者们认为是树枝或者祭神的石桌。其本义是山的南面，水的北面，引申为受光的一面，又引申为阳光、温暖、高明、外露的表面。《说文解字》："阳，高明也。""阴"①本义是山的北面，水的南面，引申为阳光照不到的地方②。《说文解字》："阴，闇也。水之南、山之北也。"

阴阳，也不囿于其原本的含义，在历史的发展中有着拓展和沿革，渐渐成为对立概念的代词。

回归经文，此处"负阴抱阳"该如何理解？显然"明暗"的直接意思是不合适的。古文注疏中多言"阳清者上升为天，阴浊者下凝为地"，或"以易解老"引用泰卦来诠释③。

阴阳并不止"明暗"的内涵。老子倘若用明暗这一简单的含义，用"光""窈""冥"这些词语就可以了，没必要用"山南水北"的阳来绕如此大的一个圈阐释。

我猜想，"山南水北为阳"未必指明亮，更可能是指适宜居住、充满生机的环境，是"升"与"生"的意象，无中生有。"阴"则与"阳"相反，指不适宜居住的地方，是"降"与"衰"的意象，

---

① 甲骨文见"易""阳"，但未见"仌""阴"，西周金文则"易""阳""阴"俱见。或许，"阴"本就是作为"阳"的对立意象而创造，有说法是"陰"为"陽"上下翻转倒写而演化形成的。
② 一说阴字当从阜从云，今声。云与阜皆遮挡阳光之大的物体。
③ 《周易·泰·象传》"天地交而万物通也，上下交而其志同也。"

有归于无。"万物负阴而抱阳",即万物以"有"为边徼,以"无"为妙本,背负着结构的消弭,内蕴着功能的延伸。①

"冲气以为和"的"冲"也有两个解法:一说如第四章"道冲而用之或不盈","冲"应当为"盅","盅,器虚也",指中空;一说认为,"冲"当从本字,《说文解字》:"冲,涌摇也",译为交冲、激荡。两种说法各有千秋,我认为第二种解读更合理一些。

"和"在古代不是一个连词,而是一个哲学概念,意为双向调节的动作和协调平衡的状态。"冲气以为和",是说阴阳二气相互交流调和。我认为,此处主要强调的是双向调节的动作,总是趋于平和,但未必都能到达平和的状态。

人之所恶,唯孤、寡、不穀,而王公以为称。故物,或损之而益,或益之而损。

许多学者认为本章是说万物的生成,此句之后的一段文字和这一段文义并不相属,疑是他章错简。高亨、陈柱、严灵峰诸位疑为三十九章文字移入。我反而认为不必作为错简,两者未必完全无联系。

结合前文"万物负阴而抱阳,冲气以为和",老子得出"物或损之而益,或益之而损"的道理。"王公"作为社会管理者,牢记自身的社会地位的局限,实则是一种结构上的"损"。结构上腾出空间,反而促进了功能的延伸;倘若结构上空间不足,也无法发挥功能,看似结构上"益之",实则功能上已经开始"损"了。

人之所教,我亦教之。

此句有两种理解,一种是老子与旁人传授的知识,有相同的内

---

① 对于阴阳五行理论,一直有种看法,认为阴阳自阴阳,出于《易传》,五行自五行,出于《洪范》,合二为一,整合者是先秦哲学家,特别是阴阳家。而我赞同李零的观点,这类理论,很可能是从当时流行的方术中提炼出来的,并不是某个思想家或者某一流派的独创。

容；另一种是旁人教给老子的事情，老子反过来有自己的见地教给那些旁人。我认为第一种解读更符合我理解的老子。老子并非消极拱默之辈，在守雌的同时，也要"知其雄"，只不过往往知而不用；而第二种解释下，老子是有立场的，反而落入了"争"的境地，失了超越跳脱的境界。

强梁者不得其死，吾将以为教父。

周时《金人铭》有言："强梁者不得其死，好胜者必遇其敌。"老子此句很可能是出于此处。

"不得"是不理解，不能预料，"其死"在意料之外。

这句话并不是一句诅咒，而是针对"益之而损"说的。强梁者的思维里是"求强"，求强的本质是对抗；柔弱者的思维是"规律"与"玄牝"，柔弱的方法是跳出关系寻求价值交换。人之"教父"，乃"知雄而争"；老子之"教父"，乃"知雄守雌"。

老子第二十章出现了"食母"，本章出现了"教父"。清世祖注曰："母主养，父主教，故言生则曰母，言教则曰父。"未尽其意，试进而论之。虚静守柔，受益于母，得生机；知雄慎行，言教如父，不妄死。

今译

道产生了一（混沌整体），一产生了二（思维意识），二产生了三（能动方法），三产生了万物。万物背负阴（结构的消散）怀抱阳（功能的创造），阴阳二气交流而趋于调和。人们反感"孤""寡""不榖"，而王公却把这些作为自己的称呼。所以事物在结构贬损中功能受益，在结构增益中功能受损。别人教的内容，我也会同样传授。强横的人不明白自己为何而死，我将以此作为关于进取的言教。

解读

道家立体的哲学模型

前章讲到了事态发展的非线性结构，本章则在线性思维之外提供了如此一套立体的哲学模型。"负阴而抱阳"，是老子在本章提出的一个绝妙的理论。我认为，其高明之处在于"立体"。倘若把阴阳理解为同一维度上的两极，那还是没有跳出线性思维。老子所说的负阴抱阳，意味着区分了内外，将简单的线性思维变得立体。"阴"为物质与载体，"阳"为动力与潜能。

人们通过现象观察事物，会在关注点上聚焦，于是忽略了随机、波动、噪音与误差，产生了信息的偏差，很容易总结出不可恒久的线性规律。线性的规律排除了细节，而真相亦存在于细节之中。面对世事变化，"强梁者"关注的是短期现象间的相关性，利用线性思维和有限经验总结出的"捷径"，相较相争于结构。他们将结构上的规模视为自己的实力，结果却被规模所误。"强梁者"终将在变动中受损，被意外的"黑天鹅"事件击溃，不得其死。究其原因，死亡不是由于遭遇了"黑天鹅"，而是其线性的思维和刚性的结构丧失了应对"黑天鹅"的能力。由此，老子倡导更应当关注的是结构与功能的转化，在"知雄"之外，警惕线性思维自身的局限，谨防意料之外的衰败。

四十三、柔驰于坚，无为有益

至柔之物，自由存在于至坚之地。没有结构的事物能够进入没有空间的场所。吾辈由此深知无为、无言之大用，天下鲜知，知者用晦。

原文

> 天下之至柔，驰骋天下之至坚。无有入无间。吾是以知无为之有益。不言之教，无为之益，天下希及之。

注解

由前章"强梁者不得其死"，老子指出了另外一条"柔而有益"的道路。

天下之至柔，驰骋天下之至坚。

讲到这句话时，学者往往联想"水滴石穿"的故事或者相传老子论述的"牙齿和舌头"的典故。我个人认为，如此"以柔克刚"的解释反而偏离老子"不争"的主张。此处关键在于如何理解"驰骋"。我理解的"驰骋"是一种自由，而不是"战胜"，是对自身结构不设限，没有执念，不掣肘。此处亦有第二十六章"不离辎重"和"燕处超然"的内涵。生存无忧则柔，心有不安则刚。如果不为了斗争，那"至坚"便没了意义，反而不如"至柔"更有生命力和创造力。

无有入无间。

"无有"是虚，"无间"是实。老子的"无为"，既有以虚受实——"冲而用之"的器之用，又有以虚入实——"无有入无间"的驰骋法。至柔，则自由；无有，则不伤。对于自身结构的"损之又损，以至于无为"，哪怕处于"至坚""无间"的外部环境亦可逍遥自得。

吾是以知无为之有益。不言之教，无为之益，天下希及之。

前章提出了"物或损之而益，或益之而损"，本章进而提出"无为之有益"。前章以"强梁者不得其死"作为"教父"，而本章提出"不言之教，无为之益"。

"天下希及之"的"希"，傅本作"稀"。有的学者理解为"稀少"，有的学者解注"听之不闻名曰希"。此句可引申为"少有人能做得到"，也可以解释为"于人言外收获"。前一种解释更流行，后者似更深刻。

在本章的注疏中，值得一提的是，唐玄宗疏曰："天下希及之者，言九流百氏，希有能及无为之教者。"杜光庭在疏的基础上作义，义中引用《汉书》解读"九流"，将道家比作人君南面之术，将儒家、名家、纵横家、杂家、农家、小说家、墨家、阴阳家、兵家分别比作司徒之官、春官、行人之官、议官、农官、稗官、清庙之官、天官、司马之官。虽有抬高道家之嫌，但确实不失为一个视角[1]。对于古书

---

[1] 实则《汉书》原文中认为道家出自史官。《汉书·艺文志》在讨论诸子者流中，认为儒家、道家、阴阳家、法家、名家、墨家、纵横家、杂家、农家、小说家盖出于司徒之官、史官、羲和之官、理官、礼官、清庙之官、行人之官、议官、农稷之官、稗官。另外，"十家九流"（"九流"不含小说家）也不包括兵家。《汉书·艺文志》在讨论以奇兵书中记录了兵家，"兵家者，盖出古司马之职，王官之武备也"。胡适反对这个观点，提出了"诸子不出于王官论"。

的分类，随着《汉书·艺文志》的六分法（六艺、诸子、诗赋、兵书、数术、方技）、《隋书·经籍志》的四分法（经、史、子、集）及其沿革，往往认为儒家是显学的主流，道家是子学的创作。杜光庭如此解读，道家隐于幕后，成为各家底色，"渊兮似万物之宗"，综合诸子，十家九流分别成为各个领域的学问。

今译

天下最柔弱的东西，能够穿行于天下最坚硬的东西。没有结构的东西可以进入没有空隙的场所。我由此知道无为的益处。不言的教化，无为的益处，天下很少有能够领会实践的。

解读

《庄子·养生主》中的"庖丁"

本章讲到了"以无有入无间"，许多人联想到了庄子"庖丁解牛"的寓言。《庄子·养生主》中的庖丁，宰牛解剖时能够做到"游刃有余"。庄子借庖丁之口自述曰："彼节者有间，而刀刃者无厚；以无厚入有间，恢恢乎其于游刃必有余地矣。"

对比之下，老子此处讲到的"驰骋"，是"以无有入无间"，因为结构上自损，自我维护的消耗低，其理如"大舟必须深水，小芥不待洪流"；庄子讲到的"游刃有余"，是"以无厚入有间"，因为认知上洞明世事，知晓了边界，避免了冲突，其理为"循理摄生，不过其极"。

四十四、取舍难辨，知足知止

个中取舍，皆有得失。贪恋迷境，耗伤真性；敛藏重积，祸患亦增。知何地为足，可免于妄行受辱；知何处得止，可免于沉沦致死。以此知足、知止，可得长生久住。

原文

名与身孰亲？身与货孰多？得与亡孰病？是故甚爱必大费，多藏必厚亡。知足不辱，知止不殆，可以长久。

注解

名与身孰亲？身与货孰多？得与亡孰病？

《说文解字》："多，重也。"古文中很多情况下，多作重的意思，即分量重，引申为看重。

根据"病"的早期训诂和文献用义，困苦是"病"的本义。作为本义的困厄、困苦义，是人的身体与精神的总称；人生活在国家社会之中，因此又常用于国家和人民，代指国家和人民的困苦。我认为，此处的"病"应当解为"困厄、痛苦"。

这三句话是对价值观的拷问。社会的评价和定义、真实的自身，哪个更亲？真实的自身、私有制概念下的物件归属，哪个更重？私有制概念中的"占有"和"丢失"，哪个应该与痛苦的情绪相关联？

苏辙此处注得精妙，曰："犹未为忘我也。"没有消除"自我"这个概念，没突破"我相"。名、货、得、失，是人类社会规则的概念，而亲、多、病是基于这些概念而附加想象力，进而缠绕在"我相"上产生的情感。倘若，突破了"我相"，做到了苏辙所言"忘我"之境界，那么一切附加缠绕之物也都无意义了。

是故甚爱必大费，多藏必厚亡。

"爱"译为"喜爱、热爱"即可。过于贪爱，则基于情感而一味赋值，大费周章，由一双象牙筷子配套犀玉杯，再配到酒池肉林也不为过[①]；多藏，往往"怀璧其罪"，为了给藏品守备，"摄缄縢，固扃鐍"，然而大盗来临时，连着包装一起带走，还恐怕当事人打包不牢呢[②]。

此句还需留意，老子所倡导的并非不爱、不藏，而是不甚、不多。

知足不辱，知止不殆，可以长久。

前文的解读中讲到古人对于"德（悳）"的理解是分内外的。《说文解字》："德（悳），外得于人，内得于己也。""知足""知止"实际是在探讨内外关系。何为边界？何为底线？知足，是对内了解自己的需求，能满足就好了，于是不会被财物所累，也不会被外界诱惑；知止，是对外取走自己应得的那部分，就不参与争夺剩下的利益了，于是不会危殆。

黄明哲解读为："道家主张不走极端，并不是抽象地要求人们不去追求，而是要观察这种追求是否超出了他的符合范围，是不是到了失衡的拐点。如果到了拐点，赶快进行革新；如果没有条件

---

① 《韩非子·喻老》："箕子见象箸以知天下之祸。"
② 《庄子·胠箧》："将为胠箧、探囊、发匮之盗而为守备，则必摄缄縢、固扃鐍，此世俗之所谓知也。然而巨盗至，则负匮、揭箧、担囊而趋，唯恐缄縢扃鐍之不固也。"

革新，停下来规避风险是理所当然的事情。《老子》里确实讲到了物极必反，但它主要是提示风险，主张长远利益，而不是阻止合理的积极追求。这和厌世型国学是有根本区别的。"

一定不要用绝对化思维理解《老子》。不辱对应"名"，不殆对应"身"。不辱，说明老子并未完全抛弃"名"，可以爱，不要"甚爱"（过度）；前文"不离辎重"，说明未言"不藏"，可以藏，不多藏。而"知足""知止"是方法，通过这两个方法，在"名"与"身""身"与"货"中做到平衡，方得"不辱""不殆"。

从文章结构来讲，第四十三章讲到了"至柔""至坚"，心之至坚，所图无非也是"名"与"货"，探讨柔而有益的无为之路，首先解决的是安全感，如何长久的命题。前三句的"孰轻孰重"是对价值观的拷问，是"方向"；中间一句是对得失的长远考量，是"规则"；后一部分"知足"是思考"边界"，"知止"探究"底线"。

从主旨内涵来讲，本章与第七章"天长地久"、第九章"功成身退"、第二十九章"去甚去奢去泰"皆有相通之处。

今译

声名与生命，哪一个更亲近？生命与财货，哪一个更重要？获得与失去，哪一个更痛苦？过分的贪爱必定要付出重大的耗费，丰富的敛藏必定招致惨重的损失。知道满足，就不会蒙受羞辱；知道停止，则不会遭遇危险。这样可以保持长久。

四十五、缺冲为用，清静得宜

宏观上具备某一功能的有机整体，不是简单特性的相加，内部须余留不具此功能的空间。行动，能够克服苛刻的外界环境；镇静，能够降噪亢奋的外界环境。凡此动静两端，各有所偏，相胜相乘。明辨清晰、沉稳安静的人，可以成为不具固着功能的个体，而成就天下的主流功能。

原文

> 大成若缺，其用不弊。大盈若冲，其用不穷。大直若屈，大巧若拙，大辩若讷。躁胜寒，静胜热。清静为天下正。

注解

前章安全稳定来自"知足"与"知止"，并非结构上的强撑抱持。本章立足宏观事物动态平衡，指出结构上的空虚促成功能的维持，动态治理根植于清静无为的态度。

大成若缺，其用不弊。大盈若冲，其用不穷。

此处的"冲"依旧如第四章，解读为"盅，器虚也"，与"盈"相对。

我认为，此处不仅是讲相反相成，更是讲"体用"关系。"若缺""若冲"，是看起来缺失或空虚，是结构的层面，是"体"；"其用"不弊或不穷，是功能的层面，是"用"。整体特征是确定的，而不确定的空间促成了开放性，在开放性中才可能动态地孕育系统活力。

何者为大？现代学者大多直译，并未进一步解读。王弼等古时学者认为这种"大"的特性是"随物"。其大概是一种造物主的视角，并不执着于某一立场，任凭万物以自己的姿态成长，如此称之为大。以老子为首的道家思想，往往以全局性的视角和整体性的思维考虑事物，此"大"亦是道家思想的特征。

大直若屈，大巧若拙，大辩若讷。

《说文解字》："讷，言难也。"表示有话在肚里，难以说出来，指语言迟钝，不善于讲话。

此三句是承接前文"体用"关系的延伸，同时也呼应《老子》二十二章"曲则全"的原理，指出了宏观事物中的内部动力，结构须腾出内部空间以保障其功能的实现。

躁胜寒，静胜热。清静为天下正。

对于本句，学者们会有各自不同的看法。河上公将"胜"解读为"极"，大抵是事物发展至极致便转向其反面；马叙伦《老子校诂》疑老子经文有误，以为据义推之当作"寒胜躁"；南怀瑾认为，此处正说反说都可以，是正反相合的道理；朱谦之《老子校释》："'躁'者燥也，'燥'乃老子书中用楚方言，正指炉火而言。""躁胜寒"谓，炉火战胜寒冷。

我认为，从文义来看，"躁"比"燥"更好。躁是多动，而燥是无水。文章中并非仅是字面意思，更像是在取象比类。如果将此句各个名词看作意象，则更容易理解。"寒"为生存压力和带来的不安全感，"躁"为应激反应的"战或逃反应"，"热"为应激反应带来的副作用，"静"为理性思考以消除应激反应的副作用。挣扎行动，能改造严酷的环境；宁静深思，能摆脱焦灼的心境。所以说，清晰的思路和稳定的心态能够为宏观的立场上修正工作提供前提，即"清静为天下正"。

天下人大多不知常，不明则浊，因此为天下正者"静以浊之徐清"；民"好径"而躁，躁虽胜寒，却使得天下热，因此为天下正者以"静胜热"。由此，为天下正者，并非以"清静"标榜自己，而是在理解了人性与道的基础上选择了一种超然的姿态，然后以理智和心态去平衡天下之势，"冲气以为和"。

本章是以体用之间的关系引出，其相反相成是立足内部平衡，得出后文相胜关系以求得"清静为天下正"，乃得如上诸大。

今译

宏大的圆满看似缺陷，其中的功能不会衰竭。宏大的充实看似空虚，其中的功能不会穷尽。大的正直似乎弯曲，大的巧妙似乎笨拙，大的辩才似乎不善言辞。多动可以克服寒冷，安静可以化解炎热，清晰沉静的人可以修正天下。

解读

清晰的思路和稳定的情绪，是管理者系统修正的必要素养。

老子所谓的"躁"，亦如"战或逃反应"。人们在这种机制下，面对环境压力，具备了快速抵抗危险的能力。人类借此机制遭遇紧急情况得以生存，也正是因为这种机制担负了"捷径"的风险。"躁胜寒"，但是带来了"热"。面对外界压力，不假思索地快速行动，带来了基于情景的过剩情绪，也带来了"不理智"的粗浅判断。于是需要一种性格上的特质来进行拮抗与缓冲，以稳定的情绪平衡躁动带来的负面效应，即"静胜热"。前半章指出了"大成若缺，其用不弊。大盈若冲，其用不穷"的道理。"为天下正"的社会管理

者相当于社会中的"缺失""空虚"空间，用清晰的思路和稳定的
情绪来提供价值，促成社会治理的动态平衡与整体和谐。

四十六、贪境争逐，知足常足

社会拥道，各得益于自然；社会失道，相残频于争斗。心系分外之物，种祸根；身取分外之物，惹责难。知足者，内安于己，外安于世，心足常足。

原文

> 天下有道，却走马以粪；天下无道，戎马生于郊。祸莫大于不知足，咎莫大于欲得。故知足之足，常足矣。

注解

天下有道，却走马以粪；天下无道，戎马生于郊。

"却走马以粪"，"却"字的本义是"退"，做本义解读即可。"粪"有两种解读：其一认为解释为"弃"，大有"刀枪入库，马放南山"之义；另一种解读为"粪地耕田"，从事生产。此处取第二种解释。

"戎马生于郊"，戎马，是战马。郊，指远离城区的郊野。《说文解字》："郊，距国百里为郊。"吴澄说："郊者，二国相交之境。"所以此句也大致有两种解读，一种是战马也需要到远离城镇的地方才能生育，另一种解释是怀孕的母马只能在两国相交的战场上生育。

此四句以马的现象来揭示天下之有道与无道，以"粪马"与"戎马"，象征国家之治与不治。"粪马"代指从事农业生产，因循自然；"戎马"代指发动战事，相互掠夺。同时，也是以马喻人，在国家治理好的地方，人们全心投入劳动生产，自由自得；在国家治理差的地方，战事频发，百姓失去了作为人的基本属性，沦为战争的暴力工具，人人自危，甚至连生育繁衍都困难。

祸莫大于不知足，咎莫大于欲得。

战争的进行，阻碍了生产与发展；战争的起因，源自统治者不知足的占有欲。祸，是针对自身利益的损失；咎，是来自社会交际的责难。倘若秉持自然，"内得于己，外得于人"即可；倘若对内"不知足"，对外越界"欲得"分外之利，"不修其内，各求其外"①，反而带来利益的损失和社会的责难。

人性贪婪时，是结果导向的思维，目的性特别强，往往被目标锁死，忽略了他人视角，也忽视争夺给旁人带来的伤害。古时学者亦注"偷金不见人"②以诠之。

古时注家联系政治，此处多有探讨"不宾"之理。战祸起源于"不宾"，而"不宾"之初，一定是"不知足"，越界"欲得"，大大压缩了他人的生存空间，有违"玄牝"，于是战争开启，强势一方倚强凌弱，弱势一方招兵买马。权力意志的斗争与横行，终究难免是"兴，百姓苦；亡，百姓苦"的结局。

故知足之足，常足矣。

对于此句，读者往往一带而过，学者往往深究何为"知足之足"，一种理解是"充足多次的知足"，一种译法是"知足的这个'足'"。我认为，第二种解释更好。

---

① 王弼注。
② 北宋道士陈景元注。

本章之中，老子由和平生产与战乱争夺的对比，将不和谐归因于"不知足"与"欲得"。四十四章"知足不辱，知止不殆"到本章"祸莫大于不知足"，完成了一个从充分性向必要性的转变；"咎莫大于欲得"，也是支撑了第三章"不见可欲，使民心不乱"的主张。最终得出结论，长久的充足，来源于意识的边界感和内心的满足感。

今译

治理天下合道，马匹退回田地耕作；治理天下失道，战马在郊外生育。最大的祸患在于不知满足，最大的责难在于贪图索得。因此内心知足的满足感，才能长久满足。

四十七、取象比类，一以贯之

不以经验论见地。外求越远，分化越深，反而片面性和依赖性越强，整体思维和全局视野越弱，自主能力受限。圣人依循身边事，取象比类，反而善知善成。

原文

> 不出户，知天下；不阚牖，见天道。其出弥远，其知弥少。
> 是以圣人不行而知，不见而名，不为而成。

注解

大多数流行版本对这一章是批判的，认为这章表达了老子抹杀实践经验在认识中的作用。在这条错误的道路上，老子更进一步宣扬经验不但不能帮助人们取得认识，甚至起妨害作用。认为这是一条反科学的路。今天我们如果仍旧提倡"其出弥远，其知弥少"就不对了。是否应当如此理解，接下来详细看看。

不出户，知天下；不阚牖，见天道。

《说文解字》："户，护也。半门曰户。"如第一章提到的"门"与"户"都是象形字，"门"是两扇门，"户"是一扇，本义是单扇的门，引申为出入口，又引申为家庭单位。《说文解字》："牖，穿壁以木为交窗也。""牖"指窗户。古时院落由外向内次序是门、庭、堂、室。室门是"户",室和堂之间的窗子叫"牖",室北面的窗子叫"向","窗"多指开在屋顶上的天窗。此句"不出户""不窥牖"可见仍在室中。

此句字面意思比较简单,但具体该如何理解其中内涵,众说纷纭。一说为推己及人,如河上公言"圣人不出户以知天下者,以己身知人身,以己家知人家,所以见天下也",陆希声、陈景元也做了类似于推己及人的解释;一说是体察人性事理,如清世祖言"此章言性体之足,天下虽大,人情物理而已,虽不出户,亦可知之";一说讲无为而治,如唐玄宗疏曰"有道圣君,无为而理,言教不出于户外,淳风自洽于寰区"……

其中,我比较赞同高志超的解读:"老子在五十四章说'吾何以知天下然哉?以此',老子主张'不出户知天下'并非是坐在家里猜想,而是由小及大的一个推知过程。"[1]此句应当联系古人"取象比类"的思想来理解。其意象思维有点像精神分析所言的"象征",但不仅限于分析内在的精神世界,可以借之联想、认知、推演客观世界。"取象比类"就是在研究万事万物在相互联系作用时,从作为研究对象的一组事物取出自身状态、运动变化的性质"象",然后"比类"将万事万物按照自身性质分别归属到原来取出的性质所在的项目,来研究它们的相互作用。

其出弥远,其知弥少。

此处的"其出弥远",承接前文,应当是远离安身之处,多加涉猎。也有学者解释为距离道更远,如唐玄宗注"去道弥远,所知弥少矣"。

受到尤瓦尔·赫拉利《未来简史》的启发,我尝试进行这样的

---

① [英]理雅各译,高志超注《道德经》,中州古籍出版社,2019年,70页。

解读：知识 ＝ 经验 × 敏感性。[①] 出门学到的是经验，过于追求经验，反而容易降低自身的敏感性，如此"其出弥远，其知弥少"。另外，经验往往是局部的、短期的，以过去的有形现象作为感官素材基础。不论是主体还是客体都有着时空的局限，经验在"希""夷""微"范畴的力量是不足的，也可以作为"其知弥少"的依据。

我认为，或废或举任何一方都太过绝对。经验，一定是具有其实践性意义的；"取象比类"的意象思维也并非万能。但两者的结合，或许能互为补充，起到相互促进的作用。经验之益，不必多说。意象思维的培养，沟通着情感与潜意识，能培养个体的敏感性，也可以依据"象"与"象"之间的联系进行类比，对"道纪"进行推演，以知"惚恍"。

此外，"其出弥远"对于个体的独立性和整体观也是有影响的。王弼二十二章注曰："自然之道，亦犹树也。转多转远其根，转少转得其本。"亦可参考。

是以圣人不行而知，不见而名，不为而成。

"不见而名"的"名"，帛书甲本缺，乙本和王本都作"名"。《韩非子·喻老》在"白公胜虑乱"一文中引作"不见而明"，蒋锡昌等学者认为当据此改，另有李零、阿瑟·韦力（Arthur Waley）等学者解读为"名""明"通用。我认为还是有区别的，"名"更倾向于"对经验的归纳、定义"，"明"更倾向于"洞悉通晓"。"名"偏重理性，是认知的意思；"明"偏重感性，有体悟的内涵。此处将"名"理解为"认知"即可。

承接前文的原理，圣人不必走得很远便可以知道物我之情，不

---

① [以色列] 尤瓦尔·赫拉利著，林俊宏译《未来简史》，中信出版集团，2017年，214页。

必事事经历就可明晓物我之理，不必强作妄为就可达到成功。由此，符合老子思想的圣人往往能够摆脱经验的副作用，不执着于前人理论的窠臼，保持自己的主心骨，不被现象和流言奴役，真实且通达。本章也是"绝学无忧""贵以食母""知足"等主张的呼应，也为第五十二章、第五十四章内容做了铺垫。

今译

不走出门，就可以知道天下的事；不窥窗外，就可以知道自然规律。走出去得越远，领悟的知识越少。因此，圣人不必远行就能领悟，不必亲见就能认知，不必改造就能成就。

四十八、为学日益，为道日损

学人之所教，增益结构；悟道之自然，减损结构。损至无为，则可以此心境为天下事。治理天下，内心澄净，不预设结构。倘若内心有固化的结构，那对于治理天下来说，是失职的。

原文

> 为学日益，为道日损。损之又损，以至于无为，无为而无不为。取天下常以无事，及其有事，不足以取天下。

注解

为学日益，为道日损。

对于本章很多读者批判抱持批判的态度，认为老子主张摒除感官经验得来的知识，反对知识来源于实践，要认识"道"，只能靠神秘主义的直观，即"损"的方法。这种视角也只能算是对文义的一种推测。

究竟何为"为学"？何为"为道"？何为"益"？何为"损"？老子主张废"学"举"道"，还是"学""道"并举？

第二十章解析了"学"字，带有"社会化"属性。本章再次出现了"为学"一词，注家各有见解，我认为，其中河上公注解得最好。①
河上公将学解释为"政教礼乐之学也"，也诠释了其中的人文色彩；
"为道"则是消除人文修饰带来的影响，复归其自然本性。

至于何为"损""益"，注家也给出了自己的答案。如清世祖注"将
以求益其知也，将以求去其妄也"；苏辙注"去妄以求复性"；冯友
兰认为损的是欲望、情感，益的是知识积累……

"为学"，学的是"名"，是前人的经验、描述等，对经验知识
的学习，是依附社会价值，追求工具性的强大。老子第一章便讲"名
可名，非常名"，也注定了文化是"片面"的，有着局部正确的属性。

"为道"，是对"道"的直觉体认，是追求人性的强大。正是
意识到了"名"的局限，以哲学思考来消除"为学"过程中文化带
来的范式条框，不预设地思考与决策，也是为了消除对附加文化的
认同感而带来的影响。

我认为，理解成"学""道"并举比较合适。"学"是人类进
化的必然结果，粗暴的禁令也未必能够制止，"禁学"甚至是另一
种强梁之学。文化终归是有其积极作用的，依旧在"以正治国"的
积极影响下团结着同一个文化属性的百姓，不可能因为其局限性而
全盘否定。老子提出的"为道日损"和"绝学无忧"，并非主张不学，
而是主张不役于学。取用文化，即受用先人留下的便利，需要谨防
其副作用，于是要求圣人在文化之外，要保持超越文化的哲思，"清
静以为天下正"。

损之又损，以至于无为。

此句字面意思，是在"损"的程度上继续"损"，递进达到无

---

① 河上公："学谓政教礼乐之学也。日益者，情欲文饰日以益多。道谓自然之道。日
损者，情欲文饰日以消损。"（［汉］河上公、［唐］杜光庭等注《道德经集释》，
中国书店，2018 年，65 页。）

为的境地。注家们进一步妙解，损，却又损"损"。不执着，又不执着于"不执着"。

第二十章中说到"众人皆有以"，倘若有了死抱着不放的东西或掌握了某种确然性，危险就出现了。在道家思想中，老子倡导割断我们潜在的对外在聪明的依附与忠诚。看起来，凭借这些依附和忠诚我们才有安全感，可也正是它们导致了我们去防御、去纠缠、去攻击。不若"损之又损"，达到无为的境地，反而能够拥抱长久的内在安全感。

无为而无不为。

此处"无为"并非做法上消极不作为，而是指一种心态，一种预设的心理结构。结构上的"无为"换功能上的"无不为"，没有了固着的期待，反而有了新的可能性。以"无为"的心态做事，做事的适用性反而更广。没有价值标准，没有道德绑架，于是没有针对性和特适性，反而成为广适性的前提。

取天下常以无事，及其有事，不足以取天下。

取天下，即获取天下共主的位置。河上公解读为"取，治也"，更强调其功能，而不局限于名位；杜光庭解读为"取谓聚也"[①]，则强调结构上人与人之间的依存关系，心系名位的合理性。

古时"事"的字形是手持猎具，本义治事、从事，引申为事业、事情、职责。《说文解字》："事，职也。"王弼此处注曰："自己造也。"我认为当指具体的个人事项、私事。卢梭的《社会契约论》亦有相似主张——"社会决策圈的公意的保证，需要建立在尽量减

---

① 杜光庭："取，谓聚也。为国失道，众叛亲离。为国以道，人必悦服。离叛则散，悦服则聚。聚则国泰而昌，散则国虚而亡。欲聚人之法，常以无事为先。"（［汉］河上公、［唐］杜光庭等注《道德经集释》，中国书店，2018 年，871 页。）

少私人愿景的基础上"。

此观点也因循了第十九章"少私寡欲，见素抱朴"，也是对第二十九章和第五十七章的如何"取天下"做了解答。

今译

对人文经验的学习，知识结构日渐增益；对道的体认，则使固有的知识结构日渐减损。减损了知识结构又减损了"减损"这个概念，以至于达到不受人文干预的无为境界。结构上的无为，能够在功能上无不为。赢取天下，需要抛弃个人愿景，倘若保存个人愿景，则不具备赢取天下的条件。

解读

日神与酒神

西方哲学中，太阳神阿波罗代表的原则是实事求是、理性和秩序，酒神狄奥尼索斯代表的原则与狂热、过度和不稳定联系在一起。人类社会历史似乎总是受制于这两种基本的冲动：一是对外在理性所标画的超越世界的追寻，即"日神精神"；一是对个体内在情绪的抒发，即"酒神精神"。这两种冲动代表着两种基本的人生哲学观：走向世界，故追求成功；走向内心，故期望超越。

老子本章所说的"为学"近似于日神精神，追逐外在的文化与规范；"为道"近似于酒神精神，追求内在的原始本性和生命本来面貌。老子又在此基础上提出了两者之间的关系，并且从这些理论上联系到社会管理，讨论统治者应当具备何种素养。

在中国的文化中，酒神精神以道家哲学为源头，后来影响了魏晋玄学及诗词艺术领域。老子探讨"为学""为道"，庄子追求绝对自由、忘却生死利禄及荣辱，都是中国酒神精神的精髓所在。

魏晋时的刘伶创作了一篇《酒德颂》，虚构了两组对立的人物形象：一是贵介公子和缙绅处士，一是"唯酒是务"的大人形象。他们代表了两种处事态度。贵介公子和缙绅处士拘泥礼教，死守礼法，不敢越雷池半步；大人纵情任性，沉醉于酒中，睥睨万物，不受羁绊。这可以说与日神精神和酒神精神相通。

此外，陶渊明、李白、杜甫、苏轼、辛弃疾、李清照、杨万里等中国文人在作品中也运用了"酒""饮""酌""醺""醉""酣"等意象，也可理解为酒神精神的表达。人们在社会中被知识和伦理的枷锁束缚，流连于概念中，很容易变成面无表情的机械人，只是不断地积累动物属性，最终失去作为人的整体的生命节律。中国式的酒神精神使中国的知识分子敢于承担生命的无意义而并不消沉衰落，在工具理性和礼教规范之外，赞美生活，接受生命的反复无常。

四十九、无常为心，德善德信

以"无立场"作为自己的立场，才能以百姓的现实情况作为出发点。不论精英与否，都予以善待，能够得到生态的善；不论亲信与否，都给予信任，能够得到生态的信。天下嘈杂，圣人允许其多样化，圣人内心如孩童般淳朴，不做预设，不妄评价。

原文

圣人无常心，以百姓心为心。善者，吾善之；不善者，吾亦善之，德善。信者，吾信之；不信者，吾亦信之，德信。圣人在天下歙歙，为天下浑其心。百姓皆注其耳目，圣人皆孩之。

注解

圣人无常心，以百姓心为心。

王弼在此处注同前章"取天下常以无事"一句，曰"动常因也"。王弼给我们提供了一个视角，这两句联系来看，圣人不以个人事务为准绳来治理社会，而以百姓的事务来取材。其内涵为，圣人治世，以人为本，行动依据并非源自自身需求，而是百姓需求。中国近代学者高举西方的"民主"主张，而反观传统文化，其民主内涵实则在子学的道家里早有体现。

善者，吾善之；不善者，吾亦善之，德善。信者，吾信之；不信者，吾亦信之，德信。

善良与否，是相对价值，难以有一个放之皆准的尺度，此处理解为"擅长"更合适。"善者"，即"精英"。

据陈鼓应统计，景龙本、敦煌本、傅奕本、明太祖本、陆希声本、司马光本、严遵本、《次解》本、张嗣成本、林希逸本、吴澄本、王雱本中，"德善""德信"的"德"均作"得"。对于德的解释，大多学者认为是假借为"得"，"德善""德信"是"得到善和信"的意思。

独善善者，独信信者，实际上是一种"筛选"，容易演变成精英社会与关系社会。精英社会"高效"的另一面，是人性的"役于物"；关系社会"便捷"的另一面，是公信力的薄弱，"信不足焉，有不信焉"。两者都妨害了新生事物的成长，也阻碍了内部的更新进步，是社会管理者应当极力避免的。圣人给予"无差别"的对待，其目的不是为了消灭人与人之间力量上和才智上的不平等，也不是一厢情愿地吸引他人信任，而是为了化解相对价值观的矛盾，为启发系统内的善与信提供土壤。老子所言的圣人，在一种包容的态度下，"允许"价值取向多元，"允许"才智能力各异，"允许"成员接受程度不一，始终呵护生机，给初生力量希望，避免沦为精英社会和关系社会。这才是"德善""德信"的深层内涵，这也符合第二十七章"无弃人""无弃物"理念主张。

圣人在天下歙歙，为天下浑其心。

"歙歙"大抵有两种解释，一种是害怕，一种是收敛。①

---

① 除此之外，还有其他解释。如高亨说："'歙'借为'汲''级'，急也。"

解释为第一种的以河上公为代表。河上公版本写作"忧忧"，解读为圣人在天下忧忧常恐惧，富贵不敢骄奢。成玄英疏："忧忧，勤惧之貌。"景福碑也作"忧忧"，严本作"慄慄"，亦为惊惧害怕的意思。

另一种是解释为收敛，王本和傅本都写作"歙歙"。王弼对"歙歙"的解释是"心无所主也"。徐观复说："歙歙，正形容在治天下时，极力消去自己的意志，不使自己的意志伸长出来作主，有如纳气入内（歙）。"①

我认为第二种解释更合理，也能够接应前后文。

"冕旒充目而不惧于欺，黈纩塞耳而无戚于慢。"这是王弼的注文。"冕旒"是古代天子的礼帽和礼帽前后的玉串。"黈纩"是悬于冠冕之上的黄绵小球，垂在两耳旁，表示不要被表象蒙蔽，不要妄听是非。我们身处于信息的洪流之中，每个人只取一瓢饮，接收的信息都存在一定的偏差。对于统治者而言，相比较解决具体问题的能力，老子认为更重要的是处理信息的态度。

旧注多解释"浑"是浑朴之义，亦有李零等学者提出其应当为浑融之义。浑朴，倾向于回归驳杂的状态；浑融，倾向于基于多样性的综合决策。笔者认为，相较而言，后一种解释更好。

百姓皆注其耳目，圣人皆孩之。

河上公本、傅奕本、帛书本有"百姓皆注其耳目"，王弼本没有这句，但王弼的注中有此一句，因此补录。

有学者将"注"理解为"注意"。"注"的原始字形是将器皿中的液体倒入另一个器皿中。《说文解字》："注，灌也。"我认为，译为"投入"较好。

---

① 陈鼓应《老子今注今译》，商务印书馆，2019 年，254 页。

由于出现了代词"其"，于是有了开放性的解释。"其"指谁？指百姓，常人多专注于耳目之见闻，限于个人利益[①]；指圣人，注圣人耳目，成为圣人耳目的延伸，信息的来源。本人认为第二种解释更贴切文义。

王弼此处注曰："皆使和而无欲，如婴儿也。"应当是将"孩"作"孩童"理解。"孩"除了本义"孩童"之外，还有学者解释为"咳""阂"。"咳"的解释如同第二十章"如婴儿之未孩"，不做赘述。另一种理解，"孩"借为"阂"。《说文解字》："阂，外闭也。"《汉书·律历志》："阂藏万物。"颜注引晋灼曰："外闭曰阂。"圣人皆孩之者，言圣人皆闭百姓之耳目也。[②]本书依王弼本，理解为"孩童"即可。

如何理解"圣人皆孩之"，是有争议的。一说为"圣人将百姓看作孩子"，关爱之外，人有"观听圣人，上行下效"的意味，于是能够"不为俗染，俱为赤子"；另一种解法，是认为"圣人以孩童的心态对待百姓"，不抱持成见与偏见，以"无分别相"相处对待。第二种解释能够呼应"圣人无常心"，是比较符合本章主旨的，相对更合理一点。

从内容上看，前章讲"为道日损""无为而无不为"，描述了圣人返朴、回归自然之道的修养，而本章讲明在此"无常心"的修养基础上，虚怀应物，综合百姓志愿，广开言路，为社会搭建充满生机的生态基础。

今译

圣人没有固定的心意，以百姓的心意为自己的志愿。对于社会

---

① 任法融《道德经释义》。
② 高亨《老子正诂》。

精英，我亲近他们；对于社会非精英，我也亲和他们，于是得到了社会生态的亲和。对于诚信的人，我信任他们；对于不诚信的人，我也信任他们，于是得到了社会生态的信任。圣人立身于天下，收敛自己的主观成见和意愿，容纳多元的心思。百姓都成为圣人的信息来源，而圣人如没有预设成见的孩童般以诚相待。

五十、出生入死，善摄不厚

令其兴盛的气机引导其走向衰亡，知止善摄，不处其厚，方可不轻身妄殆。《阴符经》曰：心生于物，死于物，机在目。

原文

出生入死。生之徒十有三，死之徒十有三。人之生动之死地，亦十有三。夫何故？以其生生之厚。盖闻善摄生者，陆行不遇兕虎，入军不被甲兵，兕无所投其角，虎无所措其爪，兵无所容其刃。夫何故？以其无死地。

注解

出生入死。

陈鼓应说："这句通常有两种解释：一、人离开生路，就走向死路。王弼注：'出生地，入死地。'二、人始于生而终于死……［今译］从后者。但这两种解释，都与后文联系不大。"我认为，这两种解释大概都不太准确，而且我也不太认同陈鼓应对王弼的解读。

我对王弼注"出生地，入死地"的理解是，"出生地，即入死地"。如同《阴符经》中"天生天杀"的道理，那个让事物成长的力量同样也让事物走向灭亡。承接后文，意旨"为人做事要掌握度，善于控制则不入死地"。如此理解，尚可贯通全文。如果说那个既让万物"出生"又令万物"入死"的力量是什么，我认为应该是"自然"，来自内部自发"本来如是"的力量。

生之徒十有三，死之徒十有三。人之生动之死地，亦十有三。

"徒"的原始字形为"土""止"与两旁象征尘土飞起的黑点，三者结合，像脚踏在土上且有尘土飞起的样子。《说文解字》："徒，步行也。"还作徒役和步兵的意思。这里注家们解读为"类属"或"人"。

"十有三"该如何理解也颇有争议。王弼①、唐玄宗②、陆希声、司马光等学者理解为"十分之三"，明太祖③理解为"十的基础上加三"，韩非子④、河上公、王真⑤、杜光庭⑥理解为"十三"，也有学者如李零认为是讲人生各阶段时期的。

目前主流解读认为是"十分之三"。这样解读会有另一个疑问，剩下的十分之一是什么？苏辙注解："老子言九，不言其一，使人自得之，以寄无思无为之妙也。"学者们也纷纷猜想，认为剩下的

---

① 王弼："十有三，犹云十分有三分。"（［魏］王弼注，楼宇烈校释《老子道德经注》，中华书局，2019年，139页。）

② 唐玄宗："泛论众生当生、安生、得生理，处死、顺死、得死理，如此者，大凡十中有三人尔。徇生太厚，以养伤生，既心矜此生，故动往死地，此则生理既失，死理亦亏，如此之辈，亦十中有三人尔。"（朱俊红整理《〈道德经〉四帝注》，海南出版社，2012年，256页。）

③ 明太祖："十分为足，贪取三分，则贪求生即死。"（朱俊红整理《〈道德经〉四帝注》，海南出版社，2012年，258页。）

④ 韩非子："人之身三百六十节，四肢九窍，其大具也。四肢与九窍十有三者，十有三者之动静尽属于生焉。属之谓徒也，故曰'生之徒也，十有三者'。"（李零《人往低处走——〈老子〉天下第一》，生活·读书·新知三联书店，2008年，269页。）

⑤ 河上公、王真理解为"四关、九窍"。（［汉］河上公、［唐］杜光庭等注《道德经集释》，中国书店，2018年，67、375页。）

⑥ 杜光庭："三业十恶，合计十三，能制伏则生，若纵则死。"（［汉］河上公、［唐］杜光庭等注《道德经集释》，中国书店，2018年，878页。）

十分之一是指"得道之人"或者"善摄生者"。

也有学者如陈景元①在综合比较之后认为"四支九窍"相加得十三的观念更好。我也觉得，"十三"的解释更好。

文言文在数字上，"有"常通"又"。"十有三"，或可为"十又三"，是数字"十三"的意思。其中不一定是强调整体占比，可能强调的是数值相等或一一对应。数都是"十有三"，就是说生死对应。万物生长的地方，实际上也就是弱点，往往让万物在这个地方衰亡。

夫何故？以其生生之厚。

我认为，应当读作"生'生之厚'"。生生之厚，是太过于看重这个生的力量了，过度了，就成了弱点。前文讲"德，外得于人，内德于己"。此处可以理解为内外一一对应，则和谐；当外部欲求大于内在价值时，则为"生生之厚"，过度，失控，走向衰亡。

盖闻善摄生者，陆行不遇兕虎，入军不被甲兵。兕无所投其角，虎无所措其爪，兵无所容其刃。

诸多译本将"摄生"译为"养生"。《说文解字》："摄，引持也。"摄，有控制的意思，把握住那个度，不能失衡。而老子所言的"善摄生"是建立在充分地认识规律的基础上行动，即"知常"乃至"静之徐清"和"动之徐生"等做法。

《说文解字》："兕，如野牛而青，象形。"理解为犀牛一类的猛兽即可。

本句表义上是讲，擅长养生的人在陆地行走不会遇上猛兽，行军打仗不佩戴盔甲和武器。兕、虎、兵都伤不到他。究其缘由，解

---

① 陈景元："以理推之，九窍、四支，所论最长。"（［汉］河上公、［唐］杜光庭等注《道德经集释》，中国书店，2018年，479页。）

说众多。

一说是因为修成正果，描述其出神入化的境界。

一说是因为"方技"。对于本章和第五十五章的内容，何炳棣认为这是滥觞于古代的巫术、方技、新兴的养生、神仙之术。李零也认为是在讲避虎狼、避鬼魅、避兵等古代的禁闭之术。

一说是因为"不起心害物"而引起的精神感应现象。善摄生者人心淳朴，性体清静，无念无欲。人无猎兽害命之心，兽亦无反伤人之举。

一说是因为"善摄生者"有足够的智慧，"微妙玄通"。"不遇兕虎"是因为懂得野兽习性，不去野兽出没之处；"不被甲兵"是因为谋伐攻心，不是硬碰硬的争强斗狠。

一说是因为"不以欲累其身"。不因为贪求可见的诱饵而盲目改变自己本来的轨迹。王弼注曰："苟不以求离其本，不以欲渝其真，虽入军而不害，陆行而不可犯也。"

我认为，后两种解释更符合老子的思想，最后一种解释比较符合本章文义。"生生之厚"，过于外求，或图捷径，或猎实惠，却往往"不知常，妄作凶"，忽视了未知风险。自以为是猎人，实际进了猛兽相争的领域，反而成了猎物；自以为披坚执锐，实际"揣而锐之，不可长保"，难免百密一疏，难免强外有强，也难免物壮则老。

夫何故？以其无死地。

此句从表面上理解是"没有致死的地方"。学者们在此基础上进行延伸。

王弼注"善摄生者无以生为生，故无死地也"，善摄生者不"贪生"，不作死；唐玄宗注"不以死为死，则物不得害其生"，善摄生者不将死亡看作世俗理解的终结，处于"不畏死"的境界和价值观下，于是不受其害；杜光庭注"不履死地"，善摄生者不主动进入有死亡风险的领域；苏辙注"至人常在不生不死中，生地且无，焉有死地哉"，对于道家的至人而言，没有赋予"生死"附加的想象，于是也没有刻意的追求与丧失；李存山结合第七章"以其不自生，故能长生""外其身而身存"认为"无死地"是将生死置之度外的意思。

在道的视角，生死都没有什么特别的意义，只是一个生命的起点和终点而已。道家思想不在相对价值的角度上定义生死，更关注生死的本来面貌。其中的哲思反而有惯性思维所不及的价值，如此超越的价值观对于社会决策者也是非常重要的，此亦是"以其不自生，故能长生"的道理。

今译

生存之地，也是致死之地。增益生命的地方有十三处，致人死亡的地方有十三处，意图增益生命反而致人死亡的地方也有十三处。为何如此？因为求生心切，奉养过度。听说有擅长控制生命的人在陆地上行走不会遇到犀牛老虎这类猛兽，在战场上不需要佩戴盔甲和兵器。犀牛没有用角袭击的机会，老虎没有用爪捕杀的机会，兵器没有用刃伤害的机会。为何如此？因为他没有主动入死的行动。

五十一、道德造化，莫命玄德

万物在道、德、物、势的作用下萌生、孕育、赋形、具象，必然以道、德为尊贵，接受造化，肯定造化。道德生养，含蕴滋润，辅翼陶成，却不占有、不标榜、不操控，此为玄德。

原文

道生之，德畜之，物形之，势成之。是以万物莫不尊道而贵德。道之尊，德之贵，夫莫之命而常自然。故道生之，德畜之。长之、育之、亭之、毒之、养之、覆之。生而不有，为而不恃，长而不宰，是谓玄德。

注解

道生之，德畜之，物形之，势成之。

对于"势"的解读有多种。陈鼓应总结了三种：一是"环境"；二是"力"，内在的势能；三是"对立"。陈鼓应倾向于第一种解释。我认为，应当做第二种解释更恰当。"执"字意为"在高原上滚球丸"。"执"与"力"联合起来，表示"高原上的球丸具有往低地滚动的力"。"势"本义为"力量惯性趋向"，后引申为"权力""威力""表现出来的情况和样子"。所以，我认为第二种解释更加恰当。

中国传统哲学中，通常将"形"与"势"组成一对概念进行探讨。中国知识分子对"势"的理解有其哲学上的深刻意义。势，并不是孤立和静止。在结构和空间的基础上，还包含了内在功能性和时间连续性的内涵。

"道生之"，是提供初始的可能性；"德畜之"，充实其存在条件，是指存在的孕育源自内外价值交流与互动；"物形之"，是物质使之成形，搭建其自身的结构；"势成之"，是具备内在的能量，促成其功能，进而产生新的可能性。

由"道体"创造其本性[①]。在本性的基础上，由"德用"孕育内外功能，在内外的功能互动与交换中稳定了自身的存在。接着，在"物"的层面上从"无"到"有"的赋形。光有"形"的结构作载体是不够的，还必须内蕴功能才算完整。再从"势"的角度由"有之利"到"无之用"，使整体完备。

是以万物莫不尊道而贵德。

万物都需要一个"体"来提供可能性，都需要一个"用"来维系存在。万物借道而致得，因此没有不以道、德为尊贵的。

此处的"尊道""贵德"，并不一定是有意识的"以之为尊""以

---

① "本性"一词借鉴冯友兰的解释。冯友兰："老子认为，万物的形成和发展，有四个阶段。首先，万物都由'道'所构成，依靠'道'才能生出来（'道生之'）。其次，生出来以后，万物各得到自己的本性，依靠自己的本性以维持自己的存在（'德畜之'）。有了自己的本性以后，再有一定的形体，才能成为物（'物形之'）。最后，物的形成和发展还要受周围环境的培养和限制（'势成之'）。在这些阶段中'道'和'德'是基本的。没有'道'，万物无所从出；没有'德'，万物就没有了自己的本性；所以说'万物莫不尊道而贵德'。但是，'道'生长万物，是自然而然如此的；万物依靠'道'长生和变化，也是自然如此的；这就是说并没有什么主宰使它们如此，所以说'莫之命而常自然'。"（陈鼓应《老子今注今译》，商务印书馆，2019 年，261 页。）

之为贵"。在道生德畜之后，万物寻觅联系、发掘规律，是出自本能；尽可能地凭借联系与规律而生存，也是出于天性。这些虽未必印于思想，也未必流于言辞，却都是"尊道""贵德"的表现。

道之尊，德之贵，夫莫之命而常自然。

许多学者指出，前文讲了"物"与"势"，后文没有继续提。对此阐述，"莫之命"，说明并非因为"物""势"的"有之利"；"常自然"，说明道与德是因为自然本性和存续功能而尊贵，非因其伴生的形、势而尊贵，更不是借头衔与指令而尊贵。

也有注家将"莫之命而常自然"的主语理解为高明的管理者[①]，此句则理解为高明的君王因用道、德，不需政令，则可以使天下自然安定。

故道生之，德畜之，长之、育之、亭之、毒之、养之、覆之。

此句中对"亭"与"毒"有两种解释：一是作"安""定"讲，二是作"成""熟"讲。

"亭"的原始字形是有顶无墙、供休息用的建筑物，本义是设在路边的公房，供旅客停宿。《说文》："亭，人所安定也，亭有楼。"又引申为"养育"，"适中、均匀"，"正、当"，"直"等。

"毒"的本义是指毒草。《说文》："毒，厚也。害人之，往往而生。"常用来指过度滋养。

河上公本中"亭之毒之"写作"成之熟之"。高亨《老子正诂》："亭当读为成，毒当读为熟，皆音同通用。"我认为解释为"成""熟"

① 宋徽宗："物有时而弊，势有时而倾，真君高世，良贵在我，不假势物，而常自若也。"明太祖：君天下者，能垂衣裳而坐命之，使此二物周旋而不息，则天下贞安，是谓常自然。"（朱俊红整理《〈道德经〉四帝注》，海南出版社，2012年，264—265页。）

于前后文义更连贯。

许多注家此处对每个动词都做了注解，相当精妙，值得一读。①

生而不有，为而不恃，长而不宰，是谓玄德。

本章与第十章，王弼对于"玄德"的解释是"有德而不知其主，出乎幽冥"。而我依旧坚持前文的观点，将"玄德"理解为建立在认识到"功能与结构并重"的基础上的相应的价值观，"独立往来之精神"。

第十章是以人的视角，面对人生各种主题、各种选择，探讨玄德；本章以道和德为视角，追溯万物起源与构成，探讨玄德。当认识到"有无同构"的内涵，方可独立往来，不占有、不标榜、不操控。同样的解读，亦可带到六十五章，在"有无同构"的思维中去理解治国治民中的"以智""以愚"、或"贼"或"福"。

本章由万物溯源演进的世界观，讲到了万物因循道德，成就了自身的生、长、壮、老、已，落脚到了"玄德"的概念。从中体会到了老子整体性、连续性、联系性、开放性、独立性的思维风格，也领略了老子的大心胸。

今译

道创生万物，德畜养万物，物质赋予万物结构，势能成就万物功能。因此，万物没有不尊崇道、重视德的。道受到尊崇、德受到重视，在于没有任何命令而顺任万物自主。所以道创生万物，德畜

---

① 陆希声："禀其精谓之生，含其气谓之畜，遂其形谓之长，字其材谓之育，权其成谓之亭，量其用谓之毒，保其和谓之养，护其伤谓之覆。"（［汉］河上公、［唐］杜光庭等注《道德经集释》，中国书店，2018年，145—146页。）（清世祖注与此相同）唐玄宗疏："始之为生，养之为畜。增进曰长，抚字曰育，辅相曰成，遂终曰熟，资给曰养，阴庇曰覆。"（［汉］河上公、［唐］杜光庭等注《道德经集释》，中国书店，2018年，885页。）

养万物；万物生长，发育，成长，成熟，养育，庇护。孕育而不占有，施恩而不依恃，成长而不攫取，这是有无同生之德。

五十二、知子守母，复归习常

以本源为母，以衍生物为子。掌握本源状态，可推演衍生产物；知晓衍生产物，回归守护本源。倘若如此，母子相守，即使抽身事外，系统亦运行不垮。

原文

天下有始，以为天下母。既得其母，以知其子；既知其子，复守其母，没身不殆。塞其兑，闭其门，终身不勤。开其兑，济其事，终身不救。见小曰明，守柔曰强。用其光，复归其明，无遗身殃，是为习常。

注解

天下有始，以为天下母。

大多数注家认为，"有始"指的就是道，道成为天下母。也有许多注家，如陆希声、苏辙，由"始""母"联想到第一章，句读为"无名，天地之始；有名，万物之母"或"无，名天地之始；有，名万物之母"，进而推出后文母子关系。[①]

"母子"指的是本源与衍生物。此一句的意思是，将初始状态

---

① 例如，陆希声将老子的母子解读为一种"无名"与"有名"的体用关系。

作为孕育的本源，参考第二十五章^①并承接前文，我认为，是指"道生之"的那个初始状态。

既得其母，以知其子；既知其子，复守其母，没身不殆。

"没身不殆"再次出现，此处仍旧依第十六章的含义解读。十六章更像是从管理者次第品格的角度探讨，"知常容，容乃公，公乃王，王乃天，天乃道，道乃久，没身不殆"。而本章是从"母子"关系的角度探讨。本章"守母"同样是对第二十章"食母"的主张提供了参考。

母生子，本源产生衍生物。造化促使了分裂和分化，转移重心，一味地恪守衍生的产物，失了生机，反而不利于造化本身。

有部分人容易带着另一种立场去理解这句话，往往得出"追求本源，不顾衍生"的结论，变得绝对化。我认为，此处更多的是在提倡一种"母子相守"的主张，而不是偏颇一方的抉择。多闻、多见，本没有错，自己认知的重心不要失衡即可。在追逐外物事理时，不被现象过分拉扯；在关注"常有"休会边徼时，不遗失对"常无"妙本的把握。在这个基础上理解后文内容，也会对后文有不一样的理解倾向。

塞其兑，闭其门，终身不勤。开其兑，济其事，终身不救。

对于"兑"和"门"的解读，大致有三种。一是认为兑、门互文，指精神之门。此句理解为对精神之门的闭塞与开启。第二种说法是以河上公为代表，将其理解为相关联的意象^②。"兑"是目，"门"是口，分别代指目视和言语。第三种认为"兑"是喜悦的意思，"门"

① 第二十五章"有物混成，先天地生。寂兮寥兮，独立不改，周行而不殆，可以为天下母"，也谈到了"可以为天下母"。由此推测，本章大抵也是指"道"。
② 古人有自己对于相关联意象之间的理解，如《易经·说卦传》等。但《说卦传》中"兑"常常与口的意象相关，"离"与目相关。

是指满足欲念的门径。常常解读为，跟着感觉和欲望走，太依赖感觉或者抱持功利心，是无法感知大道的。

我认为，此处"兑"为"口"的意象，代指表达、交流；"门"，指达成某事或获取某物的门径。

清世祖注曰"有兑则心出而交物"，"有门则物入而扰心"。此句中的"兑"和"门"也对应了"可欲"和"可得"。"塞兑闭门"对应了老子第三章"不见可欲"和"不贵难得之货"的主张，也呼应了第二十章"绝学无忧"的态度。

有学者主张，勤，应当写作"瘽"，是病的意思。王弼此处注为"无事永逸"，若依王本，"勤"应当还是原义。

《说文》："救，止也。"关于不救，大多数人认为是指"不可救"。前后对比，清心寡欲，闭目塞口，不追逐身外之物而恬淡自然，积精累气，固根抱本，则可延年益寿，终身不发生病灾；贪求声色美味，追逐名利地位，背道失道，不可救药。

我认为，前后两句并不一定是对比的关系，也可以是程序上的递进。"不救"除了"不可救"，或许可以解为"不需救"。后一句不必解释为纵欲，可以结合前句，解读为先减少物欲，以出世的心态培养哲思，然后开放身心，入世参与实践，才能"物物，不物于物"。这样解读也符合老子"俭故能广"的内涵。

见小曰明，守柔曰强。

前文讲到了"兑"与"门"，在"窥"与"得"的探讨之后，接着提出了"明"与"强"。"于不可目窥者独能见之，故曰见小曰明。于不可力得者独能守之，故曰守柔曰强。"[1]

---

[1] 清世祖："夫惟守其母者，于不可目窥者独能见之，故曰见小曰明。于不可力得者独能守之，故曰守柔曰强。"（朱俊红整理《〈道德经〉四帝注》，海南出版社，2012年，272页。）

老子关于"明"的解释有两种。一种是十六章和五十五章提到的"知常曰明",一种是本章的"见小曰明"。想要达到通明,既要知晓事物发展运行的规律,也要能够明察秋毫。在萌芽未动、祸乱未现时,领悟背后的规律,透过细微表象,昭然独见,见微知著,就是"明"。

俗世凭借结构认识"强",而老子此处通过功能来认识"强"。仅仅在"争"角度理解"强",只算得上是在"名"中缠斗,没有真实的价值,终究强大也会变得苍白、空虚、僵硬。"强"在结构上或许是有获取固有利益的能力,但是功能上守护生命价值才使"强"具备了深层意义。这也是老子为"强梁者不得其死"的命运指出了"一线生机"。

用其光,复归其明,无遗身殃,是为习常。

光,是目光向外审视,是动态观察,偏重于对"用"的利害权衡;明,是精神向内洞察,是静态运作,偏重于对"体"的觉知感悟。如此理解,"光"与"明"也是一组体用关系。"明者,光之体;光者,明之用。"

世人各逞聪明,常常目不暇接,流连于可欲可得,往而不返,以身徇物。老子主张将这种聪明劲儿回归到自身,并非倡导隔绝世俗、灰身灭智、退回混沌,而是守住自己的根基,再处理世务,体"明"用"光"。

"习"的原始字形是"羽"和"日",义为"鸟日出而飞""在白天练习飞翔"的意思,后引申为练习。《说文》"习,数飞也。"由此,"习"作为"实践"理解即可。习常,就是在理解了母子关系的基础上,运用于自身处理世务。

至于文章的整体结构,我认为宋龙渊注解得最好。他认为全文是在讲"守母之道"的,然后"归之于道","归之于身","反征之义"，"藏之于用"，"应之于事"——"既能归于道、归于身、藏于用、应于事，则动静不离于母，体用不离于母。随机应物，随用得妙，方可谓修习真常大道之人。"

今译

天下有个起始状态，将这个起源当作天下的母体本源。如果理解了母体本源，就能掌握其衍生产物；如果掌握了衍生产物，返回来守护母体本源，就不会因为未参与具体操作而系统衰亡。停止表达，中断行动，终身不必劳苦；然后开始交流，处理世务，终身不需救助。能够看到细微端倪，称为明；能够守护柔弱，称为强。运用智慧，反过来启明自身，不会给自己带来灾祸，这是对常道的实践。

五十三、介然持畏，盗夸非道

身为众生之一，同行于道中，不敢自以为是。大道平坦，而众人偏爱捷径。长此以往，社会管理只看重组织架构，而不务本谋生，不积蓄防范风险。外表华美，武力威慑，压榨劳动人民饮食，囤货居奇，非理而窃，矜其所得。如此并非大道之行。

原文

> 使我介然有知，行于大道，唯施是畏。大道甚夷，而民好径。朝甚除，田甚芜，仓甚虚。服文彩，带利剑，厌饮食，财货有余，是为盗夸。非道也哉！

注解

使我介然有知，行于大道，唯施是畏。

对于"介然"，解释各异。河上公释为"大"。唐玄宗疏："介然，谓耿介然有知之貌。"宋徽宗："介者，小而辩于物。"陈景元："介，孤也，耿介也。"马叙伦说："'介'借为'哲'。"高亨说："'介然'犹'慧然'也。'介'读为'黠。'"劳健《老子古本考》释"介然"为"坚确貌"。杨倞注："介然，坚固貌。"李零认为是"使我挈有知"，意思是"假如我带着熟人"……现代多数学者认为，是"坚信"的意思；或同"芥"，"微小"的意思。

而我想提出另一种解释，解释为"在……其中"。

"介"的原始字形是一个人周围有四个笔画，指身披铠甲的人。《礼记》中也有"介者不拜"的说法。披甲之人披甲，而人在其中。所以介常常引申为"夹在中间"的意思。现在也常常使用此意，如"媒介""介于""介词"等。

有学者认为，"施"读为"迤"，邪路或曲径。大抵是根据下文"好径"而进行的猜测。"唯施是畏"，意思是唯恐走到邪路上。

我认为，"唯"与二十章"唯之与阿"的唯同义。《说文》："施，旗貌。"旌旗移动出入，引申为发号施令。"唯施是畏"，指不敢自以为是地发号施令 ①。

当拥有权力时，大多数人觉得自己很安全，可以享用权力的便利。而老子于"介然"之中有知，下意识地去思考权力本身是否安全，身在世俗生活中时刻自省，不敢随意走"捷径"。既知其子，复守其母，回光观察自己的根，审视自己的处境和分量，呼吁能够洞察因果的智慧。

大道甚夷，而民好径。

《说文》："径，步道也。"此处"径"与"大道"相对应，译为"捷径"。

许多学者根据景龙本将"民"改为"人"，本书继续沿用王弼本，不做改动。第三章对"民，众萌也"进行了解读，此处也可以如此理解。大道平坦，但"众萌"的群体更倾向于选择他们理解的"捷径"。

---

① 河上公此处注为"欲赏善，恐伪善生；欲信忠，恐诈忠起。"或许也是理解为此意。理雅各译为"不敢做自负的展现"兴许也是如此理解此句。

朝甚除，田甚芜，仓甚虚。

后两个短句，学者们理解基本一致。对于第一句，有两种相反的解释，有学者认为应当为"朝堂华丽整洁"；有学者认为，"除"假为"涂"，或写为"塗"，污的意思。本书沿用王弼的解释，"朝，宫室也。除，洁好也"，译为宫殿整洁美好。

"朝甚除"，是代指管理者精心钻营组织架构和附属便利；"田甚芜"，说明百姓在"可见可欲"的捷径中迷失，不愿意投身到社会生产中去；"仓甚虚"，说明生产剩余的积累很少，社会应对风险的能力相当弱了。短短九个字，描绘了华美表象下衰败的景象。

服文彩，带利剑，厌饮食，财货有余，是为盗夸。非道也哉！

大多数学者将"厌"解读为"挑剔"或"满足"。我认为，"厌"是"压"的意思。"厌（厭）"一般被认为是形声字。战国的竹简文字，左上部"厂"表示山崖坍塌，而有所覆压，右下部是"猒"，表示读音声旁。"厭"是"压"的古字，本义为覆压。《说文》："厌，笮也。"段玉裁注："笮者，迫也。此义今人字作压，乃古今字之殊。"古时方术中有"厌劾祠禳"一词，是指驱邪祷告，其中"厌"即"镇压"的意思[1]。前文讲田地荒废、粮仓空虚，"厌饮食"是指原本整个社会用来给百姓"饮食"的资源被压缩了。

《说文》："盗，私利物也。""夸，奢也。""奢者，张也。"王弼："凡物，不以其道得之，则皆邪也，邪则盗也。夸而不以其道得之，窃位也。"由此来看，"盗夸"是指，并未通过付出相应功能而获取了利益并自以为是的态度和行为。

穿着文彩服饰以炫人，佩戴锋利武器以威众，压榨百姓口粮，囤积作为一般等价物的"财"和赋予特殊意义的"货"，种种现象

---

① 李零《中国方术考》，中华书局，2021年，54页。

都是在社会游戏中的"盗夸"之举。

"盗夸"并不是在"德"的层面上"外得于人，内得于己"，没有实现功能和结构的交换，而是利用人类社会的名位和规则进行一场争夺，并且在名位和规则中继续默许和宣扬着其中的"合理性"和"合法性"。实际上是一系列依靠捷径、快速夺取的功利主义行动。视野上重结构而轻功能，只看到了"有之利"没看到"无之用"；行动上求子失母，舍本逐末，因此说"非道也哉"。

今译

身为社会中的一名成员，我一定要知道：行走在大道上，对颐指气使发号施令的行为要保持畏惧。大道很平坦，而人们爱好走捷径。宫室过分净美，耕地过度荒芜，粮仓非常空虚。人们穿着华丽衣服，佩戴锋利宝剑，压迫百姓饮食，囤积财货，这可以算是做了偷盗的行为还自我标榜。违背大道啊！

解读

受益于捷径的同时，受损于捷径

现象之间存在相关性，人类利用现象之间的相关性，能够快速判断和做出反应。这种认知上的无意识联想，是一种传承于人类基因之中的生存"捷径"。这种习性的优势在于，能够快速做出选择，不必思考，节省时间，而缺陷在于存在因果逻辑上的非理性，个体易被欺骗，这种习性也容易产生认知偏见，使集体陷于某些刻板印象和认识误区。

当社会富足时，宫殿美好整洁，衣着华美，财货有余，是随之而来的相关现象。视野聚焦于局部，只关注于相关性的现象，在无意识联想的作用下，当事人很容易陷入其他的副现象，误认为那就是因果，形成偏见。倘若当事人放弃了农事生产和饮食生活，对相关的片面现象有了感性的定义，甚至佩剑尚武去刻意追求这些相关现象，便是舍本逐末的"盗夸"行径。

"盗夸"的风气因人性"好径"而起，随因果颠倒而衰，也是"生生之厚"之流变。"盗夸"之辈，淹没在传媒驱动的文化中，沉迷于相关现象，依附"人之道"的权力意志；"行道"之人，根植于功能与结构的转化规律，遵循"天之道"的自然意志。老子于人群之中，不忘人依旧是"行于大道"的个体，谨防陷入"盗夸"的认知迷乱，不敢依强权行事，"唯施是畏"。

五十三、介然持畏，盗夸非道 \

241

五十四、长久不辍，修观天下

立足长久，方可谓善。以此自修，于身，以保护真实自我为要；
于家，以留有应对风险的能力为要；于乡，以可持续发展为要；
于国，以保存丰厚底蕴为要；于天下，以众生皆能自然获益为要。
所以，面向未来，心系生机，依次审视身、家、乡、国、天下，
方可知其中格局。

原文

善建者不拔，善抱者不脱，子孙以祭祀不辍。修之于身，
其德乃真；修之于家，其德乃余；修之于乡，其德乃长；
修之于国，其德乃丰；修之于天下，其德乃普。故以身观身，
以家观家，以乡观乡，以国观国，以天下观天下。吾何以
知天下然哉？以此。

注解

有些学者解释，本章的读者群体只限于王侯贵族，因为世世代
代享受子孙祭祀的不是一般的老百姓。又说要贯彻到一乡、一国，
以至天下，这显然也不是对一般平民说的。

我倒觉得不必这么认为，平民也需要在社会整体观下找到自己
的分工和定位。不只是王侯贵族，每个人都有各自的世界观、人生
观、价值观来支撑生活，指导实践。

善建者不拔，善抱者不脱，子孙以祭祀不辍。

再次说到"善"，此处常常能够联想到第二十七章"善闭无关楗而不可开，善结无绳约而不可解"。在老子眼中，"善"既不是追求"过客"程度的"乐与饵"，也不是逞一时英雄的"强梁者"，而是能够长久地把事情做好。

"子孙以祭祀不辍"，包含了三层意思："子孙"代表了整个群体的主体能够长久存续，"祭祀"代表了后代对于先人传承的认可，"不辍"则代表了群体持续的动态运转。

修之于身，其德乃真；修之于家，其德乃余；修之于乡，其德乃长；修之于国，其德乃丰；修之于天下，其德乃普。

对于这句话的理解分两种：一种是将"德"作为"得到"来理解，修养的对象不同得到的益处各不相同；另一种是将"德"理解为一种"特性""特征"，各种层面的修养有不同的标准和取向。我倾向于第二种。

"真"作为修身的追求，反而是个人过度社会化的解药。儒家思想讲"诚"，道家思想修"真"，佛家思想说"真实不虚"，其主张都是"权"中求"实"，在"有为法"的规则中，不失本体存在的究竟真实。

"余""长""丰"与前章"盗夸"做对比。"盗夸"风气之下是没有丰饶社会基础的。而大大小小的社会组织中，老子都认为必须重视"剩余价值""系统增殖""物质基础"。

"普"，广适天下，有"普惠"的内涵。每个人都能够在"我自然"的理念下自主获益。天下百姓在社会建设中有参与感和获得感，而不是作为他人的工具和奴隶。社会建设的成果由天下百姓共享，而并非为了某一小部分群体设计。

五个标准和取向，看似不同，实际上都是在说一件事，就是透过表面现象找到组织系统中的"生机"。

故以身观身，以家观家，以乡观乡，以国观国，以天下观天下。吾何以知天下然哉？以此。

有学者认为，这句是"推己及人，设身处地思考"的意思，如许渊冲的译文就是按照这个意思翻译的。李零认为，"这段话不是推己及人，不是说我的身观你的身，等等。身、家、乡可以有很多，但天下只有一个，不能分彼此"。

身、家、乡、国、天下，都是可以独立的、具备综合性的完整组织，放到一起来探讨，次第进阶，一以贯之。老子由此悟得管理天下的智慧。与儒家"修身齐家治国平天下"的政治抱负不同，老子此处的次第，不是主观理想的升级，是原理上的类比。

孙思邈《备急千金方》："古之善为医者，上医医国，中医医人，下医医病。"将身心看作一个具备综合性的自成体系的完整、独立的结构，其中的格局可以沿用到其他的综合管理中。一个能够管理好自己身心的人，可以处理好自己的情志与身心功能，可以协调好自己与时间、空间、信息之间的关系，能够解决好自己与自然、社会之间的冲突而进退自如。在这个基础上，会形成自己的一套能够实践的格局观念，可以借此间各种联系而类比治理好其他的综合的完整组织。纵使规模变大，其中提纲挈领的格局始终不变，能够一以贯之，应用于天下。

前章讲述"盗夸""非道也哉"，指出其不可长久。本章则探讨如何立足长久而修身治世。长久的基础，就是保持"自然"的一线"生机"，为"生机"提供各种蓄养条件。老子接着举例了五个独立的完整系统，探讨了其中的关键取向，阐述其间存在能够一以贯之的内在联系，由此可以证悟治理天下的思路。

今译

善于建立的不可拔除，善于抱持的不会脱离，子孙依此原则，可以世代祭祀不断。这种修养，用于自身，价值特征是"真实不虚"；用于家庭，价值特征是"存有积蓄"；用于社区，价值特征是"前途长远"；用于邦国，价值特征是"底蕴深厚"；用于天下，价值特征是"自然普惠"。所以依此用符合自身价值特征的视角观想自身，用符合家庭价值特征的视角观想家庭，用符合社区价值特征的视角观想社区，用符合邦国价值特征的视角观想邦国，用符合天下价值特征的视角观想天下。我如何能知晓治理天下的能力？就是用这种方式。

解读

相较于洗衣机，组织系统更像猫这种有机体。

《反脆弱》一书中提道："许多事物，比如社会、经济活动和市场活动，以及文化行为显然是人为的，但却能够自主地发展，形成一种自我组织的机制。严格说来，它们未必是生物组织，但它们与生物体却有着某种程度的相似，也就是说，它们能够繁衍和复制——只要想想谣言、观点、技术和企业就知道了。它们更接近于猫，而并非洗衣机，但往往却被人们误归为后一种类别。"[①]

老子本章类比修身，引申至治理天下，其"知天下"的底层逻辑在于"天下更像是生命体，而不是机械"。用对待机械的态度治理天下，简单、粗暴，往往会忽视掉组织的主动性，引发功能失调甚至百姓反覆。儒家的"修身、齐家、治国、平天下"的理论更像是一种知识分子的政治抱负；而道家由"身"推演至"天下"，是探讨思维上的相似相通。道家的修身，包含了五运六气、气血、阴阳、

---

① ［美］纳西姆·尼古拉斯·塔勒布著，雨珂译《反脆弱》，中信出版社，2019年，26页。

五藏、情志等一系列理论系统的，其中与组织管理有相似相通之处。一个由人组成的庞大的社会组织，具备活着的有机体系统的特征。究其原理，庞大的社会组织是由部分构成的整体，部分与整体的交流就使它具有了有机性。当其在进行这种部分与整体的交流时，有机体是自我指导和自我矫正的，具有复杂性及本质上不可预期性的特征。它蕴含着自己的智慧，这种智慧不受外在权威支配。由此，也可以理解为何会有"下医治病，中医治人，上医治国"的说法。

五十五、赤子应物，真常合道

内蕴生机之深厚，当属刚出生的孩子。内心里没有被毒虫禽兽威胁的观念，形体柔弱，手握紧实，饱含可能性。不区分主次定义而全面发展，至精。每日尽情号哭，不致沙哑，至和。知命达顺，可得真常。掌握真常，可得通明。增益生机，是福祉。欲念调动物质和能量，是逞强。事物强大到成熟，则开始走下坡路。不遵照道的规律运作，早日衰败。《清静经》曰："真常应物，真常得性。常应常静，常清静矣。"

原文

含德之厚，比于赤子。蜂虿虺蛇不螫，猛兽不据，攫鸟不搏。骨弱筋柔而握固。未知牝牡之合而全作，精之至也。终日号而不嗄，和之至也。知和曰常，知常曰明，益生曰祥，心使气曰强。物壮则老，谓之不道，不道早已。

注解

本章提到了赤子，很多学者站在养生的角度上理解本章，颇有见地，但我的解读是从认知和社会化的层面来理解。

含德之厚，比于赤子。

刚出生的婴儿肌肤是粉红色的，所以被称为"赤子"。

对于本章立意，从首句开始便有了分歧，其中大致有三种解读。

第一种是认为赤子不伤外物，所以外物也不伤赤子。这种状态是最具备德的状态。持此种看法的学者最多，但我认为这样解读起来在整体逻辑上是欠缺的，也不能很好的承接前后文义。

第二种是根据河上公的注引申而来。河上公注："神明保佑含德之人，若父母之于赤子也。"赤子是代指被保佑的人。第一句话不做描述理解，而理解为前因后果。内涵"德"的人，就像是被父母保护完好的赤子一样，被自然保护。如果将"德"理解为"外得于人，内得于己"，含德厚者一定能够给周围事物创造价值的，也会被周围事物保护。这样理解，采用第二种解读也非常妥当。

第三种解释是认为，赤子是全新的生命，没有经验，也没有被社会改造，赤子对于外界是开放且不设防的，因此被认为是"含厚之德"。纵观全经，老子提到了很多次"婴儿""孩"，结合"专气至柔""泊兮其未兆""朴散为器""德善""德信"等主张来理解，可以认为赤子是一种"无为""自然""至真"的状态，也呼应了前章"修之于身，其德乃真"。本书采用第三种解释。

蜂虿虺蛇不螫，猛兽不据，攫鸟不搏。

"蜂"是指马蜂、蜜蜂一类的昆虫；"虿"指蝎子；"虺"指毒蛇。

这三句的表面意思是"蜂、蝎、蛇一类的毒虫不叮咬，猛兽不捕捉，猛禽不攻击"。"赤子"因为没有生活经验，也没有被社会教育，因此没有定义外界危险的概念，处于"不设防"的状态。这种解释在逻辑上更通顺，本文采取此解读。

骨弱筋柔而握固。

"握固"多解释为"紧紧地攥拳"。刚出生的婴儿确实有抓握反射，此时的抓握行为是源自本能，不自主的。婴儿能用不成比例的强大握力来抓住物体。这也被认为是一种生存机制。

"固"或许也不必局限于"牢固"，参考《说文解字》"固，四塞也"，可以理解为"周遭"。王弼此处注曰："以柔弱之故，故握能周固。"①若如王弼解，握固，也可能的是代指适应周遭环境，或许可理解成婴儿性体柔软，极力把握和适应周遭四围的环境。

未知牝牡之合而全作，精之至也。

王弼本作"全"，帛书乙本、傅奕本作"朘"，河上公本作"峻"。多数学者解读为"小男孩的生殖器"。根据王弼的注"作，长也。无物以损其身，故能全长也"，并没有作生殖器理解，而是理解成全面发展。

或许"牝牡之合"，不是"交合"的"合"，而是"聚合""合作"的"合"。牝牡，或指男女，或指代主动与被动。男女、主动方与被动方，同时在社会中扮演不同角色，担任不同的任务，合作发挥作用，共同完成社会系统中结构与功能的统一。新生，意味着柔弱，也意味着还没有被背景文化和社会规矩塑造，尚未被人类的观念和定义改造，此时正是全面发展之际，也是先天禀赋的"精之至"。

终日号而不嘎，和之至也。

《老子他说》中南怀瑾在本章中提到了中国人对于哭的三种形态：有泪无声谓之泣，有声无泪谓之号，有泪有声谓之哭。

赤子无争欲之心，当哭则哭，力竭则止，全凭自然，丝毫不强迫自己。因此能够做到"哭号却不哑"，这种尽情表达却不自伤的状态，被老子称为"和之至"。

知和曰常，知常曰明，益生曰祥，心使气曰强。

和，于己不强行，于人不强迫，顺道应物则和。掌握了其中的

---

① 在道藏集注本中，"周"作"坚"，也有学者认为是"坚固"的误写。

和谐，才能算得上是践行常道；掌握了常道的因循，才算得上内景通明。

对于"祥"的解释，比较有趣。大多数学者解读为"妖祥"，反而将"祥"理解为"不祥"。认为过度追求增益生命，人为拔高，犹如揠苗助长，实则欲增反损。我倒认为，不必过度解释。《道德经》三十一章还提到了"兵者，不祥之器"，也未见引申为"妖祥"。"祥"是能够获益的征兆。意图增益生命，追求增进福祉的征兆。于是"心"有所求，引出了下句"心使气"之言，并不突兀。

气是物质和功能的统一，此处理解为自身的物质和能量。人的内心有是非观念和欲求期盼，而身上运行的气对一切没有"分别心"，任凭自然。心驱使气去实现目的时，便是老子所说的"强"。

对于这个"强"，学者认识不同，也是褒贬不一，且其内涵非常丰富。唐玄宗认为这是"强梁"的强，"若役心使气，是曰强梁之人"；王真借"一鼓作气，再而衰，三而竭"的道理，认为"使气者不可久"；吕洞宾强调其中有"强弱转化"的道理；也有说法，"强"原作"彊"，马叙伦认为"彊"借为"僵"。

物壮则老，谓之不道，不道早已。

生命体的发展既有结构上的增益，也有结构在波动中的损耗。增益大于损耗，则"长"；增益等于损耗时，结构达到了顶点，为"壮"；增益小于损耗，则"老"。刻意增益结构，促进非自然增长，"壮"即"老"的开始，曲线回归，早壮早衰。

第三十章中有同样的话。三十章的主题是"兵者"，强调的是不要以强权比拼作为对话交流的主题，结构上皆难逃"壮而老"的规律，奈何自掘坟墓；本章的主题是"赤子"，倘若脱离了自然，为益生而心存欲求，于是调动身心去追求结构上的非自然增长，既快速壮，也快速老，自致衰老，早已。

今译

　　内蕴生命价值特征深厚的人常被比作刚出生的婴儿。他不认为蜂蝎毒蛇会叮蜇自己，不认为猛兽会捕捉自己，不认为猛禽会攻击自己。筋骨柔弱，却攥紧拳头。不知道主动、被动分工而全面发展，这是精力充沛的完美状态。整天哭喊，喉咙却不会沙哑，这是身心和谐的完美状态。弄清了和谐，可以收获真常；弄清了真常，可以收获通明。增益生机，可以收获好的预兆。欲念调动了气，是逞强。事物强壮，就会衰老，自我逞强是违背道的规律，违背道的规律则早早衰败。

五十六、知默含真，玄同守中

言者不如知者默。博知慧辩，不益其明；沉默面墙，不加其损。塞兑闭门，静养天真，潜居抱道，明珠暗藏。众生舆接为构，日以心斗，流浪生死，长沉苦海，藩篱交错，纷扰束缚。吾辈挫锐解纷，能拼众缘，混迹不染。外相不入，内相不出，无亲疏、利害、贵贱之分别心，遂成其贵位。

原文

知者不言，言者不知。塞其兑，闭其门，挫其锐；解其纷，和其光，同其尘，是谓玄同。故不可得而亲，不可得而疏；不可得而利，不可得而害；不可得而贵，不可得而贱。故为天下贵。

注解

知者不言，言者不知。

从字面讲，一种解读是，知"道"者不言，言"道"者不真知"道"[1]；一种解读为"能知者未必言，能言者未必知"[2]；也有解

---

[1] 李存山《老子》，中州古籍出版社，2018年，118页。

[2] 苏辙："道非言说，亦不离言说。然能知者未必言，能言者未必知。"（［汉］河上公、［唐］杜光庭等注《道德经集释》，中国书店，2018年，329页。）

读认为，此"言"并非是指言语，而是指政教号令[1]。

老子对"言"与"知"有辩证的看法，其重点不在于"言"者知不知，或者"知"者言不言。其重点在于"知"与"言"是两个路数，表达和理解之间没有必然的联系。知者，可言可不言，知者没必要言；言者，或知或不知，言者未必知。亦如成玄英所言"博知辩慧，不益其明；沉默面墙，不加其损"。

同为道家代表人物的庄子在"啮缺问于王倪"中也有"四问而四不知"的状态。道家思想中，道不容言，总有"希""夷""微"一类的内容"不可致诘"，无法言喻，书不尽言，言不尽意。知者心悟，贵于行道，因用自然；谈说口辩，言语道断，徒造事端。

塞其兑，闭其门，挫其锐；解其纷，和其光，同其尘，是谓玄同。

"塞其兑，闭其门"在五十二章已经出现过了，"挫其锐，解其纷，和其光，同其尘"在第四章出现过。

任继愈讲："这一章继续宣扬蒙昧主义，并以此作为对待一切事物的准则。他（老子）认为，没有知识，不去认识世界最高明；有知识，要求认识世界就带来不利。"可做一家之言。

我认为清世祖解得更高明。他整合了陈景元与唐玄宗的观点，认为五十二章是追求清静，免除情绪和欲望带来的干扰，而本章是保持沉默，排除自我标榜和参与争斗的心态；第四章是探讨道的功用，本章是描述人的行动。[2]

此处提出了"玄同"的概念，我认为可以理解为庄子的"齐物"。

---

[1] 蒋锡昌："是'言'乃政教号令，非言语之意也。"（陈鼓应《老子今注今译》，商务印书馆，2019年，278页。）

[2] 清世祖："塞兑、闭门已见于五十二章。然彼则约道清静以塞嗜欲爱悦之端，此则宗道无言以合损聪弃明之理（此句与陈景元同）……挫锐、解纷、和光、同尘已见于第四章。然彼则就道以施功，此则据人以明行（此句与唐玄宗同）。"（朱俊红整理《〈道德经〉四帝注》，海南出版社，2012年，292页。）

"同谓之玄"，所以"玄"解读为有无同构；"同"是在"挫锐、解纷、和光、同尘"的行动上，避免形式逻辑的争端，不显则无偏举与争夺，不贱则无偏废与羞耻。"玄同"从内涵上讲是做到了功能与结构并重，"有无浑融、同然而然"①。

故不可得而亲，不可得而疏；不可得而利，不可得而害；不可得而贵，不可得而贱。故为天下贵。

老子讲的不是杜绝和隔离情感，而是超越情感。玄同之人出世，则遁世无闷，独立不惧；入世，则因"玄同"这一品性的功能，而成就了"天下贵"的素养。

世界上所有的生命都是在彼此的关系中维系着存在。如果有了亲，就一定会有疏。同样，有了利，则有了害；有了贵，就有了贱。私情的预设，本质上是一种优先服务。而这种优先先服务的观念，相当于把对象凌驾于自己之上。何为天下贵？不夹杂着预设的私情，"无物可加之"，既不给原本真实附加一个私情的评价，也不活在众生私情的评价之中，才是称得上天下贵。

今译

体悟真谛的人不做权威发声，权威发声的人不曾体悟真谛。停止表达，中断行动，在众生中消磨锋芒，化解纷争，光辉相照，尘垢共存，这被称为与有、无一起混同共生。所以能所遇而不会亲昵，所遇而不会疏远，所遇而不会得利，所遇而不会受害，所遇而不会宝贵，所遇而不会轻贱。因此而成就天下尊贵的地位。

---

① 清世祖："至人与天下同心，而无知与道同身而无体。则锐进纷乱之心于何而有，光尘分别之意于何而生哉！是谓有无浑融，同然而然之道也。"（朱俊红整理《〈道德经〉四帝注》，海南出版社，2012 年，292 页。）

五十七、正治奇用，无事自然

用主流文化治理群体，用边缘思维夺取胜利，不附加人造的主义来管理世界。吾辈以此知之。禁忌繁多导致底层群体窘迫；底层群体安全感低，收存武器，国家在现象上往往腐败无能；投机取巧导致具备特殊性的物件滋生；社会条框精细，自主创造困难，破格夺取变得实惠，于是导致盗贼数量增多。所以圣人表示：上位的统治者自身无为，下位的百姓能够自己创造幸福、富足、淳朴的生活。

原文

以正治国，以奇用兵，以无事取天下。吾何以知其然哉？以此。天下多忌讳，而民弥贫；民多利器，国家滋昏；人多伎巧，奇物滋起；法令滋彰，盗贼多有。故圣人云："我无为而民自化，我好静而民自正，我无事而民自富，我无欲而民自朴。"

注解

以正治国，以奇用兵，以无事取天下。

许多现代学者将此句翻译为"以正道治国，以奇术用兵，以清静无为治理天下"。何者为"正"？何者为"奇"？三句话有什么关系，古往今来的学者们众说纷纭。

唐玄宗认为，前两者"政教治国"和"奇诈用兵"，都不合于道；宋徽宗认为三者都是道的产物，表现形式不同[1]；明太祖认为，正是端正，奇并不是用阴谋，而是用另一种方式布德[2]；清世祖认为，"正"是纲领性的长远框架，"奇"灵活性的应急举措[3]；陆希声认为，前两者都是纠治隐患的对策，不可长久；陈景元认为，"以正治国"的是有为之君，"以奇用兵"的霸王之君，"无事取天下"的是有道之君。

关于"以正治国"，部分注家认为是"以政治国"，许多现代学者译为"正"指正道，此处指清静无为之道。我的观点是，此处未必是在倡导道家立场上的治国范式，而是在描述一种规律。"以正治国"，是指依靠同一套显性的文化信念系统整合群体。

"奇"本义是独特、殊异。《说文解字注》："奇，异也。不群之谓。""奇"，是相对于前句中的"正"来定义的。"正"是群体的主流文化，"奇"就是打破惯性的边缘思维。

第四十八章提到了"取天下常以无事"，本章重申表达论点。想要真正达到"取天下"的目的，得先排除私人愿景。

王弼这里注得非常好："以道治国则国平，以正治国则奇起也。"且在第五十八章中，王弼注："以正治国，则便复以奇用兵矣，故曰正复为奇。"由此可知，王弼并不赞成过分依赖"以正治国"。"以正治国"往往给"以奇用兵"提供了文化属性的土壤。就像克劳塞维茨（Karl Philip Gottfried von Clausewitz）在《战争论》中描述的

---

[1] 宋徽宗："正者道之常，奇者道之变，无事者道之真。"（朱俊红整理《〈道德经〉四帝注》，海南出版社，2012年，294页。）

[2] 明太祖："正谓端正，治国文实，奇非谲诈用兵，谓施仁德于外，及盈布于敌，使慕而效顺来归，则彼此不伤物命。……奇，奇于布德也。"（朱俊红整理《〈道德经〉四帝注》，海南出版社，2012年，302页。）

[3] 清世祖："正者，立万世之纪者也。……奇者，应一时之变者也。"（朱俊红整理《〈道德经〉四帝注》，海南出版社，2012年，296页。）

"战争无非是政治通过另一种手段的继续"。相同的文化属性使群体聚集，也同样成了群体的致命弱点。

吾何以知其然哉？以此。天下多忌讳，而民弥贫；民多利器，国家滋昏；人多伎巧，奇物滋起；法令滋彰，盗贼多有。

"利器"，一说是盈利手段[1]，一说是指武器，一说是权谋[2]。我认为，作为武器理解更贴切。

对于结构，注家亦有妙解。唐玄宗认为"天下多忌讳"对应了前文的"以正治国"，"民多利器"对应了"以奇用兵"；陈景元将这四个短句与下文的"无为""好静""无事""无欲"相对应[3]……

社会治理中禁令越多，底层人民会越贫穷；底层人民保存武器，国家治理越昏乱；社会中的人们崇尚捷径取巧，那些不同寻常的特殊物件就会得到更多关注，进而炒作兴起；复杂性是欺骗和破坏的优渥土壤，规矩和号召复杂，巧取豪夺的人变多。这四组对应的现象因果，中间有着多重因素，很难细究，但不妨碍推演。细细思索，可在开放性的结构中参悟未明示的联系。

故圣人云："我无为而民自化，我好静而民自正，我无事而民自富，我无欲而民自朴。"

---

[1] 王弼："利器，凡所以利己之器也。"（［魏］王弼注，楼宇烈校释《老子道德经注》，2019 年，154 页。）

[2] 河上公："利器者，权也。民多权，则视者眩于目，听者惑于耳，上下不亲，故国家昏乱。"（［汉］河上公、［唐］杜光庭等注《道德经集释》，中国书店，2018 年，78 页。）

[3] 陈景元："大君不能无为，而以政教治国，禁网繁密，民虑其抵犯，无所措手足。避讳不暇，弗敢云为，举动失业，日至贫穷。……君不能安静，而以智变为务，上下欺绐，则民多权谋，偷安其生，包藏祸心，日至昏乱。……君不能无事，而以机械为好，志在奢淫，则民尚雕琢，服玩金玉，奇怪异物，日益滋生。……君不能无欲，而以刑法作威，民虽苟免其罪，然而不足则奸宄生，小则盗钩，大则窃国也。"（［汉］河上公、［唐］杜光庭等注《道德经集释》，中国书店，2018 年，489—490 页。）

最后四句是对社会管理者提出了"取天下"的真解。我认为，圣人云的四句，是为前文的社会现象找寻的对策。"自化"对应"民多利器"，"自正"对应"盗贼多有"，"自富"对应"而民弥贫"，"自朴"对应"人多伎巧"。

"无为"，是不抱持驯化的观念，不做改造和干预①，于是百姓会自己整合资源；"好静"，是慎用法令，不焦躁，不焦虑，于是百姓能够自己更正社会风气；"无事"，是少玩花样，不附加个人愿景，于是百姓能够自己创造价值；"无欲"，是不利用公权力满足自己的私欲，于是百姓能够自己回归淳朴。以己制物，则物失其真。不以己正天下，使天下各得其正而已。

究其根本，老子描述了两种管理模式。一种是工具化的管理模式，依赖"教条"，通过倡导和禁止实现对社会的改造；另一种是自组织的治理模式，因用"自然"，借内在的动机、创造力、自觉性达到社会的动态平衡。

今译

依靠相同的主流文化来治理国家，依靠非主流的边缘思维来出奇制胜，依靠无私人愿景的心态来治理天下。我怎么知道是这样的？根据以下事实。天下的禁忌越多，底层人民就越贫穷；百姓们越多人藏武器，国家就越昏庸；百姓们崇尚捷径技巧，特殊的物件就会流行；法制禁令越多，盗贼数量也增多。所以圣人说：我不刻意改造，百姓会自己规划；我爱好清静，百姓会自己纠偏；我不预设愿景，百姓会自己富足；我排除私欲，百姓会自己朴素。

---

① 李零在《人往低处走——〈老子〉天下第一》中探讨了"无为"和"无事"存在的区别；韩鹏杰在《道德经说什么》中认为，道家讲无为，包括"不妄为""不多为""有所不为"三方面的内涵。各有道理。我的解读依旧采用了"为"字驯服大象的意象，"无为"则是"不改造、不干预"的意思。

五十八、福祸相依，正而不强

　　上位者沉静寡言，则政通人和，民风淳朴；上位者事事明察，物物检点，荣辱不共，贵贱有殊，则彼此有别，上下相离，缺缺不足。福祸总是相互倚伏的。何人知晓其中奥妙？因为社会管理中没有打造主流文化。正，亦伤性。主流反用，能演变成善胜的边缘思维。能够利用这种变化者，近妖。众生迷误，本来已久。所以圣人严格要求自己的品行，却不炫示于外，不强加于人。因时顺理，方而未尝方，随宜入妙。

原文

　　其政闷闷，其民淳淳；其政察察，其民缺缺。祸兮福之所倚，福兮祸之所伏。孰知其极？其无正。正复为奇，善复为妖，人之迷，其日固久。是以圣人方而不割，廉而不刿，直而不肆，光而不耀。

注解

其政闷闷，其民淳淳；其政察察，其民缺缺。

《说文解字》：“缺，器破也。”有学者认为“缺缺”是狡诈的意思①。我认为此处是指社会风气，"缺"与"朴"是相对的。"朴"是未被改造的自然状态，"缺"则是"舍母求子"分化后的内在缺失的状态。

前一章讲"上无为，民自化"，本章顺承前文，讲"上闷闷，民淳淳"，并以"上察察，民缺缺"作对比。"闷闷"与"察察"在二十章已经出现过。"俗人察察，我独闷闷"。这里讲的是当政者的两种治理模式：一种"闷闷"，不事教条，润物无声；另一种"察察"，审视明察，细致严苛。也对应产生了两种百姓的状态：一种无政可举，百姓无所争竞，宽大淳淳；另一种殊类分析，百姓欺违苟免，风化残败。

王弼此处注得妙，曰："言善治政者，无形、无名、无事、无政可举。"善于治理的政治家不会被形式束缚，恰与第二十七章"善行无辙迹"的内容自洽。

祸兮福之所倚，福兮祸之所伏。

此句常常与西汉刘安《淮南子·人间训》里"塞翁失马"的寓言互证。

福祸，表面看起来是讲外在的损益，但实际上是现实与内心期待水平相比的损益。"时有始终，世有变化，有所拂者，有所宜者。"是拂是宜，往往是相对于心中所企盼。倘若拥有道家思想，"超然出得丧荣衰之外矣"，那便能够坦然接受一切无常，无为无事，忘形忘物，安之若素，也无风雨也无晴。

孰知其极？其无正。正复为奇，善复为妖。

大部分注家都是将"极"解为"端点、极点"。本人在第十六

---

① 高亨："'缺缺'借为狯，《说文》：'狯，狡狯也。'狯狯，诈也。"（陈鼓应《老子今注今译》，商务印书馆，2019 年，284 页。）

章中将"极"理解为"房屋主梁",引申为主要支撑。保持文章的一致性,此处依旧做此理解,引申为本质规律。

许多现代学者认为,前一句讲"福、祸"是相反相对的,这一句"正、奇""善、妖"也是两组相反相对的概念。于是把"奇"理解为"邪",把"妖"理解为"恶"。我不太赞同这种解读。主张"天下皆知美之为美,斯恶矣;皆知善之为善,斯不善矣"的老子,并不倡导普世的相对价值,将妖解释为"恶",有悖宗旨。我认为,"善"依旧应当做"善于、擅长"讲。此处理解为,"正"通过"复"的方法可以转变为"奇","善于"使用"复"这个方法的人被认为"妖"。

关于结构,杜光庭亦有妙解。他认为,修道之人应当做到"无正",应变无心,不要执着于抱持福祸正邪的概念。"正复为奇"是由于"惑于正","善复为妖"是由于"滞于福"[①]。

人之迷,其日固久。

"人之迷"到底迷的是什么?一种说法认为,迷的是"福祸相依的道理"[②];另一说法认为,迷的是"其无正"[③]。我赞成第二种说法。迷的是"本就无正",正只是"以正治国"的便宜法,而非源于本然的自然法。但由于社会化,人们大多生活在相对价值中,浸染于四围,迷误已久。

---

① 杜光庭:"修道之要,在乎应变无心,方圆任器。不滞于祸福,不惑于正邪。滞于福则善复为妖矣,惑于正则正复为奇矣。"([汉]河上公、[唐]杜光庭等注《道德经集释》,中国书店,2018年,921页。)

② 严灵峰:"言人之迷惑于祸、福之门,而不知其循环相生之理者,其为时日必已久矣。"(陈鼓应《老子今注今译》,商务印书馆,2019年,285页。)

③ 苏辙:"正之为奇,善之为妖,譬如老稚生死之相继,未始有正,而迷者不知也。"陈景元:"薄俗不能自正自善,而乃矫真为正,逆行为善,而反为奇为妖,迷惑不悟,其所由来固已久矣。"([汉]河上公、[唐]杜光庭等注《道德经集释》,中国书店,2018年,331、492页。)

是以圣人方而不割，廉而不刿，直而不肆，光而不耀。

许多现代学者将"廉"解读为锐利。王弼注曰："廉，清廉也。""廉"本义是堂屋的侧面。堂屋是古代住宅正中举行祭祖、敬神、婚娶等仪式的房间。后来引申为不贪污。《说文解字》："廉，仄也。"我认为作"清廉、廉洁"即可，不必引申为锐利。

信仰与美德，是只可以说给自己听的原则。原则性强，但不生硬勉强他人；清廉朴素，不以自己的节俭强求他人；真诚直率，不因自己的耿直而无所忌惮；光明坦荡，不因自己的英明而干扰他人。总之，做好自己，行出道路，任凭他人自愿，不逼人善良，不逼人清廉，不逼人真诚，不逼人开放。

将最后一句看作方法论的话，究其原理，依旧不离"其无正"的内核。四十一章曾提到"大方无隅"，此处重新思索，何为"大方"？大方之大，因为非人为。人为的方是相对价值，是刻意"割"出来的，那属于"正"的范畴，并非源于自然。

面对"人迷日久"，老子一派的圣人不争，不为乱世主，不处暗君位①。虽能方能廉，能直能光，而不用其能②，始终温柔且坚定，呵护着万物的自然本性，唯恐其偏陷不返，因此"闷闷"。

今译

为政者粗疏，百姓就淳厚；为政者苛细，百姓就狡诈。幸福倚靠在灾祸旁，灾祸藏匿于幸福中。谁知其中究竟？世间本无主流，主流重新理解转化为边缘思维。擅长使用边缘思维的人，令人捉摸

---

① 河上公第五十六章注："不为乱世主，不处暗君位"。（［汉］河上公、［唐］杜光庭等注《道德经集释》，中国书店，2018年，77页。）

② 苏辙："区区以察为明，至于察甚，伤物而不悟其非也，可不哀哉？知小察之不能尽物，是以虽能方能廉，能直能光，而不用其能，恐其陷于一偏而不反也，此则世俗所谓闷闷也。"（［汉］河上公、［唐］杜光庭等注《道德经集释》，中国书店，2018年，331页。）

不透。人们疑惑由来已久。由此，圣人方正而不损人，清廉而不伤人，直率而不放肆，光明而不耀眼。

五十九、啬者早服，深根固柢

治理社会和顺应自然的本领要向农夫学习。早日合道，深耕厚植，做时间的朋友，注重积累，就没有不能胜任的事业。其中有常人不可揣测深意，于是可以构建自己的组织。组织有了生长的根基，方能长存。

原文

治人事天莫若啬。夫唯啬，是谓早服。早服谓之重积德，重积德则无不克，无不克则莫知其极，莫知其极，可以有国。有国之母，可以长久。是谓深根固柢，长生久视之道。

注解

治人事天莫若啬。

关于"啬"的解读众多，现代学者大多认为是"吝啬"的意思。古时学者大抵分为三种解读：一种是"节俭、省啬"的意思，如韩非子、陆希声、司马光等；一种是引申为"爱惜"，如河上公、唐玄宗、王真、陈景元等；还有一种解释是王弼注解的"啬，农夫"。

"啬"的古字像是收藏粮食的谷仓。本义是收谷，后来掌管谷物的官也称为啬。后来认为粮食是活命的必需品，来之不易，人们十分爱惜，引申为"节省"的意思。如《韩非子·解老》里说"少费为啬”"啬之者，爱其精神，啬其智识也"。

我支持第三种解释，即王弼的解释，将"啬"解读为农夫治理农事。治人，是指经营社会；事天，是指顺应自然。经营社会和顺应自然，讲究"节俭吝啬"，倒不如应当"效仿农事"来得更有道理。农夫治田，势必要顺应自然，但也为了遂人愿，让作物有好的收成，尽可能给作物营造一个好的生长环境。其中道理，与社会治理相似相通。

治理社会倘若标准一定，凡事求"必"，毫不转圜，很容易陷入法家或儒教，反而成为另一种灾难。老子思想虽然主张"自然"，但并不绝对化。"治人事天"不能完全归于自然，自生自灭。应当效仿农事，在自然中搭建一个提供安全、适宜生长的社会环境，本质上是在混沌中求生，于不稳定性的自然生态中构建稳定的社会生态。其内涵远胖于"吝啬节俭"。

夫唯啬，是谓早服。

"服"字何解，古来自有沿革，各有说法。韩非子认为是"从于道而服于理者"；王弼理解为"早服常也"；后儒改"服"为"复"；马叙伦、范应元、蒋锡昌、奚侗等均以为经文及注之"早服"当为"早复"，谓早返于道；南怀瑾认为应是"服用、服药"的服。

"服"的字形左边是一个面朝左跪着的人，右边是一只手，表示一个人用手按使另一个人跪下，让其服从。《说文解字》："服，用也。"我认为韩非子的解读就非常贴切了，服从于道理。

早服谓之重积德，重积德则无不克，无不克则莫知其极，莫知其极，可以有国。有国之母，可以长久。

"克"的字形像是甲胄头盔之形，胄有时还用来代指首级，所以就以此表示"战胜"之义。这就是"克"的本义，后引申为能力强、胜任、完成等义。《说文解字》："克，肩也。"我认为，此处解读为"胜任"更好一点。

第五十三章提到了"好径、盗夸非道也哉",本章给出了"早服于道"的宗旨与因果。王弼注曰:"不欲锐速。"合道,意味着具备延时满足的品性,注重对价值的积累,于是可以胜任任何事业。相较于"民好径"的特性,胜任事业的过程中蕴含寻常人无法理解的道理,于是可以算是具备了经营组织的素养了。"国之母"就是指一个组织创造成长的生生不息的源头,即"早服"与"重积德"。能够做好这两点,就是既遵守客观规律,又注重价值积累,于是便有了长久存续的可能。

是谓深根固柢,长生久视之道。

何为根?何谓柢?韩非子《解老》中解析得非常好。"树木有曼根,有直根。直根者,书之所谓'柢'也。柢也者,木之所以建生也。曼根者,木之所以持生也。德也者,人之所以建生也。禄也者,人之所以持生也。今建于理者,其持禄也久,故曰'深其根'。体其道者,其生日长,故曰'固其柢'。柢固则生长,根深则视久,故曰'深其根,固其柢,长生久视之道也'。"能够持续创造价值,决定了存在的合理性;能够持续交换价值,便是为成长提供了生机与养分,在动态中长存。自然规律下深耕厚植,是因;无常中长久续存,是果。

今译

治理社会,顺应自然,没有什么能比得上农事了。农民务农,便是早日合道的表现。早日合道意味着注重积累价值。注重价值积累,就没有不能胜任的事业。没有不能胜任的事业,意味着常人难料其中核心原理。难料原理,则可以管理国家。具备经营国家的供养源头,则可以长久存续。这被称为深植根系、稳定基础,是长生久存的方法。

解读

耕种文明孕育培养生机的治理思路

老子所言"治人事天莫若啬",亦如现代探讨农耕文明的"内在"优势,探索、总结相适合的治理思路。

马尔科姆·格拉德威尔在《异类》中探讨了"游牧文明"和"耕种文明",写道:"游牧文明和耕种文明大相径庭。从事耕种的农民能否活下来依靠的是人与人之间的相互合作,而从事游牧的牧民则更多依靠自己。农民不必担心他们的庄稼一夜就被人全部偷走,除非盗贼有本事一个晚上就把地里所有庄稼全部收割完。但是牧民就有这样的担忧,实际上,他们一直生活在牲口被偷,整个生活被毁的恐惧之下。所以他们养成了好斗的性情:他们必须通过自己的言行表明自己不是弱者,要对危及他们名誉的哪怕最轻微的挑战以最坚决反击——这就是'荣誉文化'的含义。游牧文化所在的地方,荣誉感在男性那里占据存在感与自我价值的中心。"[1]

生产、生活孕育了不同的文明,在习性中形成了不同的族裔文化,塑造了不同的价值观。相较于游牧文明,耕种文明孕育的族裔文化更重视合作,安全感更足,尚武争斗的荣誉色彩并不太重。农民在选址、选种、播种、育苗、灌溉、施肥、收获等程序上都需要结合气候、地形、时节进行估算,在尊重自然规律的基础上辛勤劳作,获得收成。由此,耕种文明更崇尚对自然规律的领悟,倡导人与自然和谐共处,并且在数学运算上更有优势,在建筑方面也有自己独特的审美和风格。耕种文明下,整个社会都在围绕粮食运转,也影响了政治制度和治理模式。稻米种植的过程复杂而烦琐。像农

---

① [加]马尔科姆·格拉德威尔著,苗飞译《异类:不一样的成功启示录》,中信出版社,2017年,142页。

奴制或工资制这样的生产形式很难保证劳动者有真正的热情和责任心，没有哪种封建系统能够长期精确控制这一过程的每个环节。耕种文明下的稻米经济具备很强的自主性，所以相适应的政治制度和治理思路更重视自主性，往往只收取固定利率的地租，生产活动有农民自主决定，余粮归自己所有。由此，百姓合理利用每一寸土地，为自己美好生活而辛勤劳作，也促使耕种文明更重视智慧、节俭和努力，在巨大的不确定性中积累真正的价值。

不提倡尚武文化，倡导"不争"；不过多干预和操控，"无为而治"；遵循自然规律，主张效法"天之道"；培养生机，顺应"自然"，尊重自主性；重视合作与积累，于不确定性中求"安"……老子这些关键的理论内涵颇有深意，非常契合农耕文明的精神需求和生存需要，也难怪会在东方的历史长河中被筛选出来并保持至今。

六十、治若烹鲜，德交不伤

　　治理大的组织，如同烹饪，投之于釜，文烹武炼。合道治理天下，未知的恐怖不会主动显现，自主的能量不用来图谋伤人，圣人不企图彰显自己也不必伤人。双方之间不存在伤害的意图，价值交换回归本质。

原文

　　治大国若烹小鲜。以道莅天下，其鬼不神。非其鬼不神，其神不伤人；非其神不伤人，圣人亦不伤人。夫两不相伤，故德交归焉。

注解

治大国若烹小鲜。

烹调小鱼，不能随意翻动，恐怕会搅碎；治理大的邦国同理，应当无为，重视保护百姓的自然本性。

以道莅天下，其鬼不神。

　　"鬼"的古字像人身头大。本义是在原始社会和商周社会中戴一种吓人的面具，以代表人们观念中的鬼。《说文解字》："人所归为鬼。从人，象鬼头。鬼阴气贼害。"

　　古时有注家认为，鬼是代指可以调用阴气的神秘力量，神是代指调用阳气的神秘力量。我们不必全以阴阳二气来解释"鬼神"。我认为，"鬼"代指令人害怕却又超出常人认知的事物；如第六章所言，"神"为精神之神，代表主动与事物建立连接的精神能量。

非其鬼不神，其神不伤人；非其神不伤人，圣人亦不伤人。

河上公认为，鬼神不伤人是因为圣人在位，有保护作用[①]；王弼认为，以道治天下，在"道洽"的原则下，神与圣人都不会被大众察觉知晓，不知神圣之为神圣，于是不会伤人[②]；唐玄宗认为，此处并不是否认了"鬼"和"神"的存在，而是肯定了神怪存在，但不认为神怪会伤害百姓[③]；杜光庭认为，畏惧神怪，是基于"有为""有事"的治理之上，不为政绩和欲望而急切焦虑，就没有意料之外的反扑[④]。

我认为，并非鬼神伤人，鬼神本无事无为。只不过是人背道行远而不自知，"违道身殃"罢了。"鬼神"观念的诞生，也只是迎合了人们内心需求的。韩非子在《解老》中提到，"人处疾则贵医，有祸则畏鬼"，非常在理。"魔由心造，妖自人起"。以道治理天下，无为而治，人能各安其自然。外无所求，不求有妄之福，于是物各得其所。因为物各得其所，所以物莫能侵，也就能做到内无所畏，不惧灵变之祸。鬼无所用其神，所以说"其鬼不神""其神不伤人"。

---

① 河上公："非鬼神不能伤害人，以圣人在位不伤害人，故鬼不敢干之也。"（［汉］河上公、［唐］杜光庭等注《道德经集释》，中国书店，2018 年，82 页。）
② 王弼："道洽，则神不伤。神不伤人，则不知神之为神。道洽，则圣人亦不伤人。圣人不伤人，则亦不知圣人之为圣。犹云非独不知神之为神，亦不知圣人之为圣也。夫恃威网以使物者，治之衰也。使不知神圣之为神圣，道之极也。"（［魏］王弼注，楼宇烈校释《老子道德经注》，2019 年，162 页。）
③ 唐玄宗："非谓鬼歇灭而无神也，但其不敢见怪以伤人矣。"（朱俊红整理《〈道德经〉四帝注》，海南出版社，2012 年，313 页。）
④ 杜光庭："既绝有为之扰，自无见怪之伤。"（［汉］河上公、［唐］杜光庭等注《道德经集释》，中国书店，2018 年，931 页。）

夫两不相伤，故德交归焉。

对"两不相伤"有两种解读：一种认为是"双方互不伤害"，指圣人与百姓；一种认为是"两组'不相伤'的例子"，鬼神与百姓、圣人与百姓。

"德交归焉"，一方面是在"不伤人"的理念下，社会成员更有安全感；另一方面，有利于把自主权还给百姓，形成"百姓皆谓我自然"的社会风气，能够充分调动百姓的主人翁意识，成为合作和发展的基础。

老子的时代，用理性去凌驾人类自身的脆弱与自卑，不将困惑与未知归因于鬼神，是多么强大的内在力量。这种传承是中国集体无意识中极有魅力的部分。不同于西方"原罪"概念和末世情结，东方世界的群体在道家思想下更倡导一种"安之若素"的心理底色，各得其所，不盗，不夸，不强加，不相伤。于是，集体安全感更强，集体中焦虑和躁乱的情绪更轻。

今译

治理大的邦国，就像烹调小鱼。依循"道"来管理天下，未知的邪祟就不起作用。不是未知邪祟不主动出击，而是未知事物的主动能量不以伤人作为意图。不是未知事物不主动伤人，圣人也不主动伤人。彼此都不意图相互伤害，则回归价值交换本身。

解读

孔子对于"鬼神"的态度

孔子对于"鬼神"有自己的观点——"祭如在，祭神如神在""敬鬼神而远之""未能事人，焉能事鬼""子不语怪力乱神"。对于"鬼神"之事，孔子的态度是避而不答，保持敬畏。我认为，反而不如"真切承认未知"或"确然定义不可知"。对于鬼神之事的解读，关系到对于未知和隐晦的态度，其影响之深，不止于表面，甚至塑造了相应的性格。避而不谈，保持敬畏，有可能助推对未知和隐晦的忽视与怯懦，很容易为统治者和智者的"暗箱操作"和"转移注意力"的手段提供土壤。

　　反观老子没有否认存在，给出了"不伤人"的答案，甚是高明。没有了来自超自然的无端威胁，能够归复生命价值的本身，更有一份坦然的态度和安全的底色，于人事上也杜绝了不少隐患。

六十一、交牝得欲，宜静宜下

　　体量大的组织可以取法水性，去高就下。世间价值交换，实质是利用其被动价值。被动价值往往以静态的形式胜过主动作为。在静态的形式下，双方可以排除结构立场的干扰作用。所以大的组织和小的组织通过排除结构立场的干扰，可以互相合作。因此，有的是抱着目的而放下结构立场，有的是通过放下结构立场而收获结果。合作之余，大的组织不为了兼并附庸，小的组织不意图成为附庸。大者即权威。各取所需，权威者应当放下权威。

原文

　　大国者下流。天下之交，天下之牝。牝常以静胜牡，以静为下。故大国以下小国，则取小国；小国以下大国，则取大国。故或下以取，或下而取。大国不过欲兼畜人，小国不过欲入事人，夫两者各得其所欲，大者宜为下。

注解

大国者下流。

　　第六十六章讲"江海之所以能为百谷王者，以其善下之，故能为百谷王"。由此可见，"下"在江海的角度是地势低，在大国的角度是指放下身段。大国，在结构上是"贵高"的，由"贵高"的结构下行，以功能相互交换，由"权力端"转向"需求端"。期间种种内涵，注家亦有延伸，"下流"便于开纳[1]，避免陷入兵革相见的胜负中[2]，独处柔静不争之地[3]……许多注家引申为"谦下"，也是恰当的。但需明白"大国者下流"的谦下态度并非屈就于传统道德期待，而是意图构建和谐不争的合作氛围。

天下之交，天下之牝。牝常以静胜牡，以静为下。

许多现代学者认为此处讲了牡牝交配，将"交"译为"性交、交媾"。或许有道理，但是我想提出另一种理解。《说文解字》："交，交胫也。"交，古字形是交叉双腿站立的人。交叉双腿时，左右脚位置互换。"交"的一开始用意是"交换"的交，而不是"交汇"的交，也未必是"交配"的交。

"牝牡"如第六章和第五十五章解读，代指被动与主动，解释为"被动的能量"和"主动的力量"。河上公注："不先求之。"王弼注："雄躁动贪欲，雌常以静，故能胜雄也。"清世祖注："牡动牝静，静者受益。"

此处讲述了一个一般的规律。双方合作进行价值交换时，实际是本身蕴含的被动价值进行交流。被动价值在静态中胜过主动作为。静，区别于动，静是不争。"以静为下"，即抛开结构层面对峙的视角，如此"为下"。

①唐玄宗："下流开纳。"（朱俊红整理《〈道德经〉四帝注》，海南出版社，2012年，316页。）
②王真："此章极言王者常以谦下为德也，岂以兵革强力而求胜负于其间哉！"（［汉］河上公、［唐］杜光庭等注《道德经集释》，中国书店，2018年，379页。）
③宋徽宗："天下皆以刚强敌物，而我独寓于柔静不争之地，则人孰胜之者？"（朱俊红整理《〈道德经〉四帝注》，海南出版社，2012年，316页。）

故大国以下小国，则取小国；小国以下大国，则取大国。

"取"，一说为"聚"，一说译为取得信任，一说为获益。我赞同，作为获益理解。前句提到"以静为下"，此处讲大国与小国双方在静态中合作，抛开结构对峙的视角，相互获益。

故或下以取，或下而取。

对于"以取"和"而取"，注家各有各的发挥。唐玄宗认为，"以取"是大国取小国，"而取"是小国取大国[①]；陆希声提到，大国下小国是道之动，小国下大国是道之用；司马光认为，两者是主动与被动的区别[②]；李零也认为是主动与被动的关系，讲的是大小国的吞并关系[③]……

我认为，"下以取"是强调目的，"下而取"是强调结果。

大国不过欲兼畜人，小国不过欲入事人。

任继愈认为："当时封建地主阶级要求通过兼并战争达到统一；没落阶级的代言人则反对这种统一。这里老子讲的大国领导小国，小国奉承大国，是希望小国大国维持春秋时期的情况，不要改变。他希望社会永远停留在分散割据状态。这是和历史发展方向背道而驰的，是对抗新的变革。后来的历史事件表明，老子主张的道路是行不通的。"[④]

实际上，此句可以有两种译法。一种将"不过"放在一起读，译为"大国不过是想要兼并小国，小国不过是想要依附大国"；一

① 唐玄宗："以者，大取小。而者，小取大。"（朱俊红整理《〈道德经〉四帝注》，海南出版社，2012年，317页。）
② 司马光："以取取人，而取为人所取。"（［汉］河上公、［唐］杜光庭等注《道德经集释》，中国书店，2018年，199页。）
③ 李零：" '下以取'是主动吞并，'下而取'是被动吞并。"（李零《人往低处走——〈老子〉天下第一》，生活·读书·新知三联书店，2008年，191页。）
④ 任继愈《老子新译》，上海古籍出版社，1986年，191页。

种将"过欲"搁在一起读，译为"大国不过度欲求而意图收养小国，小国不过度欲求而意图攀附大国"。我认为，第二种翻译更符合本章"大国者下流"的理念，双方抛开权力意志，放下架子，彼此成就。"大国无以自贵于小国，小国无羡于大国，则荣愿有余矣"。

"收养"和"依附"，是所有权的概念，发生在结构层面下，是在想象力上对身份和地位的一种附加理解，实则"过欲"，为虚为妄。我认为，主张"生而不有，为而不恃，长而不宰，是谓玄德"的老子不太可能支持这种结构上的强势与依赖。

夫两者各得其所欲，大者宜为下。

前一句是排除了"过欲"的成分，于是双方在功能上能够"各得其所欲"，形成和谐的价值交换。

大国与小国，如"善人"与"不善人"这组关系相同。"善人，不善人之师；不善人，善人之资"。双方合作，也是一组"权实"交换。对于大国，为了"纳"服务，以权求实；对于小国，为了"存"服务，以实求权。

"夫大小虽殊，而放于自得之场，则物任其性，事称其能，各当其分，逍遥一也，岂容胜负于其间哉！"老子在最后的一句又再次重申"大者宜为下"，呼应"大国者下流"。大者，是指结构大的一方。结构大，在社会关系上往往是权威的一方。权威盛的一方，更应该放下结构对峙的视野，促成合作的进行。

今译

大国如同位于山川下游，具备柔静被动的力量，为天下所归往。被动的力量常常以静态的形式胜过主动的作为，静态能够做到谦下。所以大国以谦下的态度对待小国，则可以从小国获益；小国以谦下的态度对待大国，则可以从大国获益。所以，有的以获益为目的而谦下，有的因谦下而获益。大国不过度纵欲而奴役小国，小国不过

度纵欲而依附大国。两者各自在恰当的期盼下交换所得，权威盛的
一方更应当谦下。

六十二、言行造善，莫若自然

　　道被万物敬重。精英善于运用，借之受益；非精英可以利用，借之求安。讨喜的言辞具备商业角度的交换价值，符合社会期待的行为可以提升个人的社会分量。非精英之辈怎能算无用之流？言行造就一个人。但言行是社会化的产物，非始于自然。依此论调，人之弃用，岂不是另一种自视甚高的荒唐？分配权力，设置职能，创造难得之货与驰骋之御……与其在社会中设置重重规范与游戏，不如沉浸入道，效法自然。为何敬重此道？沉浸入道者，不以权乱实，不预设利害得失心，不预设正邪赏罚念，因此得到天下敬重。

原文

　　道者万物之奥，善人之宝，不善人之所保。美言可以市，尊行可以加人。人之不善，何弃之有！故立天子，置三公，虽有拱璧以先驷马，不如坐进此道。古之所以贵此道者何？不曰以求得，有罪以免邪？故为天下贵。

注解

道者万物之奥，善人之宝，不善人之所保。

现代学者将"奥"解释为深奥、庇护①、宝藏②、宗主③等。"奥"的本义是房屋的西南角。古代房屋坐北朝南，奥比室更幽深，是古时祭祀设置神主或尊长居坐之处。《说文解字》："奥，宛也。室之西南隅。"《说文解字注》："宛者，委曲也。室之西南隅，宛然深藏，室之尊处也。"

孔子在《论语·八佾》中亦有对"与其媚于奥，宁媚于灶"④的谴责。其中"奥"是指供奉的家中主神，"灶"是指地位低的专职灶神。

如果了解了"奥"的原始含义，再回头翻阅古人注解，便可知其内涵。除前面脚注提到的河上公、王弼、郑玄的注，明太祖注曰"奥者幽深巨室，囊括万物之所"，清世祖注曰"室中之奥，深而能藏"，等等。

另有外国学者阿瑟·韦力（Arthur Waley），对中国文化了解甚深。在翻译中，将"奥"译为"房子西南角"（the south-west corner in the house）并做出了相关注释。

此处"善"依旧解为"擅长、善于"的意思。善人、不善人，即精英、非精英。

宝，是借其用；所保，是全其体。在道中，结构与功能相互作用。善用之人可以有所收获，精英在道的规律下，于道中求得；不善用之人亦被这种规则保护，非精英可以在道的支持下，于道中求安。倘若既不能求得，又不能求安，盖道不远人，而人自远之罢了。

---

① 或许受到王弼的影响。王弼注："奥犹暖也。可得庇荫之辞。"（［魏］王弼注，楼宇烈校释《老子道德经注》，2019年，166页。）
② 或许受到河上公的影响。河上公注："奥，藏也。"（［汉］河上公、［唐］杜光庭等注《道德经集释》，中国书店，2018年，84页。）
③ 或许受到郑玄的影响。郑玄注："奥犹主也。"
④《论语·八佾》："王孙贾问曰：与其媚于奥，宁媚于灶，何谓也？子曰：不然，获罪于天，无所祷也。"

美言可以市，尊行可以加人。

"市"的本义指集中进行交易的场所，即市场。《说文解字》："市，买卖所之也。"市，指交易。

"尊"古字形为"双手捧酒杯高举"，本义当为敬酒，延伸为尊敬。

"加"由字形来看是"竭力吹笙击鼓"，后引申为礼赞、诬陷、夸大。《说文》："加，语相增加也。"后又引申为增加、外加、施行、放置等意思。这里我认为，指的是"受人尊敬的行为能增加个人的分量"。

美言，是让人愉悦的言辞，用来取悦他人，他人也乐意为自己的愉悦买单，因此具备交易的价值；尊行，是符合社会道德期待的行动，可以加重个体在社会关系中的分量。

人之不善，何弃之有！

许多学者认为此句是强调应当引"不善之人"进入正道，不放弃塑造。我认为，这种解读与后文第六十五章中"古之善为道者，非以明民，将以愚之"的主张是相违背的。

美言善行，是人类社会赋予的意义，并非源自自然。不善，只是没有在那些被文化赋予意义的内容上突出，不是被抛弃的理由。"精英社会"不停压缩非精英群体的生活空间，意图抛弃非精英，实则是一种将人工具化的观念。社会中的很多灾难往往都是因为把人当作工具引起的。对于社会管理来说，劳动的目的不只是造物，更深层的意义在于造人。劳动者不单是创造产能效益的人，也是实现自我生命价值的人。

故立天子，置三公，虽有拱璧以先驷马，不如坐进此道。

三公，是古代官职，指太师、太傅、太保。

关于"拱"的解释有两种观点：一种认为取其本义，指抱拳。《说文解字》："拱，敛手也。"可以引申为恭敬地奉献。一种认为"拱"

通"珙"，指大璧。此处采用第二种解释。

关于"先"的解释也有两种观点：一种本义，认为是指程序或地位的前后。一种认为"先"通"駪"，马众多貌。此处采用第二种解释。

古代同驾一辆车的四匹马称为"驷"。《说文解字》："驷，马一乘也。"《玉篇》："驷，四马一乘也。"

"立天子"是选择任命社会管理者，"置三公"是进行管理层的设置和分工，"拱璧"代指难得之货，"驷马"代指驰骋之物，"拱璧""驷马"或可代指轩冕之赏。四者都是以"常有"的视角在社会结构上对"边徼"进行优化。人为制造的无波动的社会系统，往往收获的信息和筛选的功能都是片面的，难以做出针对真实变动的调整，隐藏的风险会逐步积累，维持非适应性结构又加重了负担。事实上，反而提高了遭受罕见恶性事件打击的风险。"宝有用尽，道用无穷"。不如结合"常无"和"妙本"，在社会管理中体任和因循自然。

古之所以贵此道者何？不曰以求得，有罪以免邪？故为天下贵。

对此句解释，大抵分为四种：在道中既可以"求得"，也可以"免罪"；在道中无欲无得，无宠无罪，所以不需要"求得"，也无"罪"需免；"得"是指得道，不需要求得道，也不需要因罪而求免罪，道不离人，可离非道；"以求得"对应"善人"，是善人之宝，"罪以免"对应"不善人"，是不善人之所保。

我更支持第二种解读，道无罪功，不必求，也无须免。

最后一句可理解为阐明"何为信仰"。信仰，并不是"谁有用，就拜谁"，而是选择了一种忠于自然本性的生活方式。外在的机构设置和奖惩规则，发展到最后只能是一种形式。与其在"权"中求"实"，不如回归于"实"中求"实"。放下社会的标准，反求诸

六十二、言行造善，莫若自然

己，在自己的自然本性中探寻一种踏实的生命状态，既不因"求得"的心态患得患失，徒增焦虑，也不因"免罪"的心态自惭形秽，强迫固执。此为"天下贵"，值得作为"万物之奥"来敬仰。

今译

道被万物当作主神来敬仰，是精英者的宝贝，是非精英者的庇护。令人愉快的言辞具备商业价值，受人尊敬的行为可以加重个人的分量。那些非精英的人，就应该被抛弃吗？所以选择社会管理者、任命不同分工的行政大臣，即使奉上珍贵宝玉、安排众多马匹的礼仪，都不如踏实顺应道的运作。古人为何如此重视道？因为在道中，不会因为乞求就满足欲求，也不编织罪邪概念来引导赦免，所以能够被天下人敬仰。

六十三、心无难易，终究无难

体虚无之妙道，法天地自然之常德，不以循常视角的大小、多少、恩怨、难易为内心尺度。不预设情绪底色，可举重若轻，从负面事件中汲取价值。意图有所成就，须当从细小、简单之处着手。圣人能够保持不畏难的心态，才能成就过人之功。轻易许诺，势必信用低下；流连于简单的琐事，往往迎来更多难以解决的麻烦。这种麻烦，是圣人更不愿遇到的难事。于是，圣人以简易的心态做困难之事，终究不遇更多难事。

原文

为无为，事无事，味无味。大小多少，报怨以德。图难于其易，为大于其细。天下难事必作于易，天下大事必作于细，是以圣人终不为大，故能成其大。夫轻诺必寡信，多易必多难，是以圣人犹难之。故终无难矣。

注解

为无为，事无事，味无味。

从表面上看是讲，不作为，不生事，品无味。如此解读，与本章关联性很小。我认为，此三句是描述的态度。"无为"是不企图擅自改造，"无事"是不掺杂私人事务，"无味"是不预设主观评判。

大小多少，报怨以德。

关于"大小多少"，许多学者认为此四字意义欠明，疑有脱字。除此之外，有四种讲法：强调修道者的品性。能够把大的看作小的，把多的看作少的。描述修道之人虚静寡欲，淡泊世俗，与寻常人的价值观不同。强调态度。译为"以……为大""以……为多"，以相反的态度对待某一特性。强调变化。大的可以变成小的，小的可以变成大的；多的可以变成少的，少的可以变成多的。强调相生关系。大生于小，多生于少。

我赞同第二种解释。结构上为小、为少，是既有的相对特性，但视野不拘泥于结构，依旧能够以功能视角"大之""多之"，看到相反相成的一面。

解析"报怨以德"时，学者往往联系孔子"报怨以直"[1]的理念作对比。认为老子主张"以德行回报怨恨"，孔子主张"以公道对待自己怨恨的人"。我认为，如此解读是不准确的，两者还是有区别的。孔子讲的是"人与人"的关系；老子本章内容，都是在讲"人与事"的关系。

各位学者在解读"报怨以德"时，往往忘记了老子"德"的意思，惯性地有代入了如今所谓"品德"的"德"，理解为现代道德中的"以德报怨"。这样解读上下文不通。"以德报怨"，并非"以恩报怨"。怨，是负面情绪；德，是指价值。理解为"从负面情绪的事件中受益"更好一些。

"为无为，事无事，味无味"提出了做事要排除自我设计的成分、排除自我运营的心思、排除主观偏好的评判。"大小多少，报怨以德"这两句依旧是讲态度，学会用不同的价值参考视野对待当下的特性。

---

[1]《论语·宪问》："或曰：'以德报怨，何如？'子曰：'何以报德？以直报怨，以德报德。'"

后文依旧讲的是态度，排除自我预设的主观成见和情绪限制，才能专注于事业本身。

图难于其易，为大于其细。天下难事必作于易，天下大事必作于细，是以圣人终不为大，故能成其大。

哪怕选择了"难"与"大"，但依旧只能必然地从"易""细"处着手。老子思考问题，并不静止与孤立，引入了"时"与"势"因素。"图难""为大"是目标和计划，"作于易""作于细"是方法和步骤。因此，圣人具备足够的延迟满足感，不以畏难的态度开始创业，于是能够成就那些被世俗认为难办的伟大事业。

夫轻诺必寡信，多易必多难。

轻诺，是指频繁的轻易许诺。哪怕没有说谎，轻诺者，势必追求更多结构上的确然性，而不能投入到结构与功能的深度转换中，有失水准，必然不足为信。

多易，是频繁运作那些可以轻易诉诸结果的容易之事。长久如此，面对困难的心理阈值变低，导致与他人无价值交换的功能，则难以维持结构，反而举步维艰。

轻诺，多易，皆为轻躁之举。短期回应，或许有快速回馈的安全感和确定性，但过程反而伤性，稳定性中频繁反馈，导致不能驾驭不稳定性，对价值和信用是一种隐形的损减，甚至悄悄埋下了未来的风险和隐患。

是以圣人犹难之，故终无难矣。

多数学者将"犹"译为"尚且"，未尽其意。第十五章提到"犹"指多疑的野兽，描述兽进退多疑似在酝酿中。此处表示圣人在权衡之后，"多易之难，犹难之"。圣人对待事物，兼顾伤性的危害和未来的风险。于是，圣人选择"图难""为大"，以"无难"的心态对待难事，从易处细处做起，终究不落入更多的困难与灾祸。

今译

行动不意图擅自改造，做事不掺杂私人事务，品尝不怀抱口味偏见。把小的事物当作大的，把少的东西当作多的，从负面情绪中获得积极效益。从事困难的事业应当趁其简单时，从事宏大的事业应当趁其微小时。世界上难办的事，必然是从简单发展来的；世界上伟大的事，必然是从微小发展来的。由此，圣人不将宏大的事业看得高不可攀，所以能够成就事业的伟大。频繁轻易承诺的人，势必信用差劲；总是从事简单营生的人，势必会遇到更多的磨难。由此，圣人尤其担心遇到更多的困难，所以反而最终没有磨难。

解读

不让刻板观念变成心理建设，徒增滞碍

我们在天性中有一种机制，会依据经验对事物进行预判，预估成本和风险，进而产生情绪。这种机制能够帮助我们快速判断，避免过度消耗和无谓的损失，有利于生存。然而这种机制同样也带来了负面作用。一旦对于事物的刻板印象成了心理建设，哀乐存怀，则不能与适推移，会使我们畏惧失败与损失，抵触不确定性，妨碍我们对"难事""大事"进行长期的投入。

老子认识到了这种情绪带来的效应，本章对圣人创业提出了态度上的见地。面对道"善贷而成"的特性，圣人需要在态度上克服对"难事"和"大事"的畏惧，不因不确定性而介怀，学会在负面事件中受益，内置反脆弱性，随变任化，与物推移。老子关于本章态度上的重建理论，也呼应了第四十八章"为道日损"的修养、第五十五章"赤子"不预设成见的"厚德"境界和第八章"处众人之所恶"的反向选择。

六十四、见微知著，辅自然耳

维持动态平衡，本身不费劲。失衡之前的微小处，极易变更。系统本无事，图为图治，始速祸焉。谨防人欲的细末动因演变为巨大成果。圣人内念未发，外物不接，不意图自以为是的改造，没有动因，所以系统不败；不痴迷自我概念的持执，没有动念，所以整体不失。大众作为，常常半途而废。慎重对待果，亦如慎重对待因，方能不自掘坟墓。所以圣人想达到无欲的状态，不抬高难得之货的地位；学大众不愿意精进的内容，填补社会的短板。只作万物本性自然的辅助者，不敢随意加以改造。

原文

其安易持，其未兆易谋，其脆易泮，其微易散。为之于未有，治之于未乱。合抱之木，生于毫末；九层之台，起于累土；千里之行，始于足下。为者败之，执者失之。是以圣人无为，故无败；无执，故无失。民之从事，常于几成而败之。慎终如始，则无败事。是以圣人欲不欲，不贵难得之货。学不学，复众人之所过。以辅万物之自然，而不敢为。

注解

其安易持，其未兆易谋，其脆易泮，其微易散。

"泮"，王弼本作"泮"，简本、傅本作"判"，河本、严本作"破"。"泮"字本义是古代天子诸侯举行宴会或作为学宫的宫殿。一半有水，一半无水。《说文解字》："泮，诸侯饷射之宫。西南为水，东北为墙。"此处应通"判"，《说文解字》："判，分也。"为分散的意思。

此处讲动态平衡是容易维持的，平衡之外的微小苗头非常脆弱，可以轻易改变。一方面，作为维护动态平衡的立场，此处非常契合"治未病"的思想；另一方面，作为创业图变的立场，此四者皆属于"从无入有"的阶段，由功能转换为结构，现象上未充分显现，形式上不完整，却饱含生机。

另有学者对此四句内涵进行了延伸，如唐玄宗认为，此四者对应的是"欲心未动""情欲将起""欲心已动""祸患细微"四个阶段；又如杜光庭认为，此四者分别对应了"嗜欲未萌""欲之将萌""欲兆既彰""欲既坚成"。

为之于未有，治之于未乱。

理解此句可以有三种立场。其一，作为守成"治未病"的社会管理者，在征兆之时便提前着手，趁微脆之际消除隐患；其二，作为改革先驱的创业者，需要在机会来临的前夕提前谋划，做好准备；其三，作为"无为自然"政治阵营的支持者，或可以将"为""治"理解为否定，"为"和"治"往往是源自对私人功名和个人利益的追逐，切忌在"未有"和"为乱"时画蛇添足。

合抱之木，生于毫末；九层之台，起于累土；千里之行，始于足下。

大多学者注解此句时总带着"正"的思维定式，老子不见得鼓励世人追求不世之功，此处只是说明了量变引起质变，对功劳没有正面的情感色彩，也没有倡导人们建功立业。如学者们注解中，唐玄宗认为"此三者喻其不良早图，使后成患"；陈景元认为"此三者喻不见几慎微以致后患也"。

为者败之，执者失之。是以圣人无为，故无败；无执，故无失。

"无为"并非不作为，而是不妄自改造自然；"执者"也不是告诫所有人都应该效法出世，而是不要将心思滞留锁死在特定的物件上。我认为，"败""失"也不是指圣人个人的功名，而是指整体的系统。为与不为，执与不执，对于圣人来说，不重要；但整个系统的败与不败、失与不失，对于圣人来说，很重要。相比较于个人功名，圣人更不愿意让整体和系统承担隐患和风险。圣人不牺牲整体和系统的未来而成就其个人，于是不会导致整体和系统失败。

民之从事，常于几成而败之。慎终如始，则无败事。

"民"是指大众。南怀瑾对"几"字做了深一层的解释。"一件事情的成败，常有些前后相关的现象，当你动作的时候，它已经有现象了，自己没有智慧看不出来；如能把握那个'机'，就不至于失败。所以一般的人'几成而败之'，是因为把坏的机看成成功的机，自己看不清楚，结果失败了。"[1]

是以圣人欲不欲，不贵难得之货。学不学，复众人之所过。以辅万物之自然，而不敢为。

许多研究者认为此处是章节错置，却不知该返还何处。

"人欲于色，圣人欲于德。"大众更想要现象上的收获，好欲争尚，而圣人更关注价值，保持清静，不敢为俗学与多欲。

---

[1] 南怀瑾《老子他说》，东方出版社，2021 年，657 页。

"学不学"，一个角度是指学习那些众人不愿意学习的学问，填补社会的空缺；另一角度也可以是指学"不学"的这个行为。任何学业，都是前人经验的总结，带有权威的色彩。圣人需要在学业之外，防止"以博溺心"，更注重保持内心的敏感性，保护源自自然的直觉。

本句揭示出，管理者的社会功能，本质是一种代理。站在百姓需求的角度，管理者只不过是处理"不欲"和"不学"的代理职位，替群体承担风险，承受"垢"与"不祥"。社会最终的标准和归宿永远是"万物之自然"，社会管理者只能作为百姓的代理，辅助"自然"而已。

今译

事物安稳时是极易保持的，事物尚未显现变化的征兆时是容易谋划的，事物脆弱时容易分解，事物微小时容易消散。在事故未发生前提前筹备，在祸乱未产生前提前治理。合抱的大树是从细小萌芽成长来的，九层的高台是由泥土垒起来的，千里远的路程是从脚下一步一步走出来的。强行改造，终将衰败；强行把持，终将丢失。由此，圣人不强行改造，于是不会衰败；不强行把持，于是不会丢失。大众做事情，总是在成功之前就失败了。谨慎对待结果，如同谨慎对待开局，就不会有失败的事情了。由此，圣人想要那些大众不要的事物，不珍视稀少昂贵的东西；学那些大众不愿意学习的知识，来弥补整个群体的短板。圣人作为一个辅助万物自然如是的角色，不敢随意改造。

六十五、明民生贼，知稽玄德

古时擅长顺道治世的人，并不意图让所有百姓接受某个人造概念的集合进行教育，使其变得外在聪敏，而旨在去妄存诚，养其本来良知良能，默化于淳风。百姓难于治理，是因为能够通过外在的概念，用各种手段钻空子。所以，用知识驯养的方式来治理社会，反而制造了窃取集体利益的贼子乱臣；不依靠知识驯养来治理社会，能够给集体带来安逸。但是偏执于这两种模式，皆为僵局。常念何者为僵，则不会绝对化，这被称作是结构与功能同识的价值。此价值的走向影响深远，起初与现象看似相反，随后反而顺行不悖。

原文

古之善为道者，非以明民，将以愚之。民之难治，以其智多。故以智治国，国之贼；不以智治国，国之福。知此两者，亦稽式。常知稽式，是谓玄德。玄德深矣、远矣，与物反矣，然后乃至大顺。

注解

古之善为道者，非以明民，将以愚之。

《老子》的前文中也出现过"明"与"愚"。"知常曰明""见小曰明""我愚人之心也哉""道之华而愚之始"。现代学者多理解为"古代统治者不让百姓接受教育，而使百姓愚笨"，并加以严肃批判，认为历代剥削阶级的统治者，对老子这一主张，基本上是照着办的。其中透露出政治阴谋主张和冷酷压迫色彩。反观古代学者，往往理解成褒义，多诠释为"古时的统治者，不为了让百姓聪明伎巧，而使百姓简单淳朴"。我更赞成古时注家的解释。范应元对"愚之"注释得很好。"所谓愚之者，非欺也，但因其自然，不以穿凿私意导之也。"

本章的深层内涵在于，文化定义权究竟在谁手里。"明民"，势必要创造理论共识，建立标准结构，文化定义权看似在统治者手中，但基于"名可名，非常名"的原理，其人造理论定义的本身就不牢靠，极有可能落入权威的文字游戏中走向谬误、斗争与混乱。而"愚人"是拒绝过度社会化，不建立固定的概念与标准。这种风气之下，文化的定义权可以掌握在百姓自己的手里。底层的民众有更多的自主权，能够选择自己生命的存在状态，不必过分屈从于社会尺度，也没有给"智者"留下借文化现象而翻云覆雨的机会。

民之难治，以其智多。

此处的"其"为代词，可以有两种理解。"其"代指民，则理解为"民众智多"；代指"社会治理方法"，则理解为"依赖社会技巧来管理民众"。

人们对信息的处理能力是不同的。统治阶级作为社会分工中的一个部分，其功能基础来源于信任与信息。"民"在信息不对称性势必中成为"不善者"，甚至意识不到这个壁垒的存在。社会治理的成果是大众共享的，规则越简单，受益人越多。反而，复杂的规则往往导致鬼才钻营与莽夫覆盘。

故以智治国，国之贼；不以智治国，国之福。

苏辙注："吾以智御人，人亦以智应之，而上下交相贼矣。"以智治国的方法是在现实之外创造文化体系。文化体系为"捷径"创造了土壤，利益的纠葛会引发"智诈"，统治者企图以理论来管理民众，而民众以变化的理论来回应，于是在相互索取中扭曲理论、相互伤害，在捍卫立场中逐渐消磨彼此之间的信任，最终受到冲击的是整个理论体系和社会的整体结构。

知此两者，亦稽式。常知稽式，是谓玄德。

"稽"字像树木曲头止住不长的样子，本义是停留、阻滞的意思。《说文解字》："稽，留止也。"此处理解为"死路""僵局"更贴切。

第十章、第五十一章定义了"玄德"。"生而不有，为而不恃，长而不宰，是谓玄德。"此处是另一个角度的定义。"以智治国"，则招致乱臣贼子；"不以智治国"，虽有福于百姓，却容易陷入无政府主义，丧失了社会管理者功能。任何一方，一旦绝对化，皆为走不通的死胡同。明白了这个道理，便需要在功能与结构中探求价值。知止而不偏倚，功能与结构同得，既顾"有之利"，兼得"无之用"。

玄德深矣、远矣，与物反矣，然后乃至大顺。

社会管理者给大家营造一个"不聪明也无所谓"的社会环境，允许民众成为非精英。这种治理方式永远给非精英群体生存的空间。

这种"玄德"视野，是功能与结构并重；现象思维，是以结构的"常有"视角为主。寻常人的现象思维是，结构的存续源于对结构的积累和对权威的服从。"玄德"视野是基于功能而保证结构的存在，由"无"中生"有"，与现象思维相反；在结构存在的基础上发展功能，功能交换结构，结构增益积累，获得权威，并利用寻常人对权威的信任促成其深远，由"有"中生"无"，与现象思维顺遂。

今译

从前有善于行道的人治理天下，不是让民众聪敏，而是使他们拙朴。民众难于治理，是因为有太多社会技巧。所以用社会技巧来管理国家，是国家的灾祸；不用社会技巧来治理国家，是国家的福气。仍需认识到这两条路都将通向僵局。常常认识到僵局的结果，便是"有无同在"的价值。有无同在的价值深远，与现象思维相反，积累发展后又与现象思维一致。

六十六、王者善下，乐推不厌

欲称王，须得于团体中自损结构，以缺失的结构换取整体的功能。不求形，反求势。想要成为民众的管理者，须得在言辞上自降身份；想要成为民众的先驱，须得让利。由此，圣人管理民众而民众没有感到压力，作为民众先驱而不侵害民众利益。也由此，天下人都心悦诚服而不排斥。不争的态度，换来无人能争的地位。

原文

> 江海所以能为百谷王者，以其善下之，故能为百谷王。是以欲上民，必以言下之；欲先民，必以身后之。是以圣人处上而民不重，处前而民不害，是以天下乐推而不厌。以其不争，故天下莫能与之争。

注解

江海所以能为百谷王者，以其善下之，故能为百谷王。

周以前的箴铭以黄帝的《金人铭》为最有名。其中亦有相似观点。《金人铭》中讲"夫江河长百谷者，以其卑下也"，将江河统领百谷的现象归因于卑下。

卑下的态度是否能成就管理者的地位？熊逸对此处提出了批

判。"自欺欺人是我们最廉价的获得快乐的方式，然而，穷人的柔弱谦下和富豪的柔弱谦下毕竟是两回事，同途而殊归。《老子》这些话，是说给'圣人'听的，是说给统治者听的，不是让老百姓拿来当安慰剂的。"①

我认为，此处过分拟人化反而在捷径的结论下难解其中道理。"善下之"未必理解为"谦卑的态度"，直接理解为"向下流"反而更好理解。水往低处流，"下"是水的特性。水向下流，是自然之理。因功能而成结构，江海因地势低且容纳的功能特点，依自然而成势。江海"善下"为王，并非江海因态度谦卑而成为百谷王。江海低，利用了水"下"的特点；圣人低，利用了"反者，道之动"的特点。不是谦卑者为王，而是善用规律者为王，自然之下善用势者为王。

另，严遵此处注得极好："江海之王也，非积德累仁加恩惠以怀之也，又非崇礼广逊饰知巧以悦之也，又非出奇行变，起权立势，奋武扬威以制之也，清静处下，虚以待之，无为无求，而百川自为来也。"

是以欲上民，必以言下之；欲先民，必以身后之。

止庵在《老子演绎》中解读："'上民''先民'，指圣人实际之地位；'言下之''身后之'，指给民所留之印象。前者是目的，后者是手段。"

"君事臣以礼，臣事君以忠"的道理自古便有。前文讲过"美言可以市，尊行可以加人"，"言下"是"美言"，"身后"是"尊行"，都可以给民带来心理价值或现实实惠。此处亦是基于第七章"后其身而身先，外其身而身存"原理的延伸。

---

① 熊逸《道可道：老子的要义与诘难》，北京联合出版公司出版，2019 年，212 页。

是以圣人处上而民不重，处前而民不害，是以天下乐推而不厌。

圣人不著德、仁、义、礼，于是民众没有本领恐慌、没有道德压力、没有律法压迫、没有形式主义，心理上不觉得重，因此"处上而民不重"。

圣人"以无事取天下"，不将个人事务凌驾于公共利益之上，于是民众不觉得自己的利益受到妨碍，因此"处前而民不害"。

大多现代译者将"厌"解释为情感上的厌恶。我延用"厌"的本义，如第五十三章解释，此处仍旧将"厌"理解为"压迫"。百姓乐于接受圣人的存在，推举圣人，不挤兑圣人。

以其不争，故天下莫能与之争。

任继愈认为，老子此处的思想是利用人民、统治人民的权术。用"不争"作为手段，以取得他要争取达到的目的。

不知"权术"一词是褒是贬，但老子之主张并非出自虚伪。不争高位，不争人先，这种"言下""身后"在行为本身的角度上也是具备功能的，于是能够实现价值交换，促成了新的"势"。"势成之"，进而达到结构上的"上"与"先"。这是与民众相互成就的过程，其中深意远非"权术"简单一词便能概括。

今译

江海之所以能成为众多河流归往之处，就是因为它善于处在低下的位置，所以能够成为众多河流的王。由此，圣人想要管理民众，在言辞表达上需要采取谦下方式；想要成为先驱，必须将自己的利益放在后面。由此，圣人管理民众，民众不觉得有压力；身为先驱，民众不觉得受到侵害。由此，天下百姓乐于推举圣人而不压迫他。因为圣人不参与争夺，所以天下没有人能够与他争斗。

六十七、道大不肖，持守三宝

　　道之大，不似他物，不可被定义，即因即果。一味跟随模仿，终究无法成其大。我辈有三个值得长久培养的品性：慈、俭、不敢争先。其间有相反相成之理。慈者，以人为本，尊重生命，能够激发拼搏进取的动力，即勇；俭者，生活简单，精不耗散，能够保守广泛求取的能力，即广；不敢争先者，不轻易被工具化，懂得让利，能够促使成为社会各类分工的领导，即器长。现在的人总是舍弃慈、俭、后而追求勇、广、先，反而舍本逐末，走向衰败。以慈为例，能够尊重生命，符合众生利益，获得众生协助，战可胜，守可固，是自然之理。

原文

　　天下皆谓我道大，似不肖。夫唯大，故似不肖。若肖，久矣其细也夫。我有三宝，持而保之。一曰慈，二曰俭，三曰不敢为天下先。慈，故能勇；俭，故能广；不敢为天下先，故能成器长。今舍慈且勇，舍俭且广，舍后且先，死矣！夫慈，以战则胜，以守则固，天将救之，以慈卫之。

注解

　　李零、止庵在排序时，将王弼本的第八十章和第八十一章置于此处，本章延后成为第六十九章。

天下皆谓我道大，似不肖。夫唯大，故似不肖。若肖，久矣其细也夫。

"肖"由"小"和"月（肉）"组成，表示人的肉体或相貌相似。《说文》："肖，骨肉相似也。从肉小声。不似其先，故曰不肖也。"肖是指像。不肖就是不像，也引申为不像样，不相像，不成材，不正派，品行不端，没出息，不符合社会大众标准。

古时注家中，宋徽宗注得非常合理，"肖物者小，为物所肖者大"，"若肖则道外有物，岂得为大乎？"追随和模仿其他事物，终究是难及。倘若道一门心思去迎合世俗，便是舍了自己的"大"，而追求其他的"小"了。随着时间的推移，也只能变"细"变下乘了。

此句中更深刻的内涵在于，道不拘泥于标准，不可被定义；求道人也不自限于世俗标准，过不被定义的人生。因此，道不效法其他，道法自然，本来如是；求道人注意在社会中保养自己的本性，重实轻权，而不舍本逐末。

我有三宝，持而保之。一曰慈，二曰俭，三曰不敢为天下先。

慈，从心兹声。兹的意思是"草木茂盛"，与心合，意思是"有帮助人茁壮起来之心"，慈的本义是有助人之心。《说文解字》："慈，爱也。"老子此处的"慈"是一种对生命普遍的爱惜，以人为本，不分阵营。

俭的本义是节省、不浪费，又引申为贫乏、歉收。此处沿用本义，理解为节省，包括资源的节省、精神的节省、精力的节省。

第七章"后其身而身先"和第六十六章"欲先民，必以身后之"。有别于世俗，老子认为在社会组织的互动关系中"不争先"是具备特殊价值的。

慈，故能勇；俭，故能广；不敢为天下先，故能成器长。

任法融认为，"无名之朴"虽不当器用，但众"器"皆由朴而出，故称"众器之长"。"器"为工具。人生于社会之中，难免参与社会分工，都带有工具化的色彩，进而实现社会中的交换价值。老子所言的"不敢为天下先"，保存了其发乎自然的原始本性，弱化了细分和分化的进程，减损了交换的价值，牺牲了"争先"换来的利益，"复守其母"，而成为各个社会分工的领导者角色。

慈者"去甚"，功能上善利万物，处恶不争；俭者"去奢"，辎重不离而仓库实；后者"去泰"，结构上不自生，于是天长地久，乃成王基。慈、俭、后，是妙本，为体、为根、为母，最终却萌生出了勇、广、器长之边徼，得用、得枝、得子。慈、俭、后，看似选择了相反的功能，最终得到了勇、广、器长的结构。世人若不解其中因果，只以"常有"的眼光观察边徼，盲目追求勇、广、器长，起心动念便是谬误，于是走了"失者同于失"的岔路，如下文。

今舍慈且勇，舍俭且广，舍后且先，死矣！

"死"与"细"是对应的。道法自然，本来如是，不追随定义，不追求结构上的"有之利"，于是能够运行而不衰。倘若追随表象的标准，则是舍本逐末，终将走向"细"。而老子笔下的"我"抱持慈、俭、后的功能，而得到了勇、广、先的结构。倘若只是追随结构上的"有之利"，一味追求勇、广、先的表象，也是舍本逐末，终将走向"死"。

夫慈，以战则胜，以守则固，天将救之，以慈卫之。

自然状态下，慈、俭、后是常态，而世人往往在"名"和"欲"的影响之下，变得勇、广、先。老子前面讲三宝，章末以慈为例，诠释其自然之理。

许多读者理解此处的"天将救之"往往带着"神佑"一类的超自然色彩。需得注意，老子笔下的"天"是指自然，而不是神的代名词。与天合德，是与自然法则一致，顺势而为。

"慈"是以人为本，不是趋利避害。慈者，是追求生命价值的维护者，避免发展为权力价值的争夺者。老子想要保护的是生命，是活生生的人，而不是人造的理，不是某个观念。保护生命，能够始终受到生命意志的指引，符合众生的利益，得到众生的支持；而保护观念，往往沦为权力意志的附庸，代表少数人的利益，难以取得最后的胜利。权力意志或许会通过结构视野掩盖生命的真相，但自然则倾向于扫除生命的障碍。以慈相待，就能找到平衡，借自然之势而救之。

今译

天下人都认为我说的道非常宏大，不符合世俗标准。正是因为它太宏大，才不符合世俗标准。如果去迎合世俗标准，时间久了终将会变得浅薄。我有三个法宝，一直保守坚持。第一是慈爱，第二是俭约，第三是不敢争夺天下领先的位置。慈爱可以促使勇敢，俭约可以促成广博，不敢争夺天下领先的位置可以培养领导民众的能力。现如今的人们舍弃慈爱追求勇敢，舍弃俭约追求广博，舍弃谦让而追求争先，结果只有死亡。以慈爱来说，用于战争能够胜利，用于守卫能够巩固。是自然法则使其得救，是慈爱的特性保卫了他。

六十八、善者不争，用人配天

善于取胜者，不入龙虎局。不在结构上斗争，可借他人长处，善拼众缘，符合自然道理。其中奥秘自古存续。

原文

善为士者不武，善战者不怒，善胜敌者不与，善用人者为之下。是谓不争之德，是谓用人之力，是谓配天，古之极。

注解

善为士者不武，

王弼将"士"解释为"卒之帅"。我沿续第十五章的解读，将"士"译为擅长抽象事物和归纳总结规律并能够应用于实践的高人。

"武"字最早字形由表示武器的"戈"和表示脚趾的"止"构成，本义为征伐示威，引申为勇敢、英勇，或由此引申指古代一种关于战争的抽象道德观念。此处仅用本义。

善于抽象思维的高人不会使用武力强迫的手段，"必先得其心，后用其力者也"①。

① 王真注解。

善战者不怒，善胜敌者不与，善用人者为之下。

中国古时的战争艺术中认为，军人作战的大忌是怒。《孙子·火攻》："主不可以怒而兴军，将不可以愠而致战。"过度情绪化影响决策。善于作战的人，不会轻易使自己情绪过激。

王弼注："与，争也。"不与，大多译为不争。

斗争，是结构上的利益争夺，在"和"中求"不和"，以强取胜；善于取胜，则是价值的追求，于"不和"中求"和"，因势取胜。

第六十六章提出了"圣人欲上民，必以言下之"。善于组建团队，用他人之所长，以谦下的态度促成合作。他人也是以自愿自主的态度参与合作，付出自己的专长。倘若"用人而不为之下"，必有权力意志在其内，所用之人迫于压力，而失去了自愿与自主，难尽其力，称不上善。

是谓不争之德，是谓用人之力，是谓配天，古之极。

许多学者将"极"解释为"最高准则"。亦如第十六章，我倾向于解释"极"为其本义"房屋正中栋梁"，译为"主要支持、核心原理"。

不以强力、情绪、观念、形式去压制他人，此四者可以算是不争了。在不争的条件下，善用人者不责万民以工倕之巧，能够尊重个性，允许个性，使方者为方，圆者为圆。人得以安其性，于是能够任其所能，自觉自愿合作，贡献自己的能力。这都是主动去依循自然规律的行为，自古以来便是核心原理。

今译

善于抽象事物和归纳总结规律的高人，不炫耀自己的武力；善于斗争的人，不轻易被激怒；善于战胜敌人的人，不与他人争斗；善于用人的人，为人谦下。这是不争带来的价值，也是用人的能力。这是符合自然道理，是自古以来的核心原理。

六十九、善师不阵，哀兵必胜

不做争夺者，只做守卫者。将自己想象成没有力量的弱者。轻敌者，自以为结构上大于他人，祸从中来，失慈、俭、后。谨记"人是目的，不是工具"。心怀仁慈、哀民痛命、体恤苍生的哀兵必胜。

原文

用兵有言，吾不敢为主而为客，不敢进寸而退尺。是谓行无行，攘无臂，扔无敌，执无兵。祸莫大于轻敌，轻敌几丧吾宝。故抗兵相加，哀者胜矣。

注解

用兵有言，吾不敢为主而为客，不敢进寸而退尺。

此句是老子借古时军志来表达自己对于军事的看法。"为主"和"进寸"，是主动出击，先唱生事，因贪进取；"为客"和"退尺"，是被动应敌，本无争意，"以慈卫之"，"不得已"而为之。

任继愈说："老子在军事方面表现为以守为主，以守取胜的主张。这种作战原则是不全面的。"而魏源的注解得当，恰可看作隔空对话："老子见天下方务于刚强，而刚强莫甚于战争，因即其所明者以喻之。使之即兵以知柔退，即柔退以反于仁慈，非为谈兵而设也。"

是谓行无行，攘无臂，扔无敌，执无兵。

行，名词是行列、阵势，动词是布阵。

马王堆帛书甲乙本"执无兵"均在"攘无臂"下。有学者认为"执无兵"三字误在下，应当在"攘无臂"下、"扔无敌"上。实际上，王弼作注时写道："用战犹行无行，攘无臂，执无兵，扔无敌。"可见王弼本人也是按"扔无敌"在后的顺序注解的。

帛书本写作"乃无敌"，由此有学者认为，应当将此句理解为"乃无敌"，并且至于"执无兵"后，将前三句与后一句理解为因果关系，于义为长。我认为，不必将"扔"理解为"乃"。《老子》第三十八章出现过"攘臂而扔之"。四者并列，"扔"解为"面对"更佳。

大多数学者认为，此四句义为"欲行阵相对而无阵可行，欲援臂相斗而无臂可援，欲执兵相战，欲执兵相战而无兵可执，欲就敌相争而无敌可就"。说明由于"谦退""不敢为物先"，因而使得他人欲战、欲斗、欲为敌、欲用兵而都找不到对立之一方。

但不论是前文的"进退"理念，还是后文"轻敌""哀兵"论述，这两种解释都不能做到紧密联系。

我更支持陈柱的解释，这四句是自我假设。假如自己是弱者该如何选择，假设自己没有结构上的优势，没有兵力、没有友军、没有武器、没有可见的敌人，该何去何从？以弱者心态进行决策与选择，则不会在结构上产生恃强凌弱的"轻敌"心态，从更珍惜生命的角度思考战争，因而"哀兵"必胜。

祸莫大于轻敌，轻敌几丧吾宝。

"吾宝"就是第六十七章提到的"三宝"——慈、俭、不敢为天下先。也有学者解读为"身"[1]、"身与位"[2]。

故抗兵相加，哀者胜矣。

劳健说："王弼注云云，后人相承，多误解'哀'字，如哀伤之义，大失其旨。"

老子的"哀"包含了三层内涵：一是"哀悯"，怜惜生命，如第三十一章所言"杀人之众，以哀悲泣之，战胜，以丧礼处之"；二是"哀慈"，不丧吾宝，有第六十七章"慈"的内涵；三是"自哀"，自视甚浅，如前一句的解读，假使自己为弱者来思考战争的合理性，而不是结构视野的趋利避害，常常保持此思维能够取得来自生命意志的支持，于是可胜。

今译

军事上有说法：我不敢主动进攻，宁愿做守护；不敢前进一寸，宁愿退后一尺。假设自己没有兵力、没有援军、没有武器、没有可见的敌人。祸患没有比轻敌更大的，轻敌近乎丧失我的法宝。所以两军对抗，为生命感到惋惜的阵营会胜利。

---

[1] 河上公"宝，身也。轻欺敌家，近丧身也。"（［汉］河上公、［唐］杜光庭等注《道德经集释》，中国书店，2018年，95页。）

[2] 王真："夫然乃可以全吾所宝矣。吾宝者身与位也。"陈景元："宝者，身与位也。"（［汉］河上公、［唐］杜光庭等注《道德经集释》，中国书店，2018年，383、514页。）

七十、易行罕迹，被褐怀玉

真理易知易行，少人知行。言语系统可以追溯至集体无意识，纷繁事务有行为的发起者。否定我的人往往不知其中原理。求道者不执着于听得见的言语，能践行的人自得其高贵。由此圣人往往外表朴素，真知如玉。

原文

吾言甚易知，甚易行，天下莫能知，莫能行。言有宗，事有君。夫唯无知，是以不我知。知我者希，则我者贵。是以圣人被褐怀玉。

注解

吾言甚易知，甚易行，天下莫能知，莫能行。

为何易知、易行？易知因为"不出户窥牖而知"，易行因为"无为而成"。老子提倡虚静、柔和、慈俭、不争，这些都是基于自然本性，极易做到。

为何莫能知、莫能行？老子之言无近利，也无功名。而在社会的演进下，人们大多过度社会化，耽于结构视野的现象，惑于躁欲，迷于荣利，加之"好径"的特性，所以践行之人稀少。

言有宗，事有君。

宗的字形，上半部为庙宇，下半部为祭台，表示祖先的排位。本义祭祀祖先的场所，即宗庙，后引申为宗族、目的、意图。

纵观古代学者的注疏，"宗"是带有"祖先"内涵的，更像是指自己未体察的集体无意识内容或积累形成的认知系统。语言系统是沿袭祖先的使用习惯，源自集体无意识。

第二十六章，提到了"君"这个字。古代帝王崇尚无为而治，具体的事都由手下人来办理。这些主持办理具体事务的人就是"君"。"事有君"的这个君，更像是指具体操作的人，而非指帝王。

夫唯无知，是以不我知。

"无知"一说为别人不理解，一说指自己无知。本书取前者。

"不我知"往往译为"不知我"，而我认为"不我知"是否定我的理论。

前句讲，言语系统源自祖先使用习惯和集体无意识，事务缘起有具体发起操作的人。不理解这一层意思，就无法理解老子理论，从而否定老子。

知我者希，则我者贵。

很多学者认为，"希"通"稀"，是稀少的意思。我提出另一种解释。第十四章提到"听之不闻名曰希"，"希"代指那些超越可听声音之外的内容。"希言自然"，妙本无有形迹；老子之言自然无为、无事无欲，非智虑有为而彰之于外；非自是、自伐、自矜而昭之于众。于是理解老子的人不依赖于听闻的言辞形式，故言"知我者希"。

"则"的古字形左为"鼎"右为"刀"，表示用"刀"在"鼎"上刻画。刀刻鼎文具有稳定性，故用以作为准则。则的基本义是规范、准则。有准则引申为规章，再由规章条文的分项引申作量词。"则我者贵"，意思是以我的主张作为准则的人是宝贵的。之所以"贵"，一方面是因为稀少，"以稀为贵"；一方面是"则我者"通过好的品行收获了高贵的社会地位。

是以圣人被褐怀玉。

《说文解字》："褐，编枲袜。一曰粗衣。"褐，这里作粗布衣服理解。

此句作对比，"被褐"是穿着粗布短衣，不精于外表打扮，敢于平凡，"同其尘"；"怀玉"是怀抱美玉，比喻内蕴宝贵品性，"宝其真"。两者对立，却又统一，其中也蕴含《周易》中"蒙以养正"①的道理。

今译

我的言辞很容易了解，很容易实行；但是人们却不能明白，不愿践行。语言形式溯源于认知系统，事务由操作者发起。人们不能理解这些，因此否定我的理论。理解我理念的人不依言辞，能践行我理念的人尤为宝贵。由此，圣人往往外表穿着朴素，内部蕴藏宝贵真知。

解读

不修边幅带来的反脆弱性

老子于本章提到了圣人"被褐怀玉"的特点，既是现象的总结，也是内在性情的外显。与"服文彩"的盗夸之辈相比，"被褐怀玉"的圣人不修边幅，不在意外部结构的美恶，更重视内在功能的涵养。同时，不修边幅在社会化方面亦有其积极意义。那些不修边幅的人往往在声誉上具有强韧性，甚至反脆弱性的。"被褐怀玉"者，不

---

① 《周易·蒙·象卦》"蒙以养正，圣功也。"

需刻意维护形象，反而能够在波动性和随机性中保持坚韧，甚至受益；而那些衣冠楚楚的"服文彩"者，极易受到有关他们信息的影响，在人言中维护名誉上的结构消耗了太多精力，反而减弱了自身适应环境的能力。

七十一、知敝不病，识病不陷

人类囿于认知结构，是其常态。不著知障，可担大任；随知沉浮，已坠苦海。只有认识到这是一场苦难，方可跳脱，而不入无明众生之苦难。

原文

知不知，上；不知知，病。夫唯病病，是以不病。圣人不病，以其病病，是以不病。

注解

知不知，上；不知知，病。

"知不知"有大抵有四种解释："知道却不自以为知道""知道自己有不知道的内容""知道别人不知道的内容""能够归复感知自己不被知识束缚时的模样"。其中第二种解释占多数，但我认为第四种解释更精妙，也更符合老子的思想。

大多数现代学者将"上"译为"好的"或"上等的"。我认为，这种理解是违背老子"天下皆知善之为善，斯不善矣"的理念。老子文章中的"上"大多指社会管理者，此处"上"更可能指的是成为社会管理者的基本素质。

对于"不知知"的解法，学者们意见较为统一，译为"不知道自己应当知道的内容"。而承接前句，认为应当译为"不理解'知识'这个系统"。

在第四十四章中提到，根据"病"的早期训诂和文献用义，困苦是"病"的本义。我认为，此处的"病"应当解为"困厄、困苦"，而非"疾病"。

综上，整句译为"能够归复感知自己不被知识束缚时的模样，可以作为社会管理者；不理解'知识'这个认知系统的如何运作，是一场苦难"。

对于此处的延伸解读，大多数现代读者联想到《论语·为政》中的话。"由，诲汝知之乎？知之为知之，不知为不知，是知也。"而古代学者结合了"知障"有更高明的见地。如唐玄宗的注与疏中分别提到"了法性空，本非知法，于知忘知，是德之上。不知知法，本性是空，于知强知，是行之病""圣人悟此，有不取相之知，于知不著，故云不知是德之上"。

人生而被教育，被改造，在"知"中获取前人经验，形成牢固的心智模型，进而认识世界。人们往往于"知"中获得方便，却忘记了它们是不完美的，只是权宜之计。倘若以"知"为主，轻实重权，求取越久，"知障"越深。犹如"出生入死"之理，过度受益，过度依赖，反而受损，在片面的知识体系中游，在片面的知识体系中溺。老子主张"返朴""无为"，其深刻意义在于谨防"生生之厚"，及时回归到生命的本来面目，于本真中求取，呵护自己和社会的生机。

夫唯病病，是以不病。

"病病"是"以病为病"。此句道出避免苦难的方法。"病病"，于是能够认识到"不知知"这个行为本身是场磨难，则医者自医。

圣人不病，以其病病，是以不病。

由于"其"的代词指代不明，一说为"圣人自己"，一说为"民众世人"。前者是对原理的举例，后者是立足整体观下的"复众人之所过"。不言对错，各有精义。本书采用第一种解释。众生习焉不察，不以为意，而圣人细加推考，自然知其深远复杂，损之又损，以至于无为，见素抱朴，不被知障。

今译

能够归复感知自己不被知识束缚时的模样，可以作为社会管理者；不理解'知识'这个认知系统的来龙去脉，是一场苦难。只有认识到这是一场苦难，才能不陷入苦难。圣人不入此一苦难，是因为他能以此为难，由此不陷入苦难。

七十二、不畏生威，两不相压

不惧怕外界的权力意志，重获内心的肯定，自生权力意志。
不抱持驯化的态度去对待民众，不压榨百姓营生的空间。两者
不相互压迫，权力意志不对抗。由此，圣人不压缩他人空间，
自我探寻、自我欣赏而不彰显、不招摇。

原文

> 民不畏威，则大威至。无狎其所居，无厌其所生。夫
> 唯不厌，是以不厌。是以圣人自知，不自见；自爱，不自贵。
> 故去彼取此。

注解

民不畏威，则大威至。

对于此句，学者有众多解读。一说是当民众不畏惧权威时，则
团结成大的权威对抗统治者。一说是当民众的修养足够，内心不畏
惧权威时，则整个社会素质较高，形成大的权威。苏辙认为，人们
大多躲藏在众生之中，对于生死得失感到焦虑，当不畏惧权威时，
则内在的力量出现[1]。唐玄宗认为此处讲俗人初时没有意识到"威"

---

[1] 苏辙将"大威"解读为本性中的力量。摆脱了社会带给人的焦虑，能够不畏得失，
回归本性，则收获"大威"。

的存在，不畏"小威"，事态会慢慢演变为"大威"①。严遵和陈景元认为，这里讲民失去了对天道的敬畏心。本人不赞同，我认为，"唯之与阿，相去几何"的老子，不太可能倡导敬畏心。

本书采用第一种解读，当人们不畏惧统治者暴力胁迫时，会团结成更强大的暴力集团反过来胁迫统治者。暴力胁迫，是统治者维护稳定的简单粗暴的捷径。但暴力治世是相当可怕的。本质上讲，真正的没有忌惮的暴力只属于底层人民。

无狎其所居，无厌其所生。

《说文解字》："狎，犬可习也。"本义是驯犬。此处指驯服或玩弄。

如五十三章所言，"厌"解释为压迫。

民众本依赖居所与营生而活。安居乐业是自然无为的状态。居所并非犬舍，当养心安神，享受生而为人的尊严；营生本质是价值交换，并非意味着可以被工具化。当统治者在躁欲之下，滥用公权力，其威力不足以继续压制百姓时，则社会结构基于自然规律，面临倾覆的危险。不如统治者除情去欲，虚室生白。腾出创造的空间，给发展功能留出空间，可收获社会的安定和百姓的支持。这也是"无之用"。

夫唯不厌，是以不厌。

现代学者往往将第一个"厌"解读为"压"，第二个解读为"反感"。我认为，后一个"厌"作"压"也合理。

政治运动和叛乱具有高度的反脆弱性，能够在统治者的压制中受益，越是简单粗暴的压迫，反抗的威势越强。老子提出了解决方

---

① 唐玄宗："言人于小不畏，拙于慎微，则至于大可畏也。"（朱俊红整理《〈道德经〉四帝注》，海南出版社，2012年，372页。）

案，百姓与统治者不在权力对立的模式下相处，两不相迫，此为"不争之德"，亦可证六十八章所言的"用人之力"，也是对六十章"夫两不相伤，故德交归焉"和六十六章"圣人处上而民不重，处前而民不害，是以天下乐推而不厌"的呼应与延伸。

是以圣人自知，不自见；自爱，不自贵。故去彼取此。

自我彰显，势必"耀光行威"，物扰民僻；自我抬高，势必"以贵临物"，招致怨怒。圣人有自知之明和自爱之仁，韬光养晦，爱身全形，不轻易自我彰显，也不作自我标榜，处物不伤物，而物莫之能伤也。所以去彼取此。

今译

当民众不畏惧权威时，大的权威则形成了。不要试图驯服民众，不要压迫民众营生。不压迫民众，这样也不会被民众压迫。因此圣人了解自我而不彰显，爱惜自我而不抬高。所以舍弃后者选择前者。

七十三、进退难料，天网不失

勇入龙虎局，难逃杀与被杀的结局；不争则不死于结构上的相互绞杀。两种选择，各有利害。在自然法则之下，如何选择，谁能明辨其中因果？顺应了自然法则，即便不参与争斗、不做表达、不提要求，也可获得胜利、得到回报。与自然法则相符，在安全和慢节奏的环境下，可以精于谋划。一切发生，皆自然。没有可以逃离自然法则的事情，能相悖的，也就算不上是自然法则了。种因得果，或许周期会长，但终将实现。《太上感应篇》曰："福祸无门，惟人自召。善恶之报，如影随形。"

原文

> 勇于敢则杀，勇于不敢则活。此两者，或利或害。天之所恶，孰知其故？是以圣人犹难之。天之道，不争而善胜，不言而善应，不召而自来，绰然而善谋。天网恢恢，疏而不失。

注解

勇于敢则杀，勇于不敢则活。此两者，或利或害。

"敢"的古字形描绘了一个惊心动魄的打猎场景。字形的下面是一只手（"又"字），这只手握着猎叉，猛地刺向上面的野兽（倒写的"豕"字）。表示猎杀野猪时，人们勇敢进取。捕捉野猪是非常勇敢又有胆量的行为，所以"敢"字的本义指"有勇气、有胆量"。

"杀"的商代甲骨文从戈，截断人散发以示杀戮。本义是指使人或动物失去生命，还有消减、减少的意思。《说文解字》："杀，戮也。"

大多数学者认为，老子主张不争，参与争斗导致自己伤亡，勇于不参与斗争可以存活。也有人理解为统治者将不服从的民众杀掉，留下不敢不从的民众。

古时的文字简约，此处的"杀"，指"死路"，未必死的都是自己。我认为，应当解释为"杀人与被杀"。

为何"不敢"也需要"勇"？不敢为，亦为勇。勇于在众生中挺立和保持自我见地，勇于克制过激的情绪，勇于摒弃破格获利的诱惑，勇于对抗社会观念，勇于在他人评价中选择"不肖"。"勇于不敢"，要求人格独立且充满理智。人格独立的人，自我价值感高，能够保证不被外界评价干扰，是老子所谓"静"；充满理智的人，能够判断什么事情是值得去做的，是老子所谓"清"。

许多学者认为老子是鼓励"勇于不敢"，抨击"勇于敢"。我认为，这是带着"生命是第一位"的底层逻辑来理解文章。老子并没有指出"敢"和"活"孰重孰轻。如果一个人给"敢"的冒险精神赋予了意义，超越了生命，那就选择"勇于敢"，杀与被杀都是应得的终局，接受就好；倘若给"活"赋予的意义超越了事业，那就选择"勇于不敢"，贵生全形。

天之所恶，孰知其故？是以圣人犹难之。

"天"即自然。自然法则没有好恶。所谓"天之所恶"，是指违背自然规律做事，终究不得所求。到底"勇于敢"与"勇于不敢"，哪一个是违背自然的？私以为，都是符合自然法则的，却也都在某些时候不得善终。"勇于敢"杀掉的未必是生命，而是现状。生命中总有不得不争的时候，冒险能够摆脱不满意的现状；生命也总有苟活至衰亡的例子，保守而不参与竞争，并不一定总是最优解。

天之道，不争而善胜，不言而善应，不召而自来，绰然而善谋。

河上公本、王弼本作"繟"，帛书甲本作"弹"，乙本作"单"，严本作"坦"，傅本作"默"，多译为"坦然、舒展"。

许多作注的学者都在这里引用"天何言哉"①来论理。自然法则，在事物的发展规律中恒常运转，不以人的意志为转移。"争""言""召"都是人之道，其中未必有"信"，也未必有"实"。顺应自然法则，则可以超越人之道，在社会的人造规则之外达成目的。这个过程，不功利、不命令、不强求、不抱持，通晓规律，可称之为善。

天网恢恢，疏而不失。

心之熔炼已烬是"恢"之范式，本义为心志宏大。《说文解字》："恢，大也。"恢恢，是宏大的样子。

《说文解字》："疏，通也。"疏的本义是清除堵塞，使畅通。引申为分散、稀、关系远。大多数学者认为此处的"疏"是稀疏的意思。

老子将自然规律比作"网"。这张网非常宏大。"疏"是稀疏，内涵了时间密度，其因诱发的果会延迟。但"不失"，即终将迎接对应结果的到来。

今译

勇于冒险进取，会引起杀戮或丧命；用于克制冒险，就会保持存活。这两种选择，各有利害。自然法则有厌恶的事务，谁知道其

---

①《论语·阳货》："子曰：'予欲无言。'子贡曰：'子如不言，则小子何述焉？'子曰：'天何言哉？四时行焉，百物生焉，天何言哉？'"

中缘故呢？自然法则运作的结果是，不争斗而善于获胜，不表达而善于回应，不召唤而自然回归，坦然舒缓而善于谋划。天网无比宏大，虽然稀疏，但是没有遗漏。

七十四、代天司杀，鲜不伤手

　　个体为了生存而汇聚，死亡也成了群体中的惩罚手段。如果将"怕死"的文化基因根植于民众思想，那么有"不怕死"的该如何处理？杀掉？生死，自是天做主，世人本该坦然接受便可。群落规则基于集体利益，杀人是剥夺参与分配集体利益的机会，但也是剥夺个体依赖群体的基础。心理上没有依赖需求的个体，面对不公，更容易无视规则而打破重建。依据"人之道"而替天行道，少有不伤及自身根基的。身为运动员，想要代替裁判来判罚，难有圆满结局。

原文

　　民不畏死，奈何以死惧之！若使民常畏死，而为奇者，吾得执而杀之，孰敢？常有司杀者杀，夫代司杀者杀，是谓代大匠斫。夫代大匠斫者，希有不伤其手矣。

注解

民不畏死，奈何以死惧之！

表面上看此句翻译为"民众不畏惧死亡，怎能用死去恐吓他们"。但对于用义的解读，却各有不同。

大多学者认为，此句是讲暴政的。政烦刑重，民不聊生，统治者动辄加码，以死来威胁。大错小错都会死亡，于是有了陈胜吴广所谓的"等死，死国可乎"，百姓变得不再畏惧这种死亡的惩罚，则"大威至"。另一个角度，也是在讲"罪责刑相适应"[1]的法理。倘若偷东西和杀人都是死刑，那往往容易导致偷东西的人继续作恶，随意杀人。简单粗暴的顶层设计，反而更激化了矛盾，加剧了社会的动乱。

另一种说法是，古时百姓本性天然，无惧生死，当生则生，当死则死。统治者为了统治百姓，需要让百姓畏惧死亡，然后以死亡作为刑罚去控制百姓。

若使民常畏死，而为奇者，吾得执而杀之，孰敢？

由于"孰敢"的"孰"指代不明，所以有两种解释。一种认为是指民众。将奇巧伪诈的人杀掉，还有谁敢继续乱人惑众？另一种理解是"孰"指统治者。如果将这些思维或文化不同的人杀掉，哪个管理者敢于这样做？是否能承担得起其相应的后果？我赞成第二种解读。

第五十八章中提到"正复为奇"，奇是指与主流思想不同的人。个体选择聚成群体，多是为了存活与安全，主流思想是"常畏死"，则奇者是指不畏惧死亡的特殊个体。

"不畏死"的人可分为两类。一类是将某个事物赋予的意义超过了生命，而宁愿选择死亡。这个超过生命价值的事情，可以是某些利益，可以是某些情感，可以是某个名声，也可以是某个信念。还有一类是看淡了生死，不贪生，不怕死。达者将死亡看作生命旅程的结束和未知旅程的开始，未知未必是痛苦。

---

[1] 罪责刑相适应原则，又称罪刑相当原则、罪刑均衡或者罪行相适应原则，是指"刑罚的轻重，应当与犯罪分子所犯的罪行和承担的刑事责任相适应"。也就是根据罪刑的大小，决定刑罚的轻重。罪重的量刑则重，罪轻的量刑则轻。

统治者采用刑罚来惩治那些给集体利益或安全造成损害的个体，是无可厚非的，合情合理。不畏死者，也未必就是危险分子。但是，为了方便管理而党同伐异，以奴役思想的方式进行底线管理，实际上是基于不安全感或贪求捷径，压缩了民众的生存空间，本末倒置，难保不引起民众的反扑。

常有司杀者杀，夫代司杀者杀，是谓代大匠斫。夫代大匠斫者，希有不伤其手矣。

何为"司杀者"？从字义上看是掌管死刑的人，一说为刽子手，一说指自然之道。我认为后一种更贴切。"常"暗示了自然法则，即人的生死是由自然法则来决定的，而不是掺杂了个人情感和私欲的社会规则。

《说文解字》："斫，斫也。"指用斤（锛子）斫木头。

前文讲对奇者"得执而杀之"。"不畏死"者，虽属于奇者，但并非具备群体危害性。这样的杀人，是人之道，非天之道。彼此都是造化之一物，物物相待，奈何装神弄鬼，以天的名义来施加伤害？如此"替天行道"，是代大匠而行斧钺，方圆不得其理，"不知常，妄作凶"，反伤也是理所当然。

本章讲的是"以正治国"的极端情况，党同伐异，近乎刑。老子警告运用智巧的智者，提醒自以为是的独裁者，不要企图利用民众的不安全感，惩罚、杀人并不能真正达到统治人民的目的。第五十五章提到"含德之厚，比于赤子。蜂虿虺蛇不螫，猛兽不据，攫鸟不搏"。赤子不设防，无惧"威"与"死"，是未被改造的"无为"状态。统治者希望在民众"常畏死"的基础上进行管理，本身就是意图在改造天性的基础上进行社会管理，以此作为底线，"不道早已"。

今译

百姓不畏惧死亡，怎么用死亡来恐吓他们？如果将畏惧死亡的特性赋予民众，有不符合主流思想的就把他抓来杀掉，谁敢这么做？总有行刑官执行杀人。代替行刑官杀人，就像是代替木匠大师去砍木头。代替木匠大师去砍木头的，几乎没有不伤手的。

七十五、上重民薄，无以生为

　　投身基础劳动，抽出一部分税，统一交给社会管理者，实现对社会管理者的雇佣和公共事业的运营。如果基础劳动力的回报中，很大一部分用于交税，于是底层百姓会挨饿。社会难治，是因为社会管理者总抱持着改造的心态。底层百姓轻视生命，轻易赴死，是因为社会管理者奉养过度。对于生命不设期待且不画蛇添足者，好过惜命之人。

原文

　　民之饥，以其上食税之多，是以饥。民之难治，以其上之有为，是以难治。民之轻死，以其求生之厚，是以轻死。夫唯无以生为者，是贤于贵生。

注解

民之饥，以其上食税之多，是以饥。

　　"一夫之耕足以食数口"，古时认为，一个农民的劳动力可以满足几口人的温饱。社会管理者需要从民众中抽取一部分资源投入到社会管理和公共服务中，又需要完成其本身的供养。当抽取的资源过多时，底层民众便会面临饥饿。

民之难治，以其上之有为，是以难治。

之所以说"难治"，是因为统治者将自以为是的模型作为标准，而不是以人为本。如果统治者的取向与百姓的利益是一致的，人人主动维护社会这个综合平台，那不会难治；如果走到了人民的对立面，自然会感受到治理的阻力。由此，也能理解老子"以无事取天下"的政治主张。

民之轻死，以其求生之厚，是以轻死。

由于王弼本此处"其"指代不明。有说法是指统治者，统治者收取百姓赋税，用来过度奉养自己，导致百姓轻死；另有说法是指底层民众基于贪婪，舍身冒死。参考王弼注 ①，可将此处理解为统治者。

傅佩荣解读本章时提道："除了穷困饥饿之外，还不甘心成为被利用的工具。如果活着只是受苦，为什么要珍惜生命？"

轻死，是"勇于敢"和"不畏威"的体现。当统治者自我奉养过度，消耗大量的税时，百姓的生存空间到了压缩，于是为了争取更好的生活质量，而甘心冒生命危险推翻统治者，或取而代之，或破坏重建。

以上三个现象分别从结构、功能、协调性上进行了描述。在结构上，占用了过多的公共资源，压缩了民众的生存空间；在功能上，"有为"实现不了社会管理者应尽的职责，得不到民众的响应，变成了难治，营造不出和谐的氛围；在协调性上，由于管理者贪婪，求生之厚，打破了"处上而民不重，处前而民不害"的动态平衡，民不聊生，民众也不认为管理者能够给他们提供安全感，于是"不

---

① 王弼注："言民之所以僻，治之所以乱，皆由上其下也。民从上也。"（〔魏〕王弼注，楼宇烈校释《老子道德经注》，2019 年，192 页。）

畏威"和"勇于敢"。

夫唯无以生为者，是贤于贵生。

"贵生"是指看重自己的生命，自私其生。"无以生为"，从字面看是讲"不将生命加以改造"，指不刻意求生，但并非轻生，而是不贵不轻。

贵生，势必伴随着"畏死"。"无以生为者"，不以厚养自己的生命为务，不以主观臆断的模型作标准，而是以自然为基，安时处顺。此处是针对社会管理者说的，在社会管理中"不自生，故能长生"。

今译

民众陷于饥饿，是由于统治者征收了太多税，因此挨饿。民众难以治理，是由于统治者意图改造，因此难以治理。民众轻易赴死，是由于统治者过度追求丰厚生养，所以民众轻易赴死。那些不刻意求生的人，比过分重视生命的人更高明。

七十六、柔弱萌生，坚强近死

　　成长性的事物柔弱，固定性的事物坚强。坚强者，僵化，闭塞，逐渐自我消耗至衰亡，自然而然被淘汰；柔脆者，灵活，开放，可以继续成长和演化，自然而然修葺成长。成为武器、工具者，坚强于既有状态，固化于积累的结构而对抗；成为将帅、宗师者，柔弱于现存状态，自主于变化的现实而进取。

原文

　　人之生也柔弱，其死也坚强。万物草木之生也柔脆，其死也枯槁。故坚强者死之徒，柔弱者生之徒。是以兵强则不胜，木强则兵。强大处下，柔弱处上。

注解

人之生也柔弱，其死也坚强。万物草木之生也柔脆，其死也枯槁。

　　多数学者解释为："人出生（或活着）的时候，身体柔软；当人死后成为尸体，则坚硬。草木萌发（或活着）的时候，是柔弱的；死后时，草木枯槁。"

　　另有古时学者如河上公、唐玄宗等，引入"和气"概念，认为"柔弱"和"坚强"是"和气"含存、竭散在精神上反映出来的抱和亡的状态。

故坚强者死之徒，柔弱者生之徒。

此句是对前文现象的归纳。"生之徒""死之徒"在第五十章也出现过，恪守坚强是"入死"之徒，怀抱柔弱是"出生"之徒。

任继愈认为："这里老子只看到问题的一个方面，并把它绝对化，这个观点是片面的。他把弱能胜强的原则绝对化，他的结论不符合实际，所以是错的。"[1]

生死，未必指"活着"和"死亡"。我提出另一个解法。生死，并非是具体现象的生死，而是意象思维里的生死。"生"是"生长"的生，是一种改变现状、不断成长增殖的进程，在波动中受益，具备反脆弱性。"死"是终止，是一种停滞改变、甚至逐渐消磨的进程，在波动中受损，是脆弱的。"柔弱"者，在内部为功能腾出了空间，拥抱了生机，可以持续成长、增殖，具备自主性，即"生"。"坚强"者，坚持固有的结构不放松、僵化、不灵活，失去了转化的空间、拒绝了改变既有状态的可能性，失去了自主性，即"死"。

是以兵强则不胜，木强则兵。

易顺鼎结合《列子》认为，今本误"终"为"胜"。根据马王堆帛书甲乙本均作"兵强则不胜"，经文不必作误亦通。

此句是对前一句归纳后的演绎。将"坚强者死之徒，柔弱者生之徒"的规律演绎到军事和草木生长。军事上，重要的是对局势的观察和对规律的运用，一味求强难以常胜；草木柔弱是处于生长阶段，固化坚硬则可以作为兵器属性。此两者看似无关，实际上是讲主动与被动的两个方向、两个主题。胜者，是主动的"物物"，主题是如何使用强力；兵者，是被动的"物于物"，主题是如何成为强力。

七十六、柔弱萌生，坚强近死 \ 329

---

① 任继愈《老子新译》，上海古籍出版社，1986年，224页。

人作为主体，精力是有限的。精力一旦全用来钻营如何变强，那么就少有心思去观察和思考，往往渐渐沦为一件兵器，而不是一个优秀的将帅。况且"武无第二"，被定义为强者的"兵器"希望在结构上更强，防止被打败。在坚强的观念下，又常常沉迷于现象和结果中的比较与焦虑，无法潜心于成长性的事业，容易失去自我，失去真实。如此反而在熵增中消磨失势，亦印证了第九章"揣而锐之，不可长保"的规律，因此不可"生生之厚"。

强大处下，柔弱处上。

古时注家认为，精者在上，粗者在下。坚强者，质粗；柔弱者，用精。我认为，"上""下"很大程度上是指管理者与被管理者。结构上求强，渐渐分化、僵化、工具化，失去可以选择的空间，丧失自主性，成为被驱使的一方，处下；结构上柔弱，不追求分化的具体能力，"复守其母"，反而拥有了更多的选择空间和可能性，保留了自主性，成为驱使的一方，处上。此处亦算得上诠释了第四十章"反者，道之动；弱者，道之用"和第七十七章"天之道，损有余而补不足"的道理。

熊逸此处提出了自己的困惑。在《周易》中提倡"君子以自强不息"，而《老子》中讲"强大处下，柔弱处上"，不知道该听谁的。我认为，两者并非矛盾。中国古时的哲学是立体的，区分内外。外具结构，内蕴功能。"自强不息"，是内在的拼搏，是功能上的精进，犹如"强其骨"，本质是价值上的增殖，属于"生"的范畴；"强大处下，柔弱处上"，是外在的不争，是结构上的减负，犹如"弱其志"，表现在对外交往和个人期待上，不在现象上执着，不在结果上强迫，本质是拒绝自我局限而选择开放，也属于"生"的范畴。二者从不同出发点主张同一范畴的事情，内外兼修，相互补充。

今译

当一个人成长时，他是柔和、软弱的；当一个人衰亡时，他是僵硬、强大的。当草木生长时，它们是柔和、软弱的；当草木衰亡时，它们是僵硬、强大的。所以僵硬、强大是衰亡的特征，柔和、软弱是生长的特征。由此，军事力量僵化则容易被消灭，草木僵硬则容易被折断。僵硬强大的事物走下坡路，柔和软弱的事物持续精进。

解读

物皆以用自伤，积无用，乃为济生之大用

关于"草木"，老子讲"万物草木之生也柔脆，其死也枯槁。故坚强者死之徒，柔弱者生之徒"，而庄子则有"文木""散木"之喻，文木有用所以夭折，散木无用所以全生。庄子认为，自然生长的树木，因为对人类而言有用，所以成长一半便惨遭伐殁，而无用之木能够保全幸存。

老子告诉我们：活着的事物喜欢波动性，在波动性中受益成长，自主自胜；死的东西不喜欢波动性，在波动性中损伤消耗，物化消亡。庄子告诉我们：以"有用"的价值观物化自己，将走向停滞僵化和自我消亡；不以"有用"的价值观束缚自己，反而长生。

二者内容不尽相同，论调却是一致。切忌"有用"的工具观，莫让局促的工具理性伤害自性，拒绝奴化、僵化和非自然消亡；营生之余，保持"无用"的人性观，体悟本无特定意义的生命价值，自得生机而长生。

七十七、天道人道，圣人奉天

自然之中，总有力量牵动，趋向回归。在自然的作用下，结构上的冗余逐渐消磨，结构上的匮缺逐渐补充。而人类社会，从现象上看，往往是"马太效应"，强者愈强，弱者愈弱。圣人知晓，此是基于人类的短视，社会也终将在自然下趋向回归。于是圣人与自然同道，不以干预自喜，不以功绩为荣，不企图让才能公之于众。

原文

天之道，其犹张弓与！高者抑之，下者举之；有余者损之，不足者补之。天之道，损有余而补不足。人之道则不然，损不足以奉有余。孰能有余以奉天下？唯有道者。是以圣人为而不恃，功成而不处，其不欲见贤。

注解

天之道，其犹张弓与！高者抑之，下者举之；有余者损之，不足者补之。

有很多学者将这句话理解为射箭的动作，高了就往下压低一点儿，低了就往上抬高一点儿，用的力量太大了就减少一点儿，用的力量不足了就增加一点。我认为，这里的张弓，是在强调弓的弹性，并不是指射箭。其内涵不是对靶向目标的主动调整，而是在自然法则之下的被动回归。

天之道，损有余而补不足。人之道则不然，损不足以奉有余。

本句对比讲述了天之道与人之道的区别，即自然与社会在现象上的区别。

老子所说的"天之道"不是绝对的"平均主义"，而是结构与功能的公平转化。自然法则之下，万物内蕴功能，外负结构，在两者的相互转化下，内外一致，达成动态平衡。"有余"与"不足"，并非体量多与少，而在于结构与功能是否匹配。"有余"，是结构上有余，也是功能不足；"不足"，是结构上不足，也是功能过剩。失衡时，则趋向平衡。多余的结构逐渐消磨，不足的结构逐渐补充。

表面看起来"人之道"和"天之道"相悖，但是实则它只不过是"天之道"的一极或某一阶段罢了。人是万物之一，但不同于其他万物。道辅万物，乃是必然，对于人的欲求、利益则是或然。在整个大的生态环境中，人只作为消费者的一员，视角是一时的弱肉强食。而道作为系统，怀抱生产者、消费者、分解者、能量、无机物等，循环往复，在万物的起伏中牵引回归。马太效应之下，强者压榨弱者劳动力，于是没人愿意做弱者。假使"盗夸"盛行，在沉默中爆发，弱者或可揭竿而起，结构上的匮乏反而成为优势，变成更加无所顾忌的强盗；如若以和平的假象维持，在沉默中灭亡，弱者不愿承担生育成本，廉价劳动力匮乏，劳动力成本上升，强者反而受制于弱者，强弱地位互换，"高者抑之，下者举之"，依旧是"天之道"的"损有余以补不足"。

孰能有余以奉天下？唯有道者。

有道者无为，与天地合德，不抱持不切实际的幻想，不预设自身的立场，能够跳出关系看关系。于是，有道者可以克服人性的弱点，不堕众生，不着相，不耽境，能够抛开现象，洞察本质，重新审视结构与功能的动态平衡，把握世事运行的规律，"以辅万物之自然，而不敢为"。

是以圣人为而不恃，功成而不处，其不欲见贤。

奚侗在《老子集解》中认为："此三句与上文义不相承。上二句已见二章，又复出于此。"我认为，不必做错谬。正是由前文"天之道"和"人之道"的对比和结论。民众大多基于现象而迷茫、误判、盲从，圣人谨防"经验继续嫁接适用"的假象，主动消减自身结构上的"余食赘行"。于是，圣人顺应天之道，而"挫锐解纷"；在天之道的基础上，面对"人之道"选择"和光同尘"。此亦是第三十六章"鱼不可脱于渊，国之利器不可示人"的论据。

今译

自然的运行方式就像是拉开弓弦一样。位置高的事物被压制，位置低的事物被托举；充足多余的事物被消减；匮乏不足的事物被补充。自然运行的方式，是减少多余的，补充不足的；人类社会的运行方式，是压榨那些本就不足的，补充那些本就剩余的。谁能将自己多余的资源供给返还给天下呢？只有道的践行者吧。因此，圣人不因为身边的事物有了价值而将自我价值感建立在它上面，不因为事物有了功绩就借机标榜自己的功劳，他不愿意炫耀自己的才能。

解读

人之道，也只是天之道的一部分

"天之道"是自然演化，"人之道"是文化渲染。人作为生物，在自然选择中进化。人类总结经验，演绎思想，适应自然。被选择生物的共同经验构成当前的文化。文化成为从前环境的解药，同时又参与构成了新的环境，成为环境的一部分，对个体造成进一步的影响。由此，"天之道"和"人之道"构成了一张彼此缠绕的网。我们不需要把生物进化的影响和文化渲染的影响看作是对立的成分。文化渲染对我们的态度和行为有微妙而强大的影响，但它并不能独立于生物进化而起作用。所有的社会和心理因素归根结底仍然是生物因素。如果他人的期待能影响我们，那这其实也是我们生物程序的一部分。短期、局部来看，"人之道"依经验行事，损不足以奉有余。时间和空间维度一旦拉长，"人之道"依旧依循"天之道"，有余者损之，不足者补之。

七十八、柔无弱点，纳垢成王

斗争的思维中，常常假想坚强的敌人，而采取策略。遇到柔弱之物，一切斗争策略，成为空谈，无处下手。所以柔弱胜刚强。可知，难行。担当群体中的"不讨喜"和"不实惠"，藏污纳垢，才能被推举为领导，相反相成。

原文

天下莫柔弱于水，而攻坚强者莫之能胜，其无以易之。弱之胜强，柔之胜刚，天下莫不知，莫能行。是以圣人云：受国之垢，是谓社稷主；受国不祥，是为天下王。正言若反。

注解

天下莫柔弱于水，而攻坚强者莫之能胜，其无以易之。

"易"最早见于甲骨文，像双手持器向另一个器中倾注液体，本义是倾注，引申为交换、替代、更易。文献中常见"难易"之"易"，应当看成借字（无本字）。

此处"易"大多理解为改变，但由于"其"指代不明。一种说法是"其"指代的是前面整个句子，"天下莫柔弱于水，而攻坚强者莫之能胜"这个原理不变，无法撼动；一种说法是"其"代指"攻坚强者"，"攻坚强者"无法改变和强迫柔弱的水；还有一种说法是"其"代指"水"，没有什么事物能够取代水的作用和地位。

每每解释本章时，不少人举出"水滴石穿"的例子，来证明柔弱胜刚强。我认为，其中穿凿的成分较大。水滴石穿，是因为水的动能和持久，并非是因为水的柔弱。

我提出另一个理解，用"易"的本义"倾注"。"攻坚强者"需要有一个针对坚强特性来着手发力的部位。而柔弱的水，没有给攻击者一个可以倾注的发力点，于是没有了战胜的可能。在斗争思维，攻坚强者都在为"坚强"的假想敌做准备，柔弱者不争，使其一切准备无用武之地，所以"莫之能胜"。

弱之胜强，柔之胜刚，天下莫不知，莫能行。

柔弱，实际上是一种"反脆弱性"；刚强，是一种"脆弱性"。柔弱的事物，面对复杂性和随机性更容易存活，在现象上便可知。刚强的事物，光是维护其斗争视野下的结构便消耗了很多功能，外加面对熵增的消磨，相较只能一时的短期强大。从现象上便可初窥"柔弱胜刚强"的道理，没有不知晓的，于是"天下莫不知"。但是即便是知晓了，难以摒弃对结构的追求，难以放弃社会对自己的评价，难以抱持强韧的延时满足感，难以对长期规律保持信心和耐心……种种缘由，终于"莫能行"。

是以圣人云：受国之垢，是谓社稷主；受国不祥，是为天下王。正言若反。

"垢"，是相对于光明和荣耀的。老子理念中的圣人能够做到宠辱不惊，于是"处众人之所恶"，"复众人之所过"，而"同其尘"。

"益生曰祥"。"不祥"便是"不益生"。老子理念中的圣人不欲求"生生之厚"，福祸之间"常知稽式"，"不欲见贤"，而"和其光"。

在柔弱胜刚强的原理下，老子得出了结论——统治者应当以"众人嫌弃且不可或缺"的功能换取"竞争压力小且不可替代"的结构。统治者主动承担群体中的隐晦与波折，以"不讨喜""不实惠"的任务分工，交换能够长久维系群体整体的地位。

此处结合第五十八章来理解更妙。第五十八章主张不应该采取事事监管的管理策略，福祸之间相互依存，本来是没有所谓的"正"的。"正复为奇，善复为妖"。看似"正"向的命令和号召往往遭遇"奇"与"妖"。本章指出社会管理者应当成为群体中不可替代的部分，不过分依赖命令与号召，"希言自然"，"用晦而明"。

今译

天下没有比水更柔弱的了。意图攻克坚强对象的事物，面对水则没有可以针对的地方。弱可以胜过强，柔可以胜过刚。无人不知晓这个原理，无人可以践行这个原理。因此，圣人说：能够承受国家的不理解，可以做地区的保护者；能够承担国家的祸难，可以成为天下的领导者。正面的直接号令常常会引起相反的作用。

七十九、有德司契，无德司彻

　　针对群体的负面情绪而做安抚工作，终究难以清除干净。这肯定不算是善于治理的统治者。好的治理者，应当秉持"契约精神"，在群体分工中实现价值交换，而不是单方面指派任务和强制执行。自然规则，不偏向任何一方，但是善于运用规律、有能力治理好群体的精英总是获益。

原文

　　和大怨，必有余怨，安可以为善？是以圣人执左契，而不责于人。有德司契，无德司彻。天道无亲，常与善人。

注解

和大怨，必有余怨，安可以为善？

　　陈柱、严灵峰主张应当将第六十三章"报怨以德"移入"安可以为善"之前，解译为老子认为以德来何解怨（报怨），仍非妥善的办法，最好是根本不和人民结怨。若是不加此语，其意并无晦涩。本书不做移入理解。

　　奚侗在《老子集解》中认为，"圣人长养万物，一切平等，无恩怨之观；报怨以德，不知其为怨也。若以为大怨而调和之，是此心已有怨之之见，而其迹终不可泯，不得谓之善也"。我认为，老子派圣人主观上没有负面情绪，但是客观上还是承认社会中确实有负面情绪存在的。

负面情绪源自未满足自己的欲望或未实现自己的期待。老子主张求"德"，在内外平衡之中实现价值交换，由此双方各取所需，自主之下彼此合作，彼此满足，而不生负面情绪，如第六十四章提到"为之于未有，治之于未乱"。"和大怨"，则是在主观意愿和客观现实的不对等之下，群体已经产生了负面情绪。负面情绪仅仅是表象，内在的不对等依旧存在，仍需要治本。另外，这种在表面上息事宁人的行为，也难以维持一种真正的公平，只能不停做加法。"添油"战术之下，抱薪救火，薪不尽，火不灭，所以也算不得"善于治理"。

是以圣人执左契，而不责于人。

契，是借财物的义约。古代刻木为契，一剖两半，契口之间必须能够对起来。执左契的是债权人，执右契的是债务人。

此句引起不少争议。由于帛书甲本写作"右契"，帛书乙本、今本都作"左契"。究竟哪一方为债权人，哪一方为债务人？有人认为，是在讲圣人是债权人，尊高，却不责成他人；也有人认为，是圣人抱持债务人的心态，谦卑待人，不苛责他人；也有学者结合第三十一章，认为"吉事尚左"，所以"圣人执左契"；还有学者结合《礼记》讨论右契一方为"献粟者"[1]，结合老子所言的统治者自称"不毂"，亦有道理。

王弼注："左契，防怨之所由生也。"是待人来责于己，而己不责于人之意。结合王弼的注，我认为，理解为债务人是更合理的。老百姓将劳动所得的谷粟供给社会管理者，社会管理者相当于接受了债务，需要以好的治理决策来回馈社会，所以应当保持债务人的心态，在分工中担当尽职，而不是居高临下地指挥。

有德司契，无德司彻。

"彻"的甲骨文左边为"鬲"，是古时盛食物的器具；右边像人的手。本义为吃完饭后，把食具撤走，收拾干净。"食毕而彻去之"。《说文解字》："徹，通也。"

对于"彻（徹）"大致有三种解读。一是认为"同辙"，是痕迹、程序的意思，结合"善行无辙迹"来指出"无德司彻"。二是指周代的田税制度，代指单方面的收税。出处来源于《孟子·滕文公上》"夏代五十而贡，殷人七十而助，周人百亩而彻，其实皆什一也。"三是用的本义"食毕而彻之"，清理大怨和余怨。我认为第一种解释更好。

任继愈认为"司契的和司彻的，都是代替贵族执行剥削任务的，当然谈不上有德和无德"。私以为，其中内涵大相径庭。"司契"者，以需求端为靶向，注重契约精神下的价值互换，在玄牝中思考需求与分工，最终在双方自愿下实现了共赢；"司彻"者，固着于行为，重视的是单方面的执行，对程序的看重胜过了实体，未能实现价值的互换，因此"无德"。

在涉猎注疏的过程中，此处亦可见古往今来的学者以文字互动，例如杜光庭对唐明皇的注疏提出了不同意见，陈景元做了总结，但认为杜光庭的学说更好。

天道无亲，常与善人。

老子末尾的"善"也不是相对价值中"善恶"的善。与本章首句"安可以为善"的"善"相同，都是指善于治理的人。

任继愈认为，这里的"天道无亲，常与善人"是有神论的残余思想。我不赞同这种说法，老子的"天道"有别于传统的"皇天"。

"皇天"是有道德意识和人格的意志之天，老子哲学把意志之天自然化。与其说是带有人格的天帮助了善于治理的人，倒不如说，自然不偏袒任何人，善于利用规律的人靠自己对自然规律的理解收获了应得的利益。

今译

平复大的怨恨，必然还会留下未消的余怨，这怎么能算是善于治理呢？由此，圣人手持左半边的契约，而不责成他人。有德行的人依契约办事，没德行的人总在做执行程序的工作。自然不偏爱和亲近任何人，只是让善于治理的人获得更多。

八十、小国寡民，安乐自得

百姓都是自己生命的主人，而不是观念的奴隶，他们更看重自己的性命，不愿意为了利益和虚荣而冒险。人与人之间信任度高，承诺很简单，不必在程序上费周章。人们不需要过度的文化，没必要为了接受驯化而改造自己，享受自己当下的生活，具备文化自信，在自己的基因和土壤中能够找到乐趣，安之若素。与其他的单元很近，但能够保持独立，不需要依赖其他组织单元的帮助。

原文

> 小国寡民，使有什伯之器而不用，使民重死而不远徙。虽有舟舆，无所乘之；虽有甲兵，无所陈之；使人复结绳而用之。甘其食，美其服，安其居，乐其俗。邻国相望，鸡犬之声相闻，民至老死不相往来。

注解

前文提到，帛书本相当于八十章和八十一章的文字在第六十六章与第六十七章之间。因此，许多学者（如李零、止庵）在排序时，将本章和第八十一章作为第六十七章和第六十八章。

小国寡民，使有什伯之器而不用，使民重死而不远徙。

"小国寡民"作何解？有的认为，圣人治大国众民如同小国寡民一样，不敢随意动用公共资源与权力[①]；有的认为，只是举例，大国众民更需学习古人的风尚[②]；有的认为，不求扩张，则能够除去贪婪欲求与过度竞争，简易程序，民风淳朴[③]；有的认为，大国众民的模式下，有许多难以完善的事务，给了很多钻空子的机会，反而引起繁乱的刑罚，导致不信任，慢慢演变成社会动乱[④]……

"小国"指的是居民活动范围小，"寡民"指的是人口数量少，两者并非是坏事。人与人相识进而信任，需要成本与时间。小的单元和少的人口，能够保证很大程度上的高信任度，减少了可以被智者利用的幻象。另一方面，"小国寡民"的模式下，注重功能胜过结构，在一定程度上会促使人们将注意力从"总值""体量"转移到"利用率"上，实现"各司其职""物尽其用"。

王弼本作"什伯之器"，帛书本、河上公本、严遵本作"什伯人之器"。俞樾在《诸子平议》中引用《后汉书》《周书》，推测"什伯"为兵器。如果作"兵器"解译，与后文"虽有甲兵，无所陈之"重复。胡适、高明解译，应当依河上公本"什伯人之器"，解释为十倍百倍人工之器，能够替代大量人工劳动力的工具。我认为，胡适与高明的解读更佳。

在"使有……而不"的句式中，读者往往都关注后半部分的"而不"，而忽视了前面的"有"。我认为，老子并不排斥科学技术领域探索与进步，排斥的是统治者在社会治理领域大规模应用科技而产生

---

① 如河上公等。
② 如王弼等。
③ 如唐玄宗等。
④ 如宋徽宗等。

的弊端。有"什伯之器"则说明科技是及时跟进的，功能完备，足以应对突发情况，但绝大多数的科技带来的还是财富向少数人集中，所以从社会治理的思路上应当保留人文关怀，给弱者留有一线生机。

"重死"，即重视生命，"勇于不敢，则活"。"远徙"，意味着移民迁出，人口流失。中国古时有"兽穷即搏"的观念，冒险的背后都是有某些困境的缘由，或物质上的，或精神上的。轻生而远徙，究其原因，大多是"远徙者"生存空间受到了压迫而选择了远徙，在本地无法获取满意的收益，或者无法认可当地的风尚，而选择背井离乡，冒险索求。或许，未必是"远徙者"单方面受到了他乡文化的蛊惑或利益驱使而野心勃勃，站在另一个角度，也可能是这个单元中的群体文化和社会风气不利于新生力量的发展，留不住新生，没有给"远徙者"足够的生存空间，或者当地的风尚不认可那些"远徙者"，不能容纳非主流思想。

虽有舟舆，无所乘之；虽有甲兵，无所陈之；使人复结绳而用之。

"陈"，用于军旅通"阵"，即列阵，古文字原来没有阵字，都是假陈为阵。

"结绳"一词，现代学者们大多联想到结绳记事。上古原始社会没有文字，结绳记事。我认为，或许还有一种可能。"结绳"未必指记事，或许指约定，如第二十七章所言"善结无绳约而不可解"。《周易·系辞下》："上古结绳而治，后世圣人易之以书契。"古时人与人之间信任度很高，双方约定结绳即可，不必以书契的形式分执左契、右契。

交通上"有而不乘"，因为没有远行的必要。交通的便利加速了区域资源或者劳动力的掠夺，为剥削提供了便利，贫富差距更容易被拉开，社会矛盾也更容易被激化。除此之外，交通的便利，还会加剧整体的联动，加强交流，物质层面的共同文化得到共鸣，而民族的个性文化逐渐泯灭。没有把握文化定义权的民族失去自己的文化，或许再也无法从集体无意识中获得力量，某些民族的人民甚至沦为工具。

军事上"有而无阵"，有保护自己的能力，但没有主动袭击他人的念头。既是老子"不争"的主张，又呼应了第六十九章"用兵有言：吾不敢为主而为客，不敢进寸而退尺"的内容。

交往上"复结绳而用"，说明信用体系非常稳固，人们之间不盛行伎巧与算计，不在形式上耗费过多的猜忌与设计。另一方面也说明了，其中的百姓性格更加独立，对他人的期待不高，人与人之间的依赖心理并不强。

加上前一句，本章出现了几处"有而不用"的主张，这也是对老子第二十八章"知雄守雌"思想的延伸。

甘其食，美其服，安其居，乐其俗。

在民生上，老百姓将精力回归到衣、食、住和文化生活，止足存于衷，风化行于时，享受自己目前的生活和本土的文化，幸福感足。苏辙此处注得妙，"内足而外无所慕，故以其所有为美，以其所处为乐，而不复求也"。享受当下，知足自得，是种境界，需要很强的独立人格。如此安时处顺，便不会将文化定义权盲目交给他乡文明，不因外来文化的宠辱而惊异，也不会焦虑地希望成为别人。

邻国相望，鸡犬之声相闻，民至老死不相往来。

前半部分"相望"与"相闻"，说明国与国之间距离较近；后半部分"老死不相往来"，注家各有发挥。现代学者多数将"老死不相往来"理解为封闭，不交流。相较之下，古时学者延伸的理解更为丰富。有的理解为，能够自给自足，独立安定，相互之间不存在纠缠的情欲或欲求①；有的理解为，不存在"往来之礼"，在形式上没有羁绊②；有的理解为，百姓死于衰老，没有丧失于战乱，于道术中相忘③；现代学者中，黄明哲解读为，没有兵家往来……④

我认为此处讲的不是封锁闭塞，而是独立安定。此处断句应当为"老、死，不相往来"，即面对族群中衰老和死亡的个体，不需要依赖邻国救济，能够在小的单元中，自己照顾和赡养。

大多数学者认为，这是老子提供了一个古时的参照系，希望维护天子或圣人的统治⑤。甚至很多学者是带着贬义和批判的态度来解释。我认为，本章更像是老子针对前几章的难题提出了解决策略，绝非范式。老子从领土面积、人口数量、科技应用、移民迁出、军事模式、信用体系、民生文化、邻国外交八个方面阐述了一种生生不息、独立安定的自组织形态。并非要求后人回归古时部落，而是

---

① 河上公："其无情欲。"王弼："无所欲求。"杜光庭："君无境上之会，民无身外之求，虽接风烟，何烦来往? 在身则各安其分，外绝贪求；于国则各畅其生，民无劳役。乐道顺性，道之至乎! "司马光："信近。无求。"（［汉］河上公、［唐］杜光庭等注《道德经集释》，中国书店，2018 年，106、1003、209 页。）唐玄宗："彼此俱足，无所求及故尔。"（朱俊红整理《〈道德经〉四帝注》，海南出版社，2012 年，407 页。）

② 王真："自然邻国对境，无相觊觎，诈伪不行，忠信为宝，不相姑息，俱无聘问之私，不怀隐欺，自绝往来之礼，故曰民至老死不相往来也。"（［汉］河上公、［唐］杜光庭等注《道德经集释》，中国书店，2018 年，388 页。）

③ 陈景元："鸡犬相闻，谓民丰境近也。民至老死，言无战敌而寿终。不相往来，犹鱼相忘于江湖，人相忘于道术，此可以同赫胥、尊卢氏之风也。"（［汉］河上公、［唐］杜光庭等注《道德经集释》，中国书店，2018 年，529 页。）

④ 黄明哲《黄明哲正解〈道德经〉传》，中华书局，2020 年，432 页。

⑤ 高志超："先秦诸子的政治主张都有一个共同的参照系，即西周中前期的社会现状。老子认为，诸侯各国要安分封疆，不要私自拓展土地，要控制黎民数量，不要无限制的繁衍生息。征伐要自天子出，诸侯之间不要争斗，不要私自发生战争，黎民重视死地而不远徙，要安于居所，不要使人口流动，不要普及文教。黎民要安于现状，不要有非分之想。黎民之间、国家之间不要发生横向的联系，大家心甘情愿地接受天子或者圣人的统治。"（［英］理雅各译，高志超注《道德经》，中州古籍出版社，2019 年，114 页。）

应当借老子之言而心存念想，不失独立自主、安时处顺的内在性情。正如冯友兰的评价，"此非只是原始社会之野蛮境界，此乃包含有野蛮之文明境界也"。

今译

小的邦国应当容纳数量少的人口。它应当具备能够替代十人百人的技术手段，但是不进行应用。在其中的居民将死亡看作非常重要的事件，并且不会向远方迁徙。即使有船和马车，也没有必要乘坐。即使有武器装备，也没有能够展示使用的机会。人们恢复到用系绳子来相互承诺的风尚。百姓认为他们自己的食物非常美味，认为他们自己的衣服非常美丽，认为他们自己的住所非常安宁，认为他们自己的风俗非常有趣。邻国之间可以相互望见，鸡狗一类的家畜叫声可以相互听到，但是每当百姓变得衰老和死亡时，不需要邻国帮忙。

八十一、信美殊途，不积不争

　　言辞中实在的成分，不企图讨好人。善于做事，靠行动谋结局，不必以言辞说服他人，也不必证明自己。真知守母，于心内求，不必出门窥牖。结构上散尽，而自己收获功能，也是具备了新价值。自然有好生之德，不矜众生，众生自得其利；圣人入世，创造价值，不顾功绩。

原文

　　信言不美，美言不信；善者不辩，辩者不善；知者不博，博者不知。圣人不积，既以为人，己愈有；既以与人，己愈多。天之道，利而不害。圣人之道，为而不争。

注解

信言不美，美言不信；善者不辩，辩者不善；知者不博，博者不知。

　　"信"，是"其精甚真，其中有信"的信，意思是真实可靠，所言规律能够反复应验。"美"，是"美言可以市"的美，意思是能够迎合他人情绪，所言能够取悦于人。

　　言辞之中，有围绕事物本身的成分，也有服务于人类情感的成分。信，是真实，不必美；美，是文饰，不必信^①。信言之所以信，一定是没有可以调整的空间，也一定不能有丝毫的"讨好"成分。

受老子影响的思想家明白"乐与饵，过客止。道之出口，淡乎其无味"的道理，"处其实，而不居其华"。在可信和可爱之中，他们挑选可信。于是，道家的高人行事风格往往言不必韵于俗，动不必合于俗，不务诡谀，不矜敏锐，无甘巧之说，绝诡饰之词。

此句作为最后一章内容，仿佛也在说，老子全经乃是描述世界的哲思"信言"，并非抚慰情感的伦理"美言"。

"善"是"善于，擅长"，是行动上的实践者；"辩"是"善辩"，是言辞上的胜利者。善于做事，一定在"夷、希、微"的地方有"不可致诘"的内容，无法言说；辩是言空，往往陷于片面的"定义"或者相对的"是非"之中。倘若落入镜花水月般的"名执""法执"，反而离真实越来越远。

老子主张"道可道，非常道。名可名，非常名"，不愿意在人类自我定义的言语游戏中空滞辩说。甚至于老子之言，旨在教人自悟善用，归复无名之朴，也不可作为辩驳争论的武器。

"知者"有内心的笃定，不介意是否有足够的经验之谈来支撑；"博者"，都是经验之谈，习得的是针对过去某一时间的理性或感性的总结。太久远的历史，流传至今仅剩的信息不全，容易忽视其中的内涵；近处体验转述而来的道理，囿于仍有很多事物无法印证和呈现，在新的适应性中难以继续奏效。以"博"为第一要务，会潜移默化影响自己对过去、当下和未来产生认知失调而影响判断，终将不"知"。

---

① 从某种角度讲，"信"也是符合他人期待的，也是一种"美"。但此处将"美"作为服务于情绪的特性，可以理解为"信""美"分属两个维度，但服务的主次对象不同。

受老子影响的智者明白"少则得，多则惑"的道理，往往致虚守静。他们在颖悟和渊博之中，挑选颖悟；在质量和数量之中，挑选质量。如庄子谨记"文灭质博，溺心是矣"的规律，又如列子严防"多歧亡羊"的教训，以通晓自知而自善，不求博大而自矜。

圣人不积。既以为人，已愈有；既以与人，已愈多。

"圣人不积"，是结构上的不积，但在价值层面上是"早服"和"重积德"。圣人知晓"持而盈之，不如其已。揣而锐之，不可长保。金玉满堂，莫之能守。富贵而骄，自遗其咎"的道理，明白"在熵增的消耗中疲于结构上的防守，实为困局"。于是，老子派圣人不贪恋结构上的刚强，及时实现结构与功能的转化，在动态的"无之用"中谋生存，而不是在固定的"有之利"中防守消耗。在功能上"为人""与人"，于是能够在结构上"愈有""愈多"，看似"不积"，实则"善贷而成"。

天之道，利而不害。

此处的"利"有两种解释。一种是"锋利"，一种是"有益"。我认为，后者更佳。

"天之道"，即自然规律，没有立场，于是不争，没有对某事某物的主观恶意和破坏，只是向着符合规律的方向前行。

圣人之道，为而不争。

有读者认为，老子末章搬起石头砸了自己的脚。"无为"讲到了最后，终于还是"有为"了，无法自洽，找到了一条勉强的解决方案"为而不争"。

我认为，其中并非文字上的技巧手段。"为"字本义是"驯化、改造"。老子派的圣人，讲究顺势而为，不以改造的思维去看待事物，如此"不为"。但视野是"方外"的，立足点却是在现世中，人存于世，需要融入社会，活在"方内"就必须在"玄牝"之中创造价值，这是"为"。"不争"是效法天道，顺应自然，在结构上"不积"，但功能上"可为"。

今译

可以完全信赖的言辞，不讨人喜欢；讨人喜欢的言辞，不可以完全信赖。善于做事的人，不是爱争论的辩手；爱争论的辩手，不是善于做事的人。有真知的人，不广博；广博的人，少有真知。圣人不积累结构，帮助他人越多，自己拥有的越多；给予他人越多，自己收获的越多。自然规律下，对万物有利，不企图伤害万物；圣人行事，做出了贡献，不意图争取功绩。